ビートルズ VS. ストーンズ

60年代ロックの政治文化史

ジョン・ミクミライアン 著

梅﨑 透 訳

ミネルヴァ書房

それが第一級の知性かどうかは、
同時に二つの相反する考えを持ちながらも、
うまく機能するかどうかでわかる。

――F・スコット・フィッツジェラルド

日本語版の読者の皆さんへ

本書は、二〇一三年にアメリカ合衆国で出版されて以来、複数の国の言葉で翻訳された。スペイン語、ドイツ語、イタリア語、オランダ語、ノルウェー語、ブルガリア語、そして今回、日本語になることに大変な喜びを感じる。『ビートルズ vs. ストーンズ』の構想は、さかのぼること一九九〇年代、私がコロンビア大学で大学院生としてアメリカ史を学んでいた頃からあった（コロンビア大学では偶然にも Toru Umezaki と出会った。彼もそこで歴史学を修め、そしてこの本を訳してくれることになった。ありがとう、Toru!）

当時私は博士論文に取り組んでおり、それは二〇一一年に *Smoking Typewriters: The Sixties Underground Press and the Rise of Alternative Media in America*（『煙るタイプライター――アメリカにおける六〇年代のアンダーグラウンド・プレスとオルタナティブ・プレスの誕生』）として出版された。ベトナム戦争時代の「アングラ新聞」文化についての本で、一九六〇年代後半には何百もの左派のコミュニティ新聞が刷られていた。これらの新聞は、主に社会に不満を持つ若者によってつくられ、読まれた。ボヘミアン、ヒッピー、ラディカル、そしてプロテスターたち。一九六八年の夏、アングラ新聞では激しい論争が巻き起こった。どちらのバンドが――ビートルズかローリング・ストーンズか――よりまともな政治的立場をとっているのか。ビートルズはヒッピーの対抗文化の中でより人気で、ストーンズは政治的に強い立場をとる若者に受けた。

私はこの論争に強く惹かれたのだが、*Smoking Typewriters* での議論とあまりかみ合わなかった。それで、このトピックについては、二〇〇七年に *The Believer* というスタイリッシュな文芸雑誌にエッセイを書いた。その論考はビートルズやストーンズのファンが存在を知らなかった多くの一次史料に光を当てたもので、自分なりによく書けていたと思う。（それを書き直したものが本書の第五章にあたる。）すぐさま出版エージェントから問い合わせが来て、書籍化の提案をもらったことは、驚きであり喜びであった。私のような職業的な歴史家は、一般読者に届くようなものを書くことを躊躇しがちだ。大方は狭く専門に特化したテーマを選んで、専門家に向けて書くことが多いからだ。しかし本書のテーマは、たくさんの一般読者に多くのことを知ってもらい楽しんでもらうことができるチャンスだと思い、企画に飛びつくことにした。

アングラ新聞に加え、一九六〇年代のティーンエイジャーの音楽雑誌やファン雑誌も調査対象に加えた。残念ながら、アメリカの研究図書館はそうした文献は取るに足らないものと考え、取りそろえていない。私は、ｅＢａｙで数百ドルを費やしてレアで収集家が喜びそうなファン雑誌を買い集めた。その結果、ビートルズとストーンズについての大量に流通する一般書では浮かび上がってこない史料の類いを、本書では検証することができた。また、『ビートルズ vs. ストーンズ』は、読者をやわらかに誘う文体で書こうと努めた。（つまりこの本も、とてもゴシップ的ではある。）本書にもらったなかで最も嬉しかった賛辞は、『ハイ・タイムズ』という、アメリカのマリファナ愛好家向けのライフスタイル・マガジンの評者からだった。「ミクミライアンは、読者がいろいろと賢くなっていく過程を楽しませる方法を知っている」。読者の方々がそのように感じることがあったら、とてもうれしく思う。

残念ながらこの本は、ビートルズとストーンズの日本での体験については触れていない。ビートルズは一九六六年の夏に、日本での短期ツアーを実施した。三日間で五回の公演を行った。（そのいくつかはYouTubeで観ることができる。）その頃までには、ビートルズは彼らにのしかかる要求にストレスを感じ、疲れ果てていた。しかも日本でリラックスすることなどできなかった。極右の学生がコンサートを妨害したり、ファブ・フォーを暗殺しかねないと当局が警戒したからだ。ビートルズは、滞在中の警察の多さに気づき、それについてコメントを残している。日本の観客はいつものオーディエンスにくらべて少しばかり静かで、自分たちの演奏が聞こえたことはよかった。（そんなことはほかの場所ではあまりなかった。）しかし、結局時差ぼけで日本を発ったビートルズはすこし気落ちしていた。日本でのショーは彼らのベストとは思えなかったからだ。

対照的にローリング・ストーンズは、日本への入国が禁止されていた。ミック・ジャガーとキース・リチャーズのドラッグ前科（第四章で触れた）のためだ。一九九〇年になって、ついに東京で演奏し――そのときの様子はライブアルバムになった――、その後は何度も日本に来ている。しかし残念なことに、ストーンズはもはや全盛期ではなかった。

本書のエピローグでも触れているが、この点については、読者の不満の声もあった。しかし、私自身は一九七〇年代以降のストーンズ作品のファンではなく、これ以上言うこともない。また、ロックンロールは本質的には若者の音楽だという頑なな考えを、腹立たしくも持ち続けてきた。若者が演奏し楽しむ、それが最良のかたちだ。（こうした私の観点は、ジョン・ストロースボーの『ロック・ティル・ユー・ドロップ――抵抗からノスタルジアへの転落』に影響を受けている。おすすめできる良書だ。）

とは言っても、私もストーンズのコンサートには行ったことがある。一九九四年九月九日、ミシガン州立大学に在学中のことだった。当時でもストーンズには半信半疑だった。年を取り過ぎていると。しかし今書きながら思いかえすと、一九九四年当時のストーンズは、今の私より若かったのだ。なんということだろう。

チケットに一〇〇ドル（いまなら二一二ドルの価値になる）払ったが、当時でも腹が立つほど高かった。コンサート会場は、当時住んでいたアパートから一マイルの距離の大学の屋外フットボール・スタジアムだった。その日は部屋にこもって一晩中勉強していろとでも？　その日の夕方の天候はすばらしく、ガールフレンドとビールを片手に、何度も聞いたことのあるストーンズの曲を彼らが演奏するのを聴くのはわくわくした。でもそれは、もし私が一九六〇年代に若かったら欲してやまなかったような人生に関わるようなロック体験ではなかった。

私はこうした不評を買いかねない意見を表明することに躊躇がない。そのため、読者からは本書の「はじめに」で書いたどちらのバンドが好きなのかという古くさい問題に立場を表明しないことについて、何度となく質問が寄せられてきた。ビートルズとストーンズ、結局どっちがいいと思っているんだ、と。

私はこの質問には答えないようにしている。なぜなら、本書のより幅広い目的を損ないかねないからだ。本書は歴史書である。一九六〇年代初頭から一九七〇年にかけてビートルズとストーンズの友情と「ライバル関係」がどのように生じ、発展したのかを検証するものだ。私は自分自身の審美的判断よりも歴史学的分析に重きを置いている。

しかし、出版以来、私がどちらをより好きか当てようとしてくれた読者の予想が一致したことがないのは、じつはうれしい。この本を読んで、私がビートルズが好きに違いないと言ってくれた人びともいれば、私がローリング・ストーンズの大ファンに違いないと感じる人もいる。

さて、本書は出版以来一〇年以上経ち、また日本の読者という新しいオーディエンスを獲得することになったので、数年来秘密にしていた自分の意見をついにシェアしようと思う。もちろん、それが満足な答えかはわからない。

私は一九六五年から六七年のビートルズが好きだ。この時期のアルバム『ラバー・ソウル』、『リボルバー』、『サージェント・ペパーズ』によって、彼らは歴史に残る音楽グループになった。一九六八年には、ビートルズが彼らの傑作『ホワイトアルバム』をリリースし、ストーンズは『ベガーズ・バンケット』を出したが、私はこのどちらがいいか一生かけても選ぶことができない。しかしその後、一九六九年から七二年にかけて、ストーンズは『レット・イット・ブリード』、『スティッキー・フィンガーズ』、『エクザイル・オン・メイン・ストリート』の三作をリリースした。彼らはこれによってこの地球という惑星上で最高のバンドになった。

これが私の答えだ。期待外れでがっかりしたかもしれない。嘘をついているか、あるいは保険をかけているようにも聞こえるかもしれない。しかし、これが精一杯の答えだ。もっとも、私の好みなどあまり関係ないことである。私は両方のグループの頑固な一生涯のファンで、これは私独自の見解に過ぎない。

あらためて、『ビートルズ vs. ストーンズ』に関心を持っていただいたことに感謝したい。本書にはかなりの労力を割いたが、いまでも私の最も実りの多い成果物だ。いまでもときおり、本書を見つけた読者から電子メールで感想をいただく。私はそのたびに、少しドーパミンが噴出する。ちょうど、ビートルズの「ヘイ・ジュード」の四分間のフェードアウトや、もしくは「ギンミ・シェルター」や「キャント・ユー・ヒア・ミー・ノッキング」のライヴ・バージョンでのキース・リチャーズとミック・テイラーのギター演奏を聴いたときのような感じだ。ビートルズとストーンズは私の人生にそんな価値を与えてくれた。もうおわかりのように、私は彼らを真摯に取り上げている。この世を去るときには、愛する人びとに囲まれてビートルズとストーンズを聞きながらゆっくりと意識を失いフェイドアウトしたい、そんな「いい死に方」をしたいと思うようになったくらいだ。もっとも、しばらくはそんなことは起こりそうもないが。

二〇二四年、アメリカ合衆国アトランタにて

ジョン・ミクミライアン

はじめに

一九六八年夏、オープンしたてのヒップなモロッコ・スタイルのバーで、ミック・ジャガーの誕生パーティが開かれた。ベスビオ・クラブと呼ばれたそのバーは、「ロンドンでも最高のクラブの一つだった」と、オーナーの一人トニー・サンチェスは回顧する。ブラック・ライトとタペストリーに包まれた空間で、ロンドンの人気モデルやアーティスト、ポップ・シンガーたちが巨大なクッションでくつろぎ、トルコのシーシャを吸った。室内にはヘリウム・ガスが充填された派手な飛行船があてどなく漂っていた。ミックは、スペシャルなお楽しみとして、リリース直前のストーンズのアルバム『ベガーズ・バンケット』を持ち込んでいた。クラブのスピーカーからその曲が流れると、ダンス・フロアは瞬く間に人で溢れかえった。みなが「飛びはね」、ストーンズ最高のアルバムと称されることになるそのレコードを称えた。そのとき、ポール・マッカートニーがふらっと入って来て、サンチェスに一枚のレコードを手渡した。ビートルズの関係者以外はまだ誰も聴いたことがない、発売間近のシングル『ヘイ・ジュード／レヴォリューション』だった。「ヘイ・ジュードのスローで雷鳴のように響く楽曲が、クラブをゆさぶった」と、サンチェスは振り返る。客たちは、七分もあるその曲を繰り返し流すよう求めた。ようやくクラブDJが次の曲をかけると、誰もが「『レヴォリューション』をはき出すジョン・レノンの鼻にかかった歌声を聞いた」。サンチェスは言う、「曲が終わったとき、ミックはいらだちを隠せなかった。ビートルズに主役の場を奪われてしまったんだ[1]」。
ビートルズの広報担当トニー・バーロウは、「あれは、一枚上手の、強烈なプロモーションだった」と振り返る[2]。ビートルズとストーンズの概ね穏健なライバル関係は、この時点で四年目になっていた。商業的にはビートルズがストーンズを上回っていたが、この二つのグループは、一九六〇年代を通してレコード売り上げ、文化的な影響力、そしてどちらが魅力的かを競い合った。大西洋両岸の十代の若者は、ビートルズとストーンズのどちらを好きかで自分を語った。「一九六〇年代に、本当にポップ・ミュージックが好きだったら、この選択から逃れることはできなかったし、どちらでもない他の誰かなんて言い逃れはできなかった」と、あるライターは書いている。「どちらとだってダンスはできる。しかし、どっちを家に連れて帰るか迷っちゃいけないんだ[3]」。

このライバル関係は、当初、とくにイギリスで激しかった。ビートルズは、一九六三年の春に、十代の少女たちのあいだで人気が出たが、彼らの軽快な音楽と誘惑的な魅力はしだいに大人にも受けはじめた。もちろん、ファブ・フォー《すばらしい四人》が誰にでも好かれたわけではない——彼らはあまりに独特だった。しかし、ヴィクトリア朝的な抑圧の最後の残滓をついに振り払おうとしていたイギリス社会において、ビートルズがすばらしい気付け薬であったことは、いまや共通の理解になっている。彼らがイギリスの大衆文化に与えた影響は健全で、完璧で、時機を得ていた。

ローリング・ストーンズは、また違った反応を生んだ。顔色が悪く、髪がぼさぼさで、ステージ衣装にも無頓着なうえに行儀も良くなかった。広く一般から愛されようとするよりも、社会の主流には無関心を装った。音楽的にはアメリカのエレクトリック・ブルースを好んだ。イギリスではあまり目立たないジャンルで、若者が好み、暗くて汗臭い煙が充満した部屋で演奏されるのがよく似合っていた。気弱な人や、礼儀正しさを重んじる人は、ストーンズとは距離を置くべきだとわかっていた。そして大人は、彼らを厄介者とみなした。

こうして、ビートルズとストーンズ、そのどちらがいいバンドかという議論は、大きくて、重要で、脅迫的な問題になった。つまり、ビートルズのファンであることは、（ファブ・フォーとおなじように）社会に適応した、愛想のいい、礼儀正しい人間であることを意味した。気取らず、慣習に刃向かうことはしないタイプだった。概ね社会に順応し、同調し、従う。自分たちが引き継ぐ運命にある世界を眺め、それに満足するタイプだ。

ローリング・ストーンズの側につくことは、これとはまったく反対のメッセージを発信することになった。つまり、何かをたたき割り、破壊して、火をつけてやりたい、と。「ビートルズは君の手を握りたい《ホールド・ユア・ハンド》」と言う、しかし、「ストーンズは君の街を燃やしてしまいたい《バーン・ダウン・ユア・タウン》んだ」と、ジャーナリストのトム・ウルフが巧みに表現している。(4)

(1) Tony Sanchez, *Up and Down with the Rolling Stones* (London: John Black, 2011), 93-94. ポール・マッカートニーとマリアンヌ・フェイスフルもこの出来事について語っている。また、ビートルズの広報担当トニー・バーロウもコメントを残している。しかし、その日付が何月何日だったかは、はっきりしない。サンチェスは、パーティはミックの誕生日当日の七月二十六日だったと言う。しかし、その時点では「ヘイ・ジュード」は未完成だった。ステレオ音源にミックスされたのが八月二日で、モノラルになったのは八日なのだ。

(2) O'Mahony, ed., *Best of the Beatles Book* (London: Beat Publications, 2005), 214 からの引用。

(3) http://www.scotsman.com/lifestyle/musicnews-and-features/beatles-or-the-stones-choose-both-l-513103 参照。

(4) Peter Fornatale, *50 Licks: Myths and Stories from Half a Century of the Rolling Stones* (New York: Bloomsbury, 2013), 45 からの引用。

ファンは、『ニュー・ミュージカル・エクスプレス』や『レコード・ミラー』といった音楽誌の読者投票で忠誠心を示した。どちらかがミュージック・チャートの一位の座を獲得すると、ビートルズとストーンズがまるでフットボールのライバルチームか、あるいはいちかばちかの選挙の対立候補であるかのように、派手なヘッドラインが踊った。そしてファンは、自分の意見から逃れることはできなかった。ビートルズのファンは、ビートルズに批判的なことは聞きたがらなかった。ストーンズに夢中な若者も、やはり、おなじように頑なだった。自分たちのアイドルに対するいかなる批判にも耳を貸さなかったのだ[5]。

ビートルズとストーンズの「ライバル関係」はたんなる神話にすぎず、扇動的なジャーナリストやナイーブで軽薄な十代の少女たちによるでっち上げだ、と言われることがある。二つのグループは、実はいつも友好的で、互いに認め合い、支え合う仲だったと言われることもある。だが、彼らの関係がそれほど穏やかで単純なものだったかは疑わしい。二つのグループが気の合う関係であったことは明らかだ。とはいえ、いつも、どんな手段を使っても、相手を凌ごうとした。一般に理解されるように、互いに負けまいと競うことからは、友情などなかなか芽生えない。むしろ、不安や疑いやねたみが生じることの方が多い[6]。

そのため、いくつかの場面でビートルズとストーンズがライバル・バントとして振る舞わざるをえなかったとしても、それは不思議ではない。ストーンズは、ウェスト・ロンドンに閉じこもり、ヒップなコスモポリタンを気取った。彼らは独特な「かっこよさ《クール》」――無口で冷静であることが大切だった――にとりつかれ、ビートルズの感じの良い間の抜けたギャグ、あからさまに人を喜ばせようとする愛想の良さには困惑した。さらに加えると、ビートルズはイギリス北部の出身だった。工業中心で、経済的には不況な地域で、若いストーンズにとってそこはつねに文化的に不毛の地だった。ストーンズはこの点で間違っていた。しかし、ビートルズは、ほとんどのマージーサイド出身者とおなじように、少しでも見下されることに対して敏感だった。二つのグループが最初に出会ったとき、すでに成功を収めていたビートルズがなぜストーンズに対して尊大に振る舞ったのか、察しもつくだろう。

しかしほどなくして、ビートルズは、自分たちのかわいらしいモップのような髪型イメージに息苦しくなり、比較的自由に動けるストーンズを羨むようになった。そして、ストーンズが、ヒステリックで軽薄な十代の少女ではなく、見る目のあるボヘミアンという「正しい」タイプのファンからの支持を獲得すると、ビートルズはいらだちを隠せなかった。中でも、とくにジョン・レノンは、それまでのように自分の個性を抑え込むことを嫌がるようになった。後には、アングラ新聞が、一方でストーンズを左翼政治の英雄として描き、他方でビートルズをヒッピー的なゆるい理想主義に結びつけることにも辟易したのだった。

（5）多くの物書きが、ビートルズとストーンズをおなじように対極化した。例えば、フィリップ・ノーマンは次のように書いた。「あちらこちらの新しいファッショナブルなグループに一時的に心を奪われることがあっても、一九六四年のイギリスにおいて、ポップ・ファンであるということは、一つの究極的な問いによって決まった。それは、フットボール・ファンが敵のファンをどう猛に追い回しかねないような、『お前はビートルズなのかストーンズなのか』という問いだった。たとえフットボール・ファンでも、そこに反映される性格のイメージはこれほど豊富ではない。『ビートルズ』と答えることは、その人自身がおなじように社交的で気立ての良い、調和の力を信じる人間であることを暗に示すことだった。『ストーンズ』は、より端的に、イギリス諸島全部を粉々に砕きたいと言っているに等しかった」。

（6）フランシス・ベーコンは「この世に友情などなく、ましてや似たもの同士のあいだにはありえない」という格言を残した。ゴア・ヴィダルも、「友人が成功したときはいつでも、私の心の中の小さな何かが死んでいく」と、おなじような意味のことを言っている。いずれも、Joseph Epstein, *On Friendship* (New York: Houghton Mifflin, 2006), 8 での引用。

ビートルズとストーンズは、二十世紀の最も重要とも言える審美的論争の両面を表していた。今日でも、相手をもっと知りたいときに「ビートルズとストーンズのどちらが好きですか？」と尋ねることがある。どちらが好きかによって、その人の人となりや、考え方、あるいは性格の大切な何かがわかると思われているのだ。二つのグループについての型にはまった説明は誇張されすぎてはいても、まことしやかに受け入れられている。留保は必要だが、ビートルズはアポロン的でストーンズはディオニュソス的、ビートルズはポップでストーンズはロック、ビートルズは知的でストーンズは直感的、ビートルズはユートピア的でストーンズは現実的と考えられていると言えるだろう。

文学、絵画、建築など、どんな有名な対決型パラダイムも、ビートルズとストーンズほどに話題になるものはない。なぜそうなったのか。ビートルズとストーンズは、先例のないほど大きなポップ・アーティストだった。世界中で売り上げた彼らのレコードは、もはや数え切れない。

二つのグループが多くを共有していたことも、また、明らかだ――それはファンについてもおなじだ。ジークムント・フロイト――心理的動機付けを解明する権威――が生きていたら、ビートルズとストーンズをめぐる論争は、「わずかな差のナルシシズム」であると説明したことだろう。[7]「似たもの同士が互いに敵意を抱く原因は、まさに微々たる差異なのだ」とフロイトは書いている。そうは言っても、ビートルズとストーンズを比較せずにおれないのは、この二つのグループがまったく反対の性質を持っているからであり、広くそう理解されているからだ。[8]本書の読者はすでに、どちらのグループが良かったか詳細な意見を持っていることだろう。

私自身は、この問いに答えを出そうとは考えていない。すでに多くの評者がいろいろと書いている。何より、私はロック・ミュージック評論家ではなく、歴史家である。本書は、二つの伝記を合わせたような形式で、ビートルズとストーンズを並置し、彼らの相互関係を検証して、いかにライバル関係が構築されたのか描く。私に好みがないわけではないが（もちろんある）、それは本書の目的ではない。

合理的に考えるならば、どちらのグループもすばらしかった。全盛期のビートルズとストーンズは、どちらも単純には語れないすばらしさを持っていた。もちろんこのように書くと、これまでの定説を繰り返すことになる。しかし、それは彼らの偉業のすばらしさを損なうことにはならない。ビートルズとストーンズを結成した若者たちは、互いを発見しただけでなく、ともに才能を磨いた。両者は混ざり合い、たんに二つを合わせたよりもずっと大きな創造的な力に変化した。彼らはポップ・ミュージックの歴史において、最も豊かで興奮に満ちた時代に成熟し、圧倒的な存在感を放ったのである。

もちろんこれは著者の見解に過ぎないが、意見をおなじくする人もいる。六〇年代終わりにミック・ジャガーと交際していたマリアンヌ・フェイスフルは、冒頭で紹介した夜の出来事を振り返っている。ビートルズとストーンズのメンバーは、最高におしゃれなナイトクラブに現れ、『ベガーズ・バンケッ

（7）Sigmund Freud, *Civilization and Its Discontents*（New York: W. W. Norton, 1961）, 58-63 参照。

（8）ビートルズ対ストーンズをめぐる興味深く風変わりな考察が、知的文化や大衆文化の周縁にみられる。一九九七年、哲学者クリスピン・サートウェルは、間違いなくストーンズのほうが優れたバンドであることを証明するための、おかしな数学的公式を考案して、悪評をかった。二〇〇六年には、マルクス主義者でもあるポスト・パンクロッカーのイアン・スベノーニアスが自身の小冊子『サイキック・ソビエト』（*The Psychic Soviet*（Chicago: Drag City, 2006））で二つのグループを論じた。ビートルズ対ストーンズという弁証法は、実際には、レノン＝マッカートニーの産業ソビエト論対ミックとキースの農本的毛沢東主義なのだと言う。二〇一〇年には、小説家のアラン・ゴールドシャーが『ポールは死んでいない』（*Paul Is Undead*（New York: Gallery, 2010））を出版した。オーラル・ヒストリーの形態をとったポストモダン・ホラー喜劇で、ビートルズが世界征服を企むゾンビとして描かれている。イギリスで最も有能なゾンビハンターとしてミック・ジャガーが登場して、ファブ・フォーを追いかけるという凝りようだ。

ト』、「ヘイ・ジュード」、「レヴォリューション」という才能あふれる楽曲を友人たちに披露した。「ベスビオは、あれから二週間ほどで閉店してしまった。でもあの夜のクラブは、私たちはこの惑星に光を与える最高の天才なんじゃないか、この時代は生きるのに最高なんじゃないかと感じさせた。それはたんにドラッグのせいだったとは思えない(9)」。

（9） Marianne Faithfull, "As Years Go By," *The Guardian* (October 5, 2007).

ビートルズvs.ストーンズ——60年代ロックの政治文化史

目次

サウンドトラック（推奨）

ザ・ビートルズ「シミー・シェイク」(2:28)（ライヴ・アット・ザ・スタークラブ）
ボ・ディドリー「プリティ・シング」(2:48)
ザ・シュレルズ「ウィル・ユー・ラヴ・ミー・トゥモロー」(2:43)
ザ・ビートルズ「ラヴ・ミー・ドゥ」(2:22)
ザ・ローリング・ストーンズ「カム・オン」(1:49)
ザ・ビートルズ「アイ・ウォナ・ビー・ユア・マン」(2:00)
ザ・ローリング・ストーンズ「アイ・ウォナ・ビー・ユア・マン」(1:49)
ザ・ビートルズ「イエスタデイ」(2:03)
ザ・ローリング・ストーンズ「アズ・ティアーズ・ゴー・バイ」(2:45)
ボブ・ディラン「ガール・フロム・ノース・カントリー」(3:22)
ザ・キンクス「シー・マイ・フレンズ」(2:50)
ザ・バーズ「ザ・ベルズ・オブ・リムニー」(3:35)
ジ・アニマルズ「ウィ・ガッタ・ゲット・アウト・オブ・ディス・プレイス」(3:17)
ザ・ビートルズ「ドライヴ・マイ・カー」(2:28)

サウンドトラック（推奨）

ザ・ビートルズ「ノーウェジアン・ウッド（ディス・バード・ハズ・フロウン）」（2:05）
ザ・ローリング・ストーンズ「ペイント・イット、ブラック」（3:22）（ステレオ・アルバム・リミックス）
ザ・ローリング・ストーンズ「ストゥピッド・ガール」（2:55）
ザ・ローリング・ストーンズ「レッツ・スペンド・ザ・ナイト・トゥギャザー」（3:36）
ザ・ビートルズ「オール・ユー・ニード・イズ・ラヴ」（3:47）
ザ・ローリング・ストーンズ「ウィ・ラヴ・ユー」（3:36）
ザ・ローリング・ストーンズ「ストリート・ファイティング・マン」（3:16）
ザ・ビートルズ「レヴォリューション」（3:21）
ザ・ビートルズ「ヘイ・ジュード」（7:11）
ザ・ダーティ・マック「ヤー・ブルース」（4:39）（ローリング・ストーンズ・ロックンロール・サーカス）
ヨーコ・オノ「ホール・ロッタ・ヨーコ」（5:03）（ローリング・ストーンズ・ロックンロール・サーカス）
ザ・ローリング・ストーンズ「シンパシー・フォー・ザ・デヴィル」（8:52）（ローリング・ストーンズ・ロックンロール・サーカス）

第一章　紳士《ジェントルマン》か悪党《サッグ》か

有名になる前のビートルズとローリング・ストーンズは、実際はどんな感じだったのか。その姿は、ファンに向かって自らを投影しメディアに媒介されて定型化したイメージと、どのくらいかけ離れたものなのか。その距離を測りたいのなら、両グループをよく知っているだけでなく、彼らが公的人格《パブリック・ペルソナ》を作り出すまでをつぶさに見ていた人物にあたるのがよい。適任なのは、ショーン・オマホニーだろう。彼は、ロンドンを拠点に成功した出版者で、しばしば「ジョニー・ディーン」という仮名で執筆した。一九六三年八月には、『ザ・ビートルズ・マンスリー・ブック』（『ザ・ビートルズ・ブック』とも）という、ファン向けの雑誌を創刊し、その年の十二月までに毎月三三万冊も売り上げた。そして一九六四年一月には、おなじような趣旨の『ローリング・ストーンズ・ブック』を創刊した。(1)

これらはどちらも公式ファン雑誌で、オマホニーがその発行権を得るためには、当然、それぞれのグループの信頼と好意を勝ちとらなければならなかった。

（1）Andrew Loog Oldham, *Stoned: A Memoir of London in the 1960s* (New York: St. Martin's Press, 2000), 256 参照。

オマホニーが初めてビートルズに会ったのは、一九六三年五月だった。ビートルズはＢＢＣの大人気ラジオ番組『サタデー・クラブ』の収録のため、ロンドンのプレイハウス・シアターを訪れていた。「ジョン、ポール、ジョージ、リンゴと握手をした瞬間、これは、彼らとメディアの軽い挨拶では終わるまいと感じた」と、オマホニーは回顧する。ビートルズは、オマホニーに質問や提案を浴びせた。「彼らの雑誌を編集するということは、彼らの内側に入るのを許されたということだ。控え室、レコーディング・スタジオ、自宅など、彼らが行ったところは、実際、どこへでも入れてもらった」と、オマホニーは言う。彼はすでにローリング・ストーンズのマネージャー——アンドリュー・ルーグ・オールダムとエリック・イーストン——とも知り合いだったので、ビートルズを説得するプロセスは型どおりではなかったが、それでも彼らを安心させる必要はあった。(2)

ビートルズとローリング・ストーンズは、イギリスのあらゆる音楽雑誌（『メロディ・メイカー』、『レコード・ミラー』、『ニュー・ミュージカル・エクスプレス』、『ディスク』、『ミュージック・エコー』）や、ティーン向けの人気雑誌（『ボーイフレンド』、『ジャッキー』、『ファビュラス』、『レイヴ』、『ヴァレンタイン』）に頻繁に登場したが、オマホニーは特別な立ち位置にあった。営利を目的としたファン向け雑誌を出版する独占的な権利を得た彼は、エプスタイン、オールダム、イーストン、そして彼らがマネージするグループと、社会的、職業的に深い関係を築いた。オマホニーが個人的に何を知り、どう考えていたかはともかく、彼の黙従ぶりは完璧だった。一九六四年に、ジャーナリストのマイケル・ブラウンが『ラヴ・ミー・ドゥ！』——ビートルマニアの最初の盛り上がりにビートルズと旅した様子を書いたゴシップ本で、ビートルズの「きっちりしたクリーン」なイメージとは相容れなかった——を出版したが、その本が『ザ・ビートルズ・ブック』で触れられることはなかった。(3) オマホニーは、ジョン・レノンが結婚していたことも明かさなかった。十代の少女たちからの人気に悪影響が生じると、エプスタインが恐れたからだった。ビートルズの写真を掲載するときも、しばしば写真家に顔のシミやキズを修正させ、「ブライアンがファンに見てもらいたい写真」になるように配慮した。(4)

この時期のオマホニーは、いわばマディソン街の広告マンそのものだった。どんな内部情報を持っていようとも、ジョンやポール、ミックやキース、そしてブライアンについて、本当の姿を暴くようなことは一切掲載しなかった。オマホニーの雑誌は単なる宣伝機会にすぎなかった。つまり、ビートルズやストーンズの「ブランド」を売り込むために細心の注意を払って作られたものだった。

しかし何年も経ってから、もはや自身の感情を偽る必要がなくなったとき、オマホニーは二つのグループを次のようにまとめた。「ビートルズはいいやつと宣伝された悪党《サッグ》で、ローリング・ストーンズはアンドリューによって悪党に仕立てられた紳士《ジェントルマン》だった」。(5) こうした特徴付けの多くがそうであるように、これもまた綺麗にまとまりすぎだろう。しかし、一九六〇年代にそれぞれのバンドが持ちたいと願ったイメージより、ずっと真実に近いのかもしれない。

（2） オールダムは、オマホニーがのちの音楽監督ロバート・スティグウッドの下で働いているときに会ったと記憶している。そして、オールダムがオマホニーをエリック・イーストンに紹介して、二人は親友になった。*Stoned*, 216, 266 参照。

（3） Mark Lewisohn, "Foreword to the 1995 Reprint," in Michael Braun, *Love Me Do! The Beatles Progress* (New York: Penguin, 1995, c. 1964), 6 参照。

（4） Ray Coleman, *The Man Who Made the Beatles: An Intimate Biography of Brian Epstein* (New York: McGraw-Hill, 1989), 323 からの引用。

（5） *Stoned*, 256 からの引用。

・・・

もちろん「悪党かどうか」は、道徳的な問題であり、社会経済的なものではない。とは言えビートルズについては、どんなに見た目が華やかでも、第二次世界大戦中にドイツ空軍に猛攻撃された没落一方の陰鬱な産業港リヴァプールの出身だったことからもある程度察しがつく。人口は雑多だが、多くがアイルランドからの難民の子孫からなるリヴァプールの中心街は、粗野な船員と薄汚れたパブばかりで、洗練さなどひとかけらもなかった。多くのリヴァプール人は自らを「スカウサー」と呼んだ。その語には、いくばくかの誇りと、頑なさ、そして自らへの卑下がこめられていたが、イギリス中の嘲りの対象にすぎなかった。対照的に、ストーンズはロンドン郊外の生まれだった。とくに豊かというわけでもなかったが、ビートルズよりも快適な環境で育った。階級に沿って分裂したイギリス社会では、その差異が非常に重要だった。ジョン・レノンは、「俺たちは南部の人間たち、ロンドンの人間に、動物みたいに見下されていた」と、振り返る(6)。

窮乏と苦難に見舞われた戦争直後のイギリス社会の状況を考えると、ビートルズとストーンズが育ったバックグラウンドの差は、注意深くみておく必要がある(もちろん階級を線引きする難しさは言うまでもない)。ビートルズの出自については、スティーヴン・D・スタークの『ビートルズとの出会い――若者、ジェンダー、世界を揺るがしたバンドの文化史』に詳しい。ビートルズは踏み散らかされたようなリヴァプールの出身だが、ジョン、ポール、そしてジョージは、マージー川の「ましな側」の木々が生い茂る郊外地域に住んでいた(7)。(リンゴだけはリヴァプール中心街の出身だった。彼はディングルと呼ばれる、評判の悪い地区のおんぼろ長屋に生まれた。(8) ジョンだけが、屋内に水道がある家で育った恵まれたビートルだった。この当時のイギリスで屋内にトイレがある家は半分にも満たなかったので、とくに驚くことでもない。ポールとジョージは州が助成する「公営住宅《カウンシル・ハウス》」の半マイルも離れていないところに住んでいたが、彼らの地域ではアメリカの公共住宅が持つようなスティグマは負っていなかった。冬になるととても寒かったが、それでも当時の多くの労働者階級の暮らしにくらべると、はるかにましだった。(9)

ずっと後に、ジョージの姉ルイーズは、自分たち家族がとんでもなく貧乏だったと見られることに不満を述べている。「父はバスの運転手で、母が家で私たちの世話をした」と、ルイーズは言う。「母はクリスマスの時期になると働くこともあったけれど、自分たちが貧乏だなんて思ったことはない。後になって、ビートルズがスラムで育ったとかそういう話をたくさん読んだ。……［でも］私たちは素敵な、暖かい、仲むつまじい家族生活を送っていたのだ(10)」。また晩年のインタビューで、レノンは、自分の子ども時代は、「どのビートルズ物語にも書かれているような、スラムの風景ではなかった」と言う。(11)

（6）*The Beatles Anthology*（San Francisco: Chronicle Books, 2002）, 8 からの引用。
（7）Steven D. Stark, *Meet the Beatles: A Cultural History of the Band that Shook Youth, Gender, and the World*（New York: Harper Collins, 2005）, 113.
（8）Hunter Davies, *The Beatles*（New York: Norton, 2002, c. 1968）, 189.
（9）*Meet the Beatles*, 42.
（10）David Pritchard and Alan Lysaght, eds., *The Beatles: An Oral History*（New York: Hyperion, 1998）, 17 からの引用。
（11）David Sheff, "Interview with John Lennon and Yoko Ono," *Playboy*（January 1981）からの引用。ビートルズについての最初の本の一冊は、『レコード・ミラー』誌のピーター・ジョーンズが「ビリー・シェパード」の偽名で出版したが、その本は、「リヴァプールのスラムから大出世した［ビートルズの］真実」を語ると宣伝された。Billy Shepherd, *The True Story of the Beatles*（Bantam, 1964）.

ビートルズは、みな小さな頃にイギリスの食料と燃料の配給を経験したが、それも当時としては当たり前だった。生卵、生乳、果汁はめったにお目にかかれなかった。四人のビートルたちは、戦争で吹き飛ばされた建物や、黒焦げの瓦礫の中を歩き、そこで遊んだ。一九五〇年代アメリカの好景気に多くの十代が享受したまばゆいばかりの消費財やレジャーの機会は、彼らにとってはまったくよその話だった。当時の基準からすると、貧しさだけでなく、幼少期に二つの大きな病気に苦しんだリンゴだけが、本当の意味での欠乏に苦しんでいた(12)。

やはりローリング・ストーンズも、子どもの頃には戦争の瓦礫や配給を経験した。しかし、それでもビートルズよりは暮らしぶりが良かった。ストーンズのカリスマ的な創設メンバーで、初期のリーダーだったブライアン・ジョーンズは、チェルトナムのアッパー・ミドルクラスの家庭の出身だった。父親は航空宇宙技師で教会指導者でもあった。ミック・ジャガーはケント州ダートフォードの出身で、高学歴の父親は学校の准教師で大学でも物理学を教えた。母親は美容師だった（イギリスでの美容師は、アメリカの美容師よりも敬意が払われる職業だった）。一九六五年出版のストーンズの公式伝記によると、ジャガーは「ミドルクラスの『お上品さ』」の中で育った(13)。子どもの頃の家は、ベッドルームが三つあって、名前までついていた（ニューランズと言った）。小さな頃、家族はスペインやサントロペで休日を過ごした。キース・リチャーズもやはり、ダートフォードの出身だった。短期間だがジャガーとおなじ小学校に通い、その後、家族は平凡で安普請の公営住宅に移り住んだものの、中流意識を捨てることはなかった。そのため、リチャーズは、「倒錯した上流気取り」をするようになったとのちに語っている。「その町の底辺の出身であることを誇りながら、ギターだって弾くんだ」と自慢した。「グラマー・スクールの連中は、ホモやバカだと思われていた(14)」。ストーンズの周辺的な存在、ビル・ワイマンとチャーリー・ワッツは、完全に労働者階級だった。ビルの父親は煉瓦職人で、チャーリーの父親はトラック運転手だった。イギリスでは息子が父親とおなじ職業を目指すことが当たり前という厳格な階級秩序があったが、この二人は、ストーンズに加入した頃には、将来についてかなり楽観的になれるだけの余裕があった。ワッツはグラフィック・デザイナーとして、ワインマンはセミプロとしてベースを弾くかたわら、デパートで働いた。

なんにせよ、ストーンズはイギリス南部の出身で、ビートルズは北部の出身だった。この二つの地域差は著しかった。一八四五年、ベンジャミン・ディズレイリは、イギリス南北を「交流や共感の持ちようがない二つの国民《ネーション》」と描写したが、その状況は百年後もほとんど変わっていなかった。[15] スティーヴン・スタークは次のように書く。「ロンドンの人にとってリヴァプールは、辺境《フロンティア》の地のようなものだった――無礼で、感情的で、首都に比べてその重要度ははるかに低かった。社会の上層はすべての中心で

(12) リンゴは六歳のとき、虫垂破裂のために腹膜炎になって、十週間、昏睡状態におちいった。そして十三歳のとき、慢性肋膜炎を患って約二年間入院した。これで学校生活は台無しになり、最も貧しかったビートルは、最も教育を受けることができなかった。最初の頃のプレス・リリースでは、彼は"anyone"を"enyone"と綴った。そして一九六四年のビートルズ最初のUSツアーでは、高級レストランで給仕したウェイターによると、リンゴはうまくメニューを注文することができず、(cookerではなく) ovenという語がよくわからなかったらしい。リンゴの家族も、教育を受けてはいなかった。ビートルズのファンクラブの秘書、フリーダ・ケリーは、リンゴのファンへの返事を手伝ったと言う。「冗談でしょ、と彼に言った。『お母さんかお父さんに頼みなさいよ、みんな親がやっているでしょう』。でも、彼は悲しそうに立ったままで、こう言った、『俺の母さんにはできないんだ』」。

(13) Jon Wiener, *Come Together: John Lennon in His Time* (Champagne-Urbana: University of Illinois Press, 1990), 56.

(14) Victor Bockris, *Keith Richards: The Unauthorized Biography* (London: Hutchinson, 1992), 7.

(15) Stark, 40からの引用。

ある首都こそがイギリスだとみなした」[16]。リヴァプールには、実はロンドンより活発な音楽シーンがあったかもしれない。しかし、スカウスなまりの強い駆け出しミュージシャンだったビートルズは、自分たちがかなり不利な状況に置かれていることを知っていた。ハリスンは回顧する、「リヴァプール出身の俺たちに、いつもみんなは言った。『成功するにはロンドン出身じゃないとだめだ』ってね。やつらは俺たちを田舎者か何かとみていた」[17]。

ジョージは正しかった。当初ビートルズは、その出身地のために（おそらく彼らが理解していたよりもずっと）深刻に割を食っていた。デッカ・レコーズの重役ディック・ロウ――またの名を「ビートルズをはねつけた男」――は、一九六二年のはじめにビートルズのオーディション・テープを聴いたとき、たしかにリヴァプールが頭に浮かんだことだろう。ビートルズが悪いと思ったわけではなかった。だが会社の資金が限られている中での選択を迫られた。ビートルズとサインするか、あるいはブライアン・プール&ザ・トレメローズでいくか。のちにロウは、その不運な決断は、少なくとも部分的には、ブライアン・プールがロンドン出身だったためだったと説明している。つまり、デッカ・レコーズのスタッフは「会社に負担をかけることなく、昼も夜もブライアンと仕事することができる。リヴァプールはずっと遠いのだ。〔蒸気機関の〕鉄道に乗って、ホテル代だって払わなくてはならない。何日滞在することになるかもわからない。加えて、ロンドンにとってイギリス北部はあまりに不慣れな場所だった。ロンドンに住む人は、ワトフォードより北はまったく知らないなんて言う。つまり、リヴァプールは我々にとってのグリーンランドだったのだ」[18]。ミック・ジャガーの元恋人マリアンヌ・フェイスフルも、成功した仲間内では、ビートルズの出身地に対する偏見が根強かったことを認めている。「私たちは彼らを、とても田舎者で、古くさくて、ロンドンより少し遅れた人たちとみていた」と言う。その後しばらくし

て彼女は、そうした態度が「とても横柄で、真実とは異なる」ことを知った。(19)

・・・

もちろん、出身地のせいでビートルズが「悪党」で、ストーンズが「紳士」だと決めつけるのはフェアではないし、馬鹿げている。もっと重要なのは、少年期のビートルズ四人のうち、三人は問題児として知られていて、中でもカリスマ的なジョン・レノンは最も荒っぽかったことだ。レノンについては、その来歴がはっきりと残っていて、ことさら掘り下げるまでもない。小学生の頃からその辺によくいるような悪ガキで、教会の献金箱に入れるように言われた小銭をくすねたり、おばのハンドバックから物をとったりする子だった。路面電車のバンパーにしがみついてただ乗りしたり、タバコを盗んで売ったり、女の子のズボン下を引っ張り下ろしたり、電話ボックスを壊したり、火遊びしたり、学校でひょうきんなことをして笑わせたり、居残り罰をさぼったり、賭け事をしたり、喧嘩したり、友達と自転車を乗り回して危険なことをしたりした。レノンは、本人も認める同年代の子の「ガキ大将《キングピン》」だった。当時近所に住んでいたある人物は、「ウールトンの町で、自転車に乗ったジョン・レノンとその悪ガキ仲間

---

(16) Stark, 40.
(17) Pritchard and Lysaght, *Beatles Oral History*, 51 からの引用。
(18) Pritchard and Lysaght, *Beatles Oral History*, 89 からの引用。
(19) Debbie Geller (ed. Anthony Wall), *In My Life: The Brian Epstein Story* (New York: St. Martin's Press, 2000), 85 からの引用。

に出くわすのは、嬉しいことではなかった」と、のちに振り返っている。[20]
レノンは、リヴァプール芸術学校《カレッジ・オブ・アート》に進学してもこんな調子だった。レノンの伝記を書いたレイ・コールマンによると、「レノンの作品は奇想天外だったが、それは［教師たちの］心配の種ではなかった」。むしろ、レノンの問題児としての信じがたい才能に悩まされていた。[21] 辛辣なウィットで武装したレノンは、すさまじく残酷になった。クラスメイトによると、「彼は、それまで会った最悪のいじめっ子だった。学校では、出自などお構いなしに誰彼かまわずいじめて、笑いものに仕立て上げたのだ」。[22] 障害やけがなどで身体的悩みを持つ生徒が、とくにレノンの標的になることが多かった。[23] 酒を飲むと余計に意地悪になったようで、最初の妻シンシアは、「彼は瞬間的に攻撃的になった」と言う。レノンの女性への態度の悪さは有名だった。デートした相手に対してはとにかく独占欲が強く、そのくせ誰にも誠実ではなく、臆病でベッドをともにしない相手をけなした。レノンの子ども時代の親友ピート・ショットンは、「友達以外の誰もが、完全に彼を要注意人物とみるようになった。私でさえ、彼はドヤ街に生きることを運命づけられているのではないかと心配したくらいだ」と語る。[24]
もちろん、レノンには魅力的な部分もたくさんあった。のちに人びとによく知られるようになった優しさや感受性を垣間見せることもあった。友人たちはいつも、レノンの反抗的態度はたんに自身の苦しみや弱さをカモフラージュするためだと考えていた。ハンター・デイヴィスによるビートルズ公認の伝記では、レノンは幸せな子ども時代を過ごしたことになっている。[25] しかし、その実態はひどいものだった。父親のアルフはレノンがとても幼い頃に家を出た。のちに母親のジュリア――いつもすこし派手にしていた――も、おばのミミとおじのジョージに彼を預けていなくなった（ジョージは一九五五年に突然亡くなった）。十代のはじめにレノンは母親と再び会うようになったが、控えめに見ても、関係の回復過程はかなり複雑だった。一九七九年にレノンは音声日記を残しそれが二〇〇八年に公開されたのだが、その中でレノンは、十四歳のときに母親とベッドに横になっていたことを思い出として語っている。どういうわけか彼は母親の胸に触れ、それ以上のことをすべきかと思案したのだった。そしてレノンが十七歳のとき、ジュリアは運転を誤った車にひき殺されてしまった。「僕にとって最悪の事態だった」と、レノンは言う。「僕とジュリアはわずか二、三年のあいだに多くを取り戻していたのに」[26]。

ポール・マッカートニーもまた、親を亡くしていた。ポールの母メアリーは、彼がまだ十四歳のときに、乳がん摘出術にともなう合併症で亡くなった。少年合唱団の一員のような見た目にもかかわらず、ポールも十代の頃には非行を繰り返した。もっとも、レノンほどではなかった。ずる休みをしたり、タバコのような取るに足りない物を盗んだりするくらいだった。しかし一度だけ、地元の教会から高価なオーディオ機器を盗む手伝いをしたことがあった。のちにマッカートニーは、自身のいたらなさを悔やんでいる。「僕が欲しかったのは、女、金、そして服だった」と言う[27]。ある伝記には、「ポールに自然に

(20) Hunter Davies, *The Beatles* (New York: Dell, 1968), 59; Stark, 53 からの引用。
(21) Ray Coleman, *Lennon: The Definitive Biography* (London: Pan Books, 1995), 83.
(22) Coleman, *Lennon*, 97 からの引用。
(23) Coleman, *Lennon*, 199 からの引用。
(24) Pete Shotton and Nicholas Schaffner, *John Lennon: In My Life* (New York: Henry Holt, 1987), 61.
(25) Hunter Davies, *The Beatles* (New York: W.W. Norton, 2010, c. 1968), 59.
(26) レノンは語る、「ブルームフィールド・ロードの家で、僕は母親の乳房のうえに手を置いたことを、いま、思い出している。十四歳くらいのときだった。一日学校を休んで、ずっとそんなことをして彼女の家で過ごした。僕らはベッドに寝ていて、僕は考えていた。『もっと他のこともするべきだろうか』。奇妙な時間だった。というのも、実はその頃、道の反対側に住む階級の低いある娘に熱を上げていた。いまでもするべきだったと思っている。おそらく彼女は許してくれただろう」。

備わっていたすばらしさは、間違いなく彼の交渉能力の高さと、誰もが認めるチャーミングさだった。何度も捕まりながらも、やんちゃな少年らしいいたずらで［中略］いつもするりと逃れた」のだった。(28)

最も若いビートル、ジョージ・ハリスンも、やはり親のしつけはとても甘かったが、少年期に深刻なトラブルに巻き込まれるようなことはなかった。「親は一晩中遊ばせてくれたし、飲みたいときには酒も飲ませてくれた」と言う。「いま、アルコールがあまり好きじゃないのは、そのせいかもしれない。十歳までには、酒は飲みたいだけ飲んでしまった(29)」。それでもジョージは、先生の言うことを頑として聞かず、学校の制服をいじり、大量のポマードで髪をテカテカにバックに固め、青いスウェードのシューズでリヴァプールの街を徘徊するという、昔ながらの反体制的な十代の反抗の旅へと向かった。友人の一人は、「俺たちはみな、十三歳くらいの頃からロックンロールに興味を持ち始めた」と語る(30)。四人のビートルの中で、おかしな行動で子ども時代の評判が汚されていないのは、リンゴだけだった。子ども時代の環境がどのように彼の物腰の柔らかさや自己防衛本能に影響したのかはわからない。ディングル周辺をうろつく不良は、いわばジョン・レノンの自転車ギャングとはまったく違った。そこは「頭を垂れて、目を見開き、そして誰の進む方向にも入ってしまわないよう気をつける」、そんな場所だったと、リンゴは語っている(31)。

リンゴは、ビートルズのドイツ・ハンブルク遠征にはほとんど帯同しなかった（ロリー・ストーム＆ザ・ハリケーンズのドラマーとして定期的にハンブルクで演奏することはあった）。それでも、ビートルズ通は、ビートルズを形作ったのは、ハンブルクでの体験だったと言う。厳しいスケジュールに従うことを余儀なくされつつも、彼らはそれぞれの技術を磨き、かっちりとまとまったユニットに成長した。そして美しい写真家アストリッド・キルヒャーによって、のちにモップ頭《トップ》となる髪型にかわった。ビートルズ

――ジョン、ポール、ジョージ、ドラマーのピート・ベスト、ベーシストのスチュ・サトクリフで構成された――は、ハンブルクで酒、女、クスリにおぼれた考えられないほど怠惰な生活を送り、ときに暴力も経験した（もっとも、ピートはクスリを慎み、スチュはアストリッド以外の女性を敬遠した）。音楽業界通に一九六〇年代初期のビートルズを「悪党」と見る人がいるのは、このハンブルク時代――二十八カ月のあいだに四つのナイトクラブを根城に移り歩いた――が理由の一つである。

ハンブルクはリヴァプールと似たところがあった――どちらも港町で、移住者のコミュニティがあり、第二次世界大戦では猛爆撃を受け、さらには緯度までおなじだった（北緯五十六度）。しかし、ビートルズが演奏したザンクト・パウリ地区は、リヴァプールで最も危険なスコッティ・ロードが平穏にみえるほど荒々しかった。誰もが、ザンクト・パウリは世界でも最も「罪深い」場所と認めた。ビートルズが演奏したクラブ――スタークラブ、カイザーケラー、トップテン、そしてインドラ――はすべて、ドイツ人に「罪深い通り」として知られたレーパーバーン周辺にあった。ストリッパー、売春婦、こそ泥、そして暴力団が経営する売春宿やセックスクラブ、暗くて汚いバーに潜む最もたちの悪いごろつきであふれていた。ハンブルクにやって来た当時は十七歳から二十歳だったビートルズは、生まれて初めて、自分たちのポケットにほんの少しの金を手に入れた。そしてそれが大騒動のもとになった。

---

(27) Philip Norman, *John Lennon: The Life* (New York: Harper Collins, 2008), 146 からの引用。
(28) Giuliano, *Blackbird*, 15.
(29) Geoffrey Giuliano, *Dark Horse: The Life and Art of George Harrison* (New York: Bloomsbury, 1989), 10 からの引用。
(30) Bob Spitz, *The Beatles: The Biography* (Boston: Little, Brown, 2005), 120 からの引用。
(31) Spitz, *The Beatles*, 335 からの引用。

パフォーマーとしてのビートルズには、よく知られる「マッハ・シャウ」(躍動感のあるショーを演じること)が求められた。アンフェタミンでハイになってビールをがぶ飲みすると――それがいつものことだった――、大興奮を巻き起こすことはたやすかった。この頃は、チャック・ベリー、リトル・リチャード、ファッツ・ドミノ、そしてカール・パーキンスといったところからアメリカン・ロックンロールのナンバーを演奏するバー付きのバンドにすぎなかった。しかし、ビートルズは他のどのバンドよりも速く、激しく弾き、その卓越した演奏は熱狂的なファンを生んだ。マイクの前にがに股で立つレノンの姿はとくに目をひいた。伝記作家のフィリップ・ノーマンによると、レノンはハンブルクのクラブでときおり「発狂」した。「ロックンローラーや映画のモンスターか何かをまねて飛び跳ねたり、腹ばいになったりして、レノンの幻惑した意識が覚醒した。観客はビートルズの話すことは一言もわからないので、ジョンは『総統万歳《ジークハイル》!』、『ナチスくそ食らえ《ファッキン・ナチス》!』などと何度も叫んで笑いや拍手を誘った」(32)。またあるときには、レノンは酔っ払ってピアノの後ろからずらかり、他のメンバーだけで演奏させたこともあった。一九六二年に違法に録音されたスタークラブでのパフォーマンスでは、レノンは「シミー・シェイク」の歌詞を「シッティ、シッティ」に変えて歌い、ポールが「ベサメ・ムーチョ」を「ヒトラーからの特別リクエスト」として紹介している様子が残っている(33)。メンバー全員がステージ上で飲み食いし、タバコを吸った。そして喧嘩のふりをして、備え付けの家具を投げ散らかしたりもした。レノンが下着姿で、トイレの便座を首にかけて演奏したこともあった。地元客は彼らをクレイジー・ビートルズと呼んだ。そしてもちろん、ビートルズは頭からつま先まで革《レザー》で固めていた。

端整な顔立ちのビートルズにとって、ハンブルクでセックスを求めるのは――イギリスでよりもずっと――簡単で(34)、彼らもそれが当たり前だと思っていた。ピート・ベストが言うには、メンバーは定期的にパートナーを交換《スワッピング》し、誰もがスタミナしだいで、たいがい「一晩、二、三人の女性」を相手にした。(35)誇張があるとしても（おそらくあるが）、夜遅くに女性を自分たちの窮屈な宿に連れ込んでの行きずりのセックスをするのが日常的だったことは、バンド仲間も認めている。マッカートニーは、「それはセックス・ショックだった」と説明する。「僕たちにとって、セックス・シーンに飛び込むちょっとした洗礼だった。そんなことはよくあったし、手綱を外された僕らは自由だった」。(36)レノンはもっと率直に語る、「淫売女とグルーピーに挟まれて、俺たちのあそこはみな眠りについたものさ」。(37)

こうした混沌とした快楽の背後で、ハンブルクでは危険な暴力が脈打っていた。ビートルズが演奏したクラブのウェイターやバーの店員の多くは犯罪を生業にし、そのほとんどが飛び出しナイフや警棒、鉛を仕込んだ棍棒を持ち歩いていた。長い夜のステージが終わってビートルズが荷物をまとめているとき、ウェイターと衝突した客が半分死にかけてまだ床に転がっていることもあった。また、バーでの喧嘩が暴動になり催涙ガスによってなんとか鎮圧されて、（ビートルズを含む）全員が悲鳴をあげ、ぜいぜ

---

(32) Philip Norman, *Shout! The True Story of the Beatles* (New York: Fireside, 2005, c. 1981), 92.
(33) Richard Buskin, *The Complete Idiot's Guide to the Beatles* (New York: Alpha, 1998), 109.
(34) イギリスでのセックス事情について、ジョージ・ハリスンは、一九五〇年代の様子を次のように語る。「それはそんなに簡単なことじゃなかった。女の子はみんなブラジャーとかコルセットを着けていて、まるで強化鋼のようだった。どこでも手に入れられるものではなかった。そんなのを外そうとして、手の骨が折れそうになったものだ。パーティで女の子にキスしつづけて、八時間もあそこはたったままで、しまいには痛くなってしまったことを覚えている。もちろん救いはないさ。いつもそんな感じだ。そんな時代だった」。
(35) Geoffrey Giuliano, *Blackbird: The Life and Times of Paul McCartney* (London: John Blake, 1991), 46 からの引用。
(36) *The Beatles Anthology*, 53 からの引用。
(37) Giuliano, *Blackbird*, 38 からの引用。

いむせながらクラブからあふれ出てくるなどということもあった。「インドラでは、ほぼ毎晩、気の毒なやつが殴られたり、ナイフで刺されたり、あるいはもっとひどいことになっていた」と、レノンは振り返る。(38)

ビートルズは、いつもは激しい暴力を見物しているだけだったが、自分たちが乱暴者になることもあった。「プレリーズ」（プレルディン）と呼ばれるやせ薬を常用するようになったことで、彼らの悪行はさらにひどくなった。いまは売られていないその小さな青いクスリは、服用すると抑制を緩和し、覚醒させ、そしてひどく興奮させる効果があった。有名な事件としては、ポールとスチュがステージの途中で殴り合いの喧嘩をして、とんだ見世物になったことがあった。またあるときには、スタークラブの上の階の下宿でカードゲームに興じていたときに、酔っ払ったジョンが誰かの頭をビール瓶で殴りつけたことがあった。「［レノンが殴った］そいつはすぐさま立ち上がり、部屋中を追い回してジョンを殴りつづけ、伸してしまった」と、友人は語る。「俺たちは皆、そこに立ったまま、そいつのやりたいようにやらせた。人の頭をボトルで殴って、それで何事もなく逃げられるなんて誰も思っちゃいないだろう」(39)。長らく広まっていた噂では、ジョンはとくに酔っ払ったとき、建物の高いところにあるパーチを探しては、そこから通りを歩いている修道女に小便をかけていたという。ハンブルク時代の最もひどい話としては、レノンがビートルズのメンバーに、会ったばかりの水兵を襲おうともちかけた。ポールとジョージは臆病すぎて計画を実行に移せなかったが、ジョンとピートは、部屋を出て足取りの怪しい船乗りを暗い街角で襲おうとした。このとき、彼らは予期せぬ事態に出くわすことになった。襲われた男は、激しいパンチを一気に浴びせて反撃し、ピストルらしきものを取り出した。それは催涙ガス弾しか発射しなかったが、二人の襲撃者が命ほしさに逃げ出すには十分だった。(40)

リヴァプールのクラブやダンスホールに戻ってくると、ビートルズは必ず何かしらハンブルクっぽさを匂わせた。ハリスンは言う、「客は喜んだよ。僕らはすこし悪そうだし、ドイツで腕を磨いていた」。「ショーがダン、ダ、ダンと演られているときに、突然、僕らがジャンプして足を踏みながらして登場するんだ。レザー・スーツに身を包んだワイルドな連中が[41]」。初期のファンは、彼らを「むきだし《ロウ》」だと表現した。「いつもレザー・ジャケットを着て、キューバン・ヒールの黒ブーツを履き、髪はあちこちを向いていた。スウェードの襟のジャケットを着て、全部を青とか黄色であわせた、当時ありきたりの他のグループとはまったく異なっていた[42]」。リヴァプールでディスク・ジョッキーをしていたボブ・ウーラーは、レノンが「ステージを支配し、目を見据え立つ姿」を覚えている。「足を大きく開く、それが彼のトレードマークだった。もちろんそれはとても性的な表現だった。ステージ正面の女の子は彼の足を見上げて、目の前にある股間を凝視していた。彼はとても挑発的《アグレッシヴ》なスタンスをとったのだ[43]」。ビートルズのメンバーは、（ポールのガールフレンドが勤め先の薬局から盗んでくる）プレリーズやパープルハーツを服用しつづけた。バンドがランチタイム・セッションをやるときには、レノンが観客と、とくに近所のオフィス・ワーカーと皮肉たっぷりにやりとりした。「シャーラップ！　スーツ族」というのがレノンのお決まりのフレーズになった。「彼は、『当たり前の』仕事をしている彼らをからかった[44]」。

---

(38) Giuliano, *Blackbird*, 38からの引用。
(39) Coleman, *Lennon*, 275からの引用。
(40) Norman, *John Lennon: The Life*, 216.
(41) *The Beatles Anthology*, 57からの引用。
(42) Pritchard and Lysaght, *Oral History*, 72でのLiz Hughesの引用から。
(43) Andrew Solt and Sam Egan, eds., *Imagine: John Lennon* (New York: Macmillan, 1988), 37からの引用。

そして、ビートルズが十代の少女たちを刺激することで生まれる熱狂は、マージーサイドのタフな男子には真逆の反応を誘発し、ときに乱闘に巻き込まれることさえあった。ベストによると、ジョージは実際の喧嘩には弱すぎてよく助けを呼んだ。しかし「ジョンは、つねに戦闘態勢にあった」[45]。一九六一年にスチュアート・サトクリフが脳内出血で死んだとき、検視医は頭蓋骨にへこみ傷を見つけた。その年にリヴァプールのテディ・ボーイたちに襲われたときの後遺症があったのだと推測する人もいる[46]。

一九六一年の終わりに、リヴァプールのキャヴァーン・クラブで、ブライアン・エプスタインがはじめてビートルズを見たとき、彼らはハンブルクでの仕事を始めた約二年前よりも、ずっと腕を上げていた。怪しげな行動はあったが、ドイツでの容赦なく厳しいスケジュールもこなしていた。(その一年半だけでも、二七〇回のステージを行い、演奏時間にすると八〇〇時間を超えていた。)エプスタインが見たビートルズは、四人組のバンドだった(サトクリフはこの世を去り、ベースはマッカートニーが弾いていた)。そしてまもなく、リンゴがピート・ベストのドラムの座を奪うことになった。しかし、当時の彼らは、今日多くの人が知る「ザ・ビートルズ」とはかけ離れていた。有名になる前の彼らは、その辺で寝て、クスリを飲み、酒をあおり、たまに喧嘩するなど、かなりラフに生きていた。揃いのレザーに身を包んでいないときの彼らの服装はだらしなかった。その評判は、レコーディングされた楽曲ではなくて、精力的なライヴ演奏から生み出された。こなれた感じの厚かましさでファンを迎えるカリスマ的リーダーに率いられ、怪しげで危険ですらある完璧なオーラをまとっていた。イギリスの音楽ジャーナリスト、クリス・ハッチンスンスは、「ハンブルク時代のビートルズは、のちのストーンズの姿だった」と表現する[47]。

悪さをしたり人を傷つけたりといった能力にかけては、ローリング・ストーンズの創設メンバーでギタリストのブライアン・ジョーンズもひけをとらなかった。しかしながら、ジョーンズの生い立ちは、レノンとはまったく異なっていた。両親はともに大学出で、ジョーンズ自身も優秀だった。十五歳のとき、一般教育修了証明（イギリスの国家統一試験）で九つのOレベル合格を獲得し、シックス・フォーム（中等教育最後の二年間の選択選抜コース）に進学した。「彼は反抗的だった。しかし、試験となるととても賢かった」と、子ども時代の友人は振り返る(48)。ブライアンの母ルイザは、幼い頃のブライアンは「歯医

（44）Coleman, *Lennon*, 241.

（45）Gareth L. Pawlowski, *How They Became the Beatles: A Definitive History of the Early Years*（London and Sydney: Macdonald, 1990）, 35 からの引用。

（46）スチュアートの妹ポーリーンは、回顧録『ビートルズの影――スチュアート・サトクリフと彼のロンリー・ハーツ・クラブ』（*The Beatles' Shadow: Stuart Sutcliffe and His Lonely Hearts Club*（London: Macmillan, 2002））において、兄に致命的な攻撃を加えたのは実際にはレノンで、それはリヴァプールではなくてハンブルクでのことだったと主張する。そして、マッカートニーがその卑劣な暴行を目撃し、彼女はスチュから直接その話を聞いたと言う。しかし、マッカートニーはそんな喧嘩は見ていないと言い、スチュの恋人アストリッドも、「もしそんなことがあったなら、スチュアートは私に言ったはずだ」と、この件を疑う。レノンはビートルズの中で最もスチュと親しく、これらから判断するに妹の主張はあまり信憑性があるとは言えないだろう。

（47）Oldham, *Stoned*, 293 からの引用。

（48）Wyman, *Rolling with the Stones*（New York: DK Publishing, 2002）, 19 からの引用。

者になりたいとよく言っていて、学校の成績が良かったときなんかはとくに、私たちみんなで応援していた」と、物憂げに回顧する。(49) ジョーンズは若者らしい運動能力にも優れ、チェルトナム——キース・リチャーズが「老婦人の」保養地と呼んだ、ハイソだがあまりさえない温泉町——で育ったことで、正しい振る舞いを身につけていた。(50) 安定した家庭生活を過ごし、幼い頃にその並外れた音楽的才能を親に見いだされ、応援されていたのだ。

ブライアンの悩める父ルイスによると、息子の権威に対する反発は、十七歳か十八歳の頃、突如として激しく始まった。アルトサックスを吹き始め、（とくにチャーリー・パーカーがやっていたような）即興ジャズに夢中になって間もなくのことだった。「彼はすべてのことに対して、とくに私に対して、反抗するようになった」。学校で乱暴な行動をとるようになり、少なくとも二度の停学処分を受けた。しかし、父親は、ブライアンは「とにかくすべてにおいて論理的だった」と嘆く。「父さんは、自分がやったことを僕にやらせたいんだ」と、ブライアンは分析した。「でも、僕は父さんのようにはなれない。僕は僕の生き方が必要なんだ」。要するにそれは、勉強はおざなりにして放浪し、おもしろ半分に貧乏を楽しみ、そして大人の責任から逃れるような生き方だった。(51)

一九五九年、十七歳のとき、ジョーンズはチェルトナムのグラマー・スクールを退学処分になった。十四歳の少女を妊娠させ、その少女はブライアンが一生懸命に勧めた中絶を拒んだ。これがジョーンズの複数の「非嫡出」子（五人との説がある）のうちの、最初の一人だった。翌年、一晩だけの関係で他の女性を妊娠させた。さらに一九六一年、（店員、石炭配達人、バスの車掌、地方住宅局の見習いなど）安月給の職でなんとか食いつないでいたブライアンは、パット・アンドリューズという若い女性を身ごもらせた。やはり彼女も赤ん坊を産んだ。当時の道徳観と、励ましてくれるブライアンの姿もあって、二人は結婚することになるだろうと彼女は考えたからだ。

しかし、結婚はなかった。それどころか彼はロンドンへ逃れ、こっそり眼鏡店で働き始めた。アンドリューズは、赤ん坊と自分の荷物を抱えてブライアンを探し出し、二人の世話をみるように迫った。ブライアンの家族は、なんとも言えぬ恥ずかしさを味わった。眼鏡店のあとにはデパートメント・ストアで働いたが、盗みで解雇された。さらにレコード店やニューススタンドでも、やはり盗みをはたらいて解雇されている。「ブライアンはとにかく不誠実だった」と、ストーンズのキーボーディストだったイアン・スチュワートは振り返る(52)。

ようやく機会が巡ってきたときでも、ブライアンはワールドクラスのいじめっ子だった。ブライアンがどのようにして臆病でごますりのルームメイト、ディック・ハットレルをいじめていたか、のちにキース・リチャーズが語っている。

二週間も経たないうちに、ブライアンはディックを完全にカモにした。ディックに真新しいハーモ

(49) David Dalton, ed., *The Rolling Stones: The First Twenty Years* (New York: Knopf, 1981), 12 からの引用。
(50) Wyman, *Stone Alone* (New York: Da Capo, 1997), 77 からの引用。
(51) Philip Norman, *The Stones* (New York: Penguin, 1994), 54 からの引用。
(52) Wyman, *Stone Alone*, 103 からの引用。『イングランズ・ニューエスト・ヒット・メイカーズ』のカバー写真を撮ったニッキー・ライトは、ブライアンがやって来たときのことをこう振り返る。「『ほら、君にプレゼントだよ』。中には、いずれもすばらしいレコードが入っていた——ハウリン・ウルフ、ライトニン・ホプキンス、ジョン・リー・フッカー。二十年後、ロング・ジョン・ボールドリーがインタビューで、持っていたチェス・レコーズをブライアンに貸して、一つも戻ってきていないと言っているのを読んで、それが彼の物だったと知ったのです」。

ニーのエレキギターを買わせ、自分のアンプを修理させ、新品のハーモニカ・セットを買わせた。ディックは、ブライアンが言うことはなんでもやった。ものすごく寒い最悪の冬の日に、ブライアンは言うんだ。「おまえのオーバーコートをよこせ」。そしたらディックは自分のアーミーコートをブライアンに渡した。「キースにそのセーターをやれよ」と言うと、俺はそのセーターを着るってわけさ。「いいか、俺たちの二十ヤード後ろを歩くんだ」とディックに告げ、俺たちは地元のウィンピー・バーに入る。「そこにいろよ、おまえは入ってくるな。で、二ポンドよこせ」。ディックはこのハンバーガー屋の外で凍えながら待ってる。ブライアンはディックをランチに誘うこともあった。俺たち三人はすごくいいレストランへ行く。そしてうまい飯を食う。もちろん誰も払えないような。そして俺とブライアンはディックに勘定をのこしてずらかる。(53)

ある冬の晩、ブライアンは鍵をかけてハットレルを閉め出した。彼は何時間も玄関ドアを叩いて中に入れてくれるように頼んだ。「あいつはすっかり青ざめていた」。バンド仲間のビル・ワイマンによると、中でも最悪だったのは、「ある晩ブライアンが［パット・アンドリューズの］顔面を殴って、彼女は目の周りに真っ黒なあざを作って泣いて帰った。その数時間後、ブライアンは彼女の家の外にやってきて、窓に向かって小石を投げながら、なんとも情熱的に大声で詫びるんだ。二人はすぐに仲直りさ(54)」。

ストーンズについての最もすばらしい伝記を書いたフィリップ・ノーマンは、「ブライアンが赤ん坊のような大きな目でじっと見て、柔らかくて舌足らずな育ちの良さそうな声で話すと、彼の背後にどんなカオスが積み重なっているのか想像できなくなる」と書いた(55)。「残酷な傾向のあるボッチチェリの天使」と呼んだ人もいる(56)。生い立ちの良さと、ときおり見せるシャイでもの静かな性格は、他人を傷つける恐ろしい力を覆い隠した。ジョーンズの柔らかさは、レノンのいたずらっぽいユーモアと素早いウィットとおなじように、人の警戒心を解かせたに違いない。レノンのように外に向かって攻撃的であることはまれだったが、反社会的行為に向かいがちだったという意味では、明らかにレノンと似たところがあった。しかし、その他の将来のローリング・ストーンズたちの生い立ちを見ると、彼らがロックンロールにおける「バッド・ボーイズ」の原型になるように運命づけられていたとは言いがたい。

十代のミック・ジャガーは、ミドルクラスの快適さに慣れきっていて、シカゴのブルース・レーベル、チェス・レコーズの定期的な通販顧客ですらあった。(57)「十二歳から十五歳くらいまでに、気が狂ったような思春期なんてなかった」とジャガーは言う。「勉強に集中していたし、……当時は、それが自分がやりたかったことで、楽しかったんだ(58)」。悪名高きテディ・ボーイのサブカルチャーは、ジャガーが加わる年頃にはすでに陰り気味となっていたが、「とくに印象はなかった」と言う。(59)もっとも十五歳の頃には、反抗的な態度を取るようにもなった。女子やリズム・アンド・ブルースに興味を持ちはじめると学校の成績は下がり、スポーツへの愛着はビールやタバコのような不健康な行為に変わったが、ダートフ

(53) Wyman, *Stone Alone*, 107 からの引用。
(54) Wyman, *Stone Alone*, 82.
(55) Norman, *The Stones*, 51.
(56) Christopher Sanford, *Keith Richards: Satisfaction* (London: Headline Books, 2003), 39.
(57) 対照的にジョージ・ハリスンは、リヴァプールでの子ども時代には「カップ一杯の砂糖だって手に入らないし、ましてやロックンロールのレコードなんて」と語っている。
(58) Christopher Sanford, *Mick Jagger: Rebel Knight* (London: Omnibus Press, 2003), 16 からの引用。
(59) David Dalton and Mick Farren, eds., *The Rolling Stones: In Their Own Words* (London: Omnibus, 1980), 11 からの引用。

ォード・グラマー・スクール（アメリカの有数の高校に匹敵する）を落第するような危うさはなかった。実際、七つのOレベル合格を獲得してシックス・フォームに進学し、難関のロンドン・スクール・オブ・エコノミクスに合格した。ジャガーは完全に大学に溶け込み、政治とビジネスの世界へのエリート・キャリアを描き始めた。

キース・リチャーズについては、彼が文字通り少年聖歌隊《クワイヤボーイ》だったという事実をことさら強調したくもなるが、それはほどほどでいいだろう。一九五三年、リチャーズは九歳のときに、なんとウエストミンスター寺院でエリザベス女王の戴冠式のために歌うという栄誉に浴している。だが十二歳のとき、彼は格下とみなされていたダートフォード工科学校に送られ、一九五九年には不登校のために退学処分となった。この頃キースは、サングラスをかけ、マンボズボンにピンクのソックスというスタイルで身を包み、どこへ行くにもギターを斜めがけに背負って運んだ。「ロックンロールが俺をいっぱしの男にしたんだ」とキースは振り返る。「それまでの俺は、至る所で乱暴をはたらき、どうやってパンチをかわすかを学んでいた」[60]。そして次に進んだのはシドカップ・アート・カレッジだった――税金の補助で運営される技術学校で、リチャーズのように商業アートの世界で使えるスキルを身につけたい若者にとっての最終手段だった。そこでリチャーズは、社会とは距離を置くいくらかボヘミアン的なミュージシャンたちに囲まれることになる。彼が初めて快楽ドラッグ（アンフェタミンと鎮痛剤）に手を染めたのはシドカップでのことだった[61]。しかし、彼の伝記では、キースは落伍者でもトラブルメイカーでもなく、むしろ頭の回転の速い「気ままな厄介者《ペスト》」だった[62]。

チャーリー・ワッツやビル・ワイマンも、激高して怒り狂うような青年ではなかった。広告会社は、ワッツを「最もスタイリッシュな若者」と認識していた。彼は「スーツでないときには、チャーコールのトラウザーズをはいて、質の良いセーターを着ていた」[63]。ある友人によると、「チャーリーがストーンズに加入するにあたって譲歩したのは、ギグのときにはネクタイを外すことだった」[64]。そしてその頃、彼がとくに関心を持ったのはロックやブルースではなく、ジャズだった。ビル・ワイマンも、ストーンズに加わったときには、ジョーンズ、ジャガー、リチャーズらとおなじような音楽的関心を持っていたわけではなく、クリフトンズではR&Bではなく「ホワイト・ロックンロール」を弾いていた。しかし、自身の回顧録では、「僕らが出会ったときに、音楽以上に問題だったのは、ストーンズのメンバーと僕とのあいだの大きな違いだった。僕は妻と九カ月の子どものいる家族人で、昼間の仕事もしていた」と言っている[65]。ワイマンは、他のメンバーの平均より六歳も年上だったのだ。

ブライアン、ミック、キースはエディス・グローブのアパートで共同生活をしていたとき、部屋をわ

---

(60) A. E. Hotchner, *Blown Away: The Rolling Stones and the Death of the Sixties* (New York: Simon & Schuster, 1990), 52 からの引用。

(61) ジャーナリストのジョージ・メリーは、一九五〇年代のイギリスのアート・スクールについて、「賢いが勉強はできない者、才能ある者、体制順応的ではない者、怠け者、独創的な者、優柔不断な若者の避難所で、彼らは何をしたいかわからないが、九時五時の仕事では絶対にないと考えていた」と表現する。アート・スクールで過ごした有名なミュージシャンも多い。ジョン・レノンやキース・リチャーズだけでなく、レイ・デイヴィス、エリック・クラプトン、ジミー・ページ、ピート・タウンゼント、デヴィッド・ボウイ、ロキシー・ミュージックのブライアン・フェリー、そしてディック・テイラーがいる。テイラーは、プリティ・シングスを手伝うようになる前の短い期間、ストーンズと演奏している。

(62) Christopher Sanford, *Keith Richards*, 34.

(63) Wyman, *Stone Alone*, 91.

(64) James Phelge, *Nankering with the Stones: The Untold Story of the Early Days* (Chicago: A Capella, 224), 44.

(65) Wyman, *Stone Alone*, 111.

ざと散らかして、ボヘミアンなライフスタイルを演出しようとしていた。初期のローリング・ストーンズにまつわる伝説だが、それは事実だったようだ。「あそこは、忘れようもない最低の場所だった」と、ワイマンは書く。「あんなキッチンは見たことがなかった。汚れた皿が高く積まれ、そこら中ゴミだらけだった。カビだらけで散らばっている四十本くらいはある臭い牛乳瓶や、そこら中で固まった卵に育つさまざまな培養物を見つけることに、奴らは奇妙な喜びを感じていたようだ[66]」。彼らは汚らしい痰を壁に吐きかけ、あちこちにゴミの山を作っていた。コイン式電気メーターから発する、ごくごくわずかな熱だけが頼りだったが、ときに寒すぎて一日中ベッドにいることもあった。天井からは裸電球が一つだけぶら下がっていて、食べ物もほとんどなかった。のちにワイマンは、「あいつらがなんでこんなことをしているのか、さっぱり理解できなかった」と語っている。「キースは労働者階級の出だったが、ブライアンとミックの家庭は裕福だった。彼らが落ちぶれた生活をしていたのは、たんに金がなかったからではなかった」。彼らは流行を追いたかったのだ。彼らはみな、「ボヘミアン的不安」のようなものに悩まされていたにちがいない[67]。

　となると、のちのストーンズのイメージも、まったくの驚きではないだろう。ミック・ジャガーはつねに金銭的成功を得ることに関心があったが、彼はポーズを取るのがとてもうまかったと周囲は記憶する。ストーンズに加わるずっと前に、マイケルという自分の名を、よりマッチョに聞こえるミックに変え、正しいロンドン・アクセントもイースト・エンド出身であるかのように下町《コックニー》ロンドン訛りっぽく、いとも簡単に切り替えてしまったことも知られている。しかし、(その反社会的傾向がみえにくい)ブライアン・ジョーンズと、(その乱暴な振る舞いは実際にはそれほど乱暴でもない)キース・リチャーズを除いて、のちのローリング・ストーンズがあれほどの恐れと怒りを巻き起こすようなバックグラウンドは見当たらないのだ。彼らが反エリート的アイコン――のちにタブロイド紙を賑わし裁判所の反感を買うことになる――になるとは誰も予測しなかった。

のちにストーンズは――まずイギリス全土で、そして世界中で――いきすぎた放蕩とロックンロールの代名詞として受け取られるようになるが、バンドを組んだ頃はまったくちがった。一九六二年七月に「ローリン・ストーンズ（Rollin' Stones）」(68)（ブライアン、ミック、キース、ベースのディック・テイラー、ピアノのイアン・スチュワート、ドラムのトニー・チャップマンで構成された）として演奏を始めたとき、彼らは自分たちをロックンローラーではなく、R&B純粋主義者だと考えていた。彼らはとくにハウリン・ウルフ、マディ・ウォーターズ、ボ・ディドリーなどのアメリカの黒人アーティストをカヴァー演奏することに専念した。ある人物は、初期のストーンズを次のように表現した。「彼らは洗練されていて、アートスクールのナイスガイのようにもみえ、気取った感じはなかった。まるでジャズ・ミュージシャンのようだった。……そして、ぎこちなく、ナイーブで、フレンドリーで、カリスマ性なんてなかった。自分たちの音楽を演奏しているだけだった」(69)。ビル・ワイマンもおなじようなことを言っている。一九六二年十二月にストーンズに仲間入りしたとき、ワイマンはブライアンとミックが自然と醸し出すセックス・アピールをみてとった。「しかし、ステージの彼らは音楽に集中していた。自分たちをセクシー

(66) Wyman, *Stone Alone*, 112.
(67) Wyman, *Stone Alone*, 112.
(68) 『ジャズ・ニュース』にデビュー演奏が告知されたとき、彼らは The Rolling Stones と間違って記載されたが、Rollin' Stones（n の後にアポストロフィ）と名乗るつもりで、一九六二年にアンドリュー・オールダムに出会うまでは、それで通していた。
(69) Oldham, *Stoned*, 207 からの引用。

なポップ・スターとして売り出すことなど、少しも考えていなかった[70]」。

「R&Bはつねに守られるべきマイノリティの音楽だった」と、ジャガーは回顧する。「そこには十字軍的な使命感があった[71]」。対照的にロックンロールは弱々しくみえた——アートとしては妥協があり、商業的な堕落があった。ストーンズの客のほとんどはボヘミアンや知識人で、多くが男性だった。ストーンズの態度にある程度のスノッブさを見いだすことは難しくなかった。それは、ジャガーの言う「ふわふわしたホワイト・ポップ」と自分たちとのあいだに一定の距離を保つ算段だった。「いや、そこにはいつも、すてきな髪型をした見た目のいい奴らがいたってことだ」と、ジャガーは付け加える。「それがポップ・ミュージックってやつだ[72]」。

・・・

ブライアン・エプスタインがビートルズを見いだしたのは、彼が二十七歳のときだった。彼はそれまでに、ポップ・ミュージックのマネージメントに興味を持ったことなどなかった。十六歳のときに両親に宛てた丁寧な手紙の中で、ようやく見つけた将来やりたいことを伝えるために、まず関心のないと決めたさまざまな職業——ビジネス、法律家、牧師——についてあれこれ説明している。彼は、服飾デザイナーになって稼ぐつもりだった。ファッションに強烈な関心を持っていたので、悪い進路ではなかっただろう。しかし、ブライアンの父——一文無しの移民の子で、まじめな振る舞いと粘り強い職業倫理で豊かさを得たとされる——は、息子の考えにぎょっとした。彼は何よりも息子に学校に通ってほしかったが、残念なことに息子はつねに劣等生だったので、代わりに家業の家具販売店を手伝わせることにした。ブライアンはすぐさまセールスマンとしての才覚を発揮し始めた。ショーウィンドウの家具の配置に何時間もかけ、いつも埃一つない完璧な装いをした。ブライアンの伝記を書いたライターによると、若い頃のブライアンは、「リヴァプール一の着こなしの良い独身男性だった。豊かな毛髪はホーン・ブラザーズ・サロンでセットし、洋服は高級テーラーから調達した。そして女性にもてた」[73]。実はゲイであることは秘密だった（イギリスでは同性愛は一九六七年まで違法だった）。外国語（スペイン語とフランス語）を趣味で学び、リヴァプールの演劇界に入り浸った。

一九五〇年代の終わりに、ブライアンの父親はノースエンド・ミュージック・ストア（ＮＥＭＳ）を設立し、息子を雇ってレコード部門の経営を任せた。ブライアンは、要求水準の高い口うるさいボスで、その王様的態度は余計な摩擦を生むこともあった。従業員にはつねに身なりを完璧に保つよう命じ、顧客となるかもしれない人にはすべて「サー」、「マダム」と呼ばせた――いつも昼下がりにやってきては何も買わずにレコードを聴いているジーンズとレザー・ジャケットを着たひどくみすぼらしい四人の男

（70）Wyman, *Stone Alone*, 131.

（71）Stephen, *Old Gods Almost Dead: The 40-Year Odyssey of the Rolling Stones*（New York: Broadway Books, 2001）, 52 からの引用。さらに、ロックンロールは労働者階級のものと思われていた。「上品で立派なグラマー・スクールの学生はジャズを好んだ」と、ピーター・ドゲットは本書の著者である私宛ての非公式なメールで書いた。「それで、彼らはそういった方向を経由して、ブルースにたどり着いた。五〇年代にロックンロールを好きなことは、不良であるか、不良になりたいと認めることだった。ミドルクラスの家庭出身の少年たちは、友達に笑われるから、ポップとかロックンロールが好きでも、嫌いなふりをしたのだ」。

（72）John Strausbaugh, *Rock Til You Drop*（London & New York: Verso, 2001）, 40 からの引用。

（73）Ray Coleman, *The Man Who Made the Beatles*, 29.

たちに対してさえ、そのように接客するよう要求した。ある女性従業員は、「あの人たちにはいつもいらいらした」と、のちにビートルズとして知ることになる四人について語っている。彼らはつねに在庫のない「奇妙なアメリカ音楽」を探していた。(74)

エプスタインは、客から頼まれたレコードはどんなものでも注文することにしていた。そして一九六一年、「ザ・ビートルズ」のものとされる「マイ・ボニー」という新しいシングルの注文がぽつりぽつりと入ってきて、とまどうことになる。懸命にそのレコードを探したが、彼が持っている注文カタログのどこにも載っていなかった。そして、ついにブライアンは客が求めているレコードを突き止めた。それはドイツで録音された、イギリスの歌手兼ギタリスト、トニー・シェリダンのものだった。シェリダンがビートルズをバックアップ・バンドとして使うことは滅多になかった。それどころか、ビートルズの名は、レコードに正しく表記されず、「ビート・ブラザーズ」となっていた。そのシングルを出したレコード会社が、「ビートルズ」という名が、ドイツ語の俗語で「ペニス」を意味する「ペードレズ」に酷似していると判断したからだった。なんにせよ、エプスタインは「マイ・ボニー」を二十五枚入荷したが、一日ですべて売れてしまった。さらに五十枚追加注文したが、やはりすぐに陳列棚から消えていった。

エプスタインはつねづね語っていたが、これが、彼がビートルズを知り、好奇心をそそられ、(たまたま彼の店から歩いて三分の距離にあった)キャヴァーン・クラブのランチタイム・セッションに向かわせる運命的な出会いだった。ただし、もっともらしい話だが、額面通りに受け取るわけにもいかない。というのも、一九六一年七月以来、ビートルズは、ビル・ハリーの『マージー・ビート』という音楽誌に頻繁に採り上げられ、NEMSでも配られていた。それればかりか、その音楽誌にはエプスタインが書いたレコード評も掲載されていたのだ。ブライアンの個人的な好みは、ロックンロールよりもモーツアルトやシェイクスピアだったが、新進気鋭のレコード店主なら、少なくともリヴァプールで一番人気のバンドの名前くらいは知っていただろう――何より、ビートルズはいつもすぐ近所で演奏していた。

ともあれ、一九六一年十一月九日、ブライアンと彼の信頼するアシスタント、アリスター・テイラーは思い切ってキャヴァーンへの階段を降り、そこではじめてビートルズに出会った。「クラブの中は深い洞窟のように真っ暗で、じめじめと湿り、臭った。ここに来たことを後悔した」と、のちにエプスタインは回顧録『地下室にあふれるノイズ』に書いた。[75] しかしビートルズの印象はすこぶる良かった。彼は、ビートルズの「激しいベースのビート」と、「飲み込まれるような巨大なサウンド」に「魅了された」。[76] そして、二〇〇人を超える聴衆の力強い熱狂にも圧倒された。そしてビートルズのラフな外見と向こう見ずな態度に愕然とした。「彼らはこぎれいでも、清潔でもなかった」と、エプスタインは振り返る。「演奏中にタバコを吸うわ、飲むわ、食うわ、互いに殴り合うふりさえした。背中を向けたかと思えば、客に向かって叫んだり、内輪の冗談に笑ったりもした」。[77] おそらく、ビートルズのこうした態度――肝の据わった感じ――が、エプスタインが最も魅力を感じた点だと言われる。エプスタインは、こざっぱりして礼儀正しかったのだが、性癖として「ラフ・トレード」――タフで磨かれていない労働者階級の整備工タイプ――が好きだったようだ。しかしテイラーは、この点をはっきりと否定する。

(74) Coleman, *The Man Who Made the Beatles*, 76からの引用。
(75) Brian Epstein, *A Cellarful of Noise* (New York: Doubleday and Co., 1964), 39.
(76) Epstein, *Cellarful of Noise*, 39.
(77) Epstein, *Cellarful of Noise*, 39.

「こうした誹謗は何度となく出てきた」と不満げだ。「馬鹿げている、エプスタインがビートルズと契約したのは、彼らが我々に感銘を与えたからだ」[78]。

　ビートルズの側が、なぜエプスタインと一緒にやって行こうと思ったかははっきりしていた。第一に、ジョン・レノンが言うように、「彼は有能で金持ちにみえた」[79]。第二に、エプスタインはビッグになる指向性を持ち、ビートルズもやはりビッグになることを考え始めていたからだった。エプスタインはポップ・ミュージックのマネージメント経験はなかったが、ビートルズのために福音主義者《エバンジェリスト》のように熱心に働いた。類い稀なる忠誠心、プライド、情熱、そして根気を持って、ビートルズを音楽業界に売り込んだのだ。当惑するレコード会社の役員たちとの会合で、ブライアンが思わず怒りのあまりに、「ビートルズはエルヴィス・プレスリーよりビッグになる！」と口走ったという逸話も、あまたの証拠に照らしておそらく真実だろう[80]。きっとそう言ったにちがいない。しかしそんなことが起こるずっと前から、ブライアンはいつも、ビートルズは素行を良くしないといけないと言っていた。一度、ひどく酔っ払ったときに多少評判のよろしくないこともあったが[81]、ブライアンはビートルズの音楽に干渉しようとはしなかった。しかしマネージャーとしては、彼らと綿密にそのイメージを作り上げた。その結果、ついに彼は長年抱きつづけた創作や演劇に向かう衝動を満たすことができたのだ。「ブライアンは、自分こそがスターになりたかったのだ」と、プロデューサーのジョージ・マーティンは推し量る。「それこそがブライアンの本質だった。彼は自分は俳優にはなれないが、コントロールする側として、あるいはいわば操り人形師として、それを可能にしたのだ。彼は、舞台裏の支配者としてのこの役割を愛した」[82]。

　ビートルズのパフォーマンスをこぎれいなものにしたいというブライアンの望みに、メンバーは従った。こぎれいなスーツを着たかったからではなく、ブライアンが言っていることに納得したからだった。

「成功するか、あるいはステージ上でチキンを喰いつづけるかの選択だった」と、レノンは言う。[83] しかし、彼らは一夜にして脱皮したわけではない。まずレザー・ジャケットを我慢し、そしてジーンズを細身のトラウザーズに着替えた。「それから、……私は、彼らにステージでセーターを着させた」と、ブライアンは振り返る。やがて、彼らは「本当にいやいやながら」、トレードマークのグレーの襟無しスーツを着るようになった。[84] それはピエール・カルダンから着想を得たスーツだった。（ビートルズがメインに使ったテーラー、ドギー・ミリングスは、彼らのために五〇〇着ほどの衣装を作ることになった。）エプスタインは、ビートルズが絶対にやってはいけないことを秘書にタイプさせた。「ステージ上で悪態をついてはいけない、若い女性の冗談を言わない、演奏中にタバコを吸ってはいけない、コークの缶をステージに持ち込まない」、など。ステージを降りてからの行動も指図されていた。[85] 例えば、タバコを吸うことはかまわ

(78)　*Brian Epstein: Inside the Fifth Beatle*（DVD, Passport, 2004）からの引用。
(79)　*The Beatles Anthology*, 65.
(80)　Pritchard and Lysaght, *An Oral History*, 86 からの引用。
(81)　一九六三年頃のある晩遅く、ビートルズが仕事をしていると、突然エプスタインが愛人といっしょにアビイ・ロード・スタジオに現れた。自分の良い印象を与えたかったのか、彼は通話マイクを通してポールのボーカルにアドバイスを与えた。するとレノンの声が返ってきた、「自分の数字を気にしてな、ブライアン、音楽は俺たちがやるよ」。ビートルズとマネージャーのはかない関係をよく表す言い方だった。
(82)　Geller, *Brian Epstein Story*, 58.
(83)　*The Beatles Anthology*, 67 からの引用。
(84)　Pritchard and Lysaght, *An Oral History*, 87 からの引用。ビートルズはエプスタインが指示する服装がかなり嫌だったらしく、一九六二年四月五日のキャヴァーン・クラブでのステージでは、最初の半分をいつものレザー姿で、そして後半をテーラーメイドのスーツで演じた。
(85)　Geller, *Brian Epstein Story*, 43 からの引用。

ないが、フィルター付きのものにすること。ハーシュ、フィルター無しの嗅ぎタバコ《ウッドバイン》、あるいは手巻きタバコは没落を意味するので、絶対に禁止する、などであった。そしてビートルズはギターの弦を短くカットし、一曲ごとに腰から深々とお辞儀するよう言われた。「彼は監督だった、それが彼の仕事だった」と、ポールはブライアンについて言う[86]。

ついにはレノンは、ビートルズの当たり障りのないイメージを嫌うようになるのだが、それがいつからかは定かではない。ビートルズの広報担当だったデレク・テイラーは、ビートルズのイメージ・チェンジについてレノンは反対していたとする「ビートルズ解散後の後知恵」を一蹴する。「彼らは、当時は何とも思ってなかった」と、テイラーは言う。「そうすることで、もっと金を稼いだんだから[87]」。一九六二年八月二十二日、ビートルズはキャヴァーン・クラブで初の収録に臨んだ——グラナダのテレビ番組『北を知ろう』のためだった——が、ハリスンは振り返る。「それは本当にホットな出来事で、僕らはきちんとドレスアップするように言われた。シャツとタイをつけて、小さな黒いプルオーバーを着た。おかげで、僕らはみんなスマートに見えたし、……ジョンも気に入っていたよ[88]！」

しかしジョンは違和感があったと振り返る。「スーツやらなんやらを着た俺たちがいた。それは、まったく俺たちじゃなかった」。「サム・アザー・ガイ」や「カンザス・シティ」、「ヘイ・ヘイ・ヘイ」といった古いお気に入りの曲を演奏しながらも、「俺たちは自分を売り渡しはじめたんだ[89]」。エプスタインがビートルズを刷新し始めたとき、ジョンはいつも他のメンバーとは違う心持ちだったのだと、とシンシアは付け加える。「ポールはその変化に熱中し、ジョージは喜んでそれを受け入れた」。「でも、それはジョンには簡単なことではなかった。ブライアンが、メンバーにスーツとネクタイを身につけるように言ったとき、ジョンは何日もぶつぶつ言っていた。それはシャドウズ——ジョンが最も軽蔑していたバンド――がやっていたことだったから[90]」。それでも、レノンの野心を知るなら、ブライアンは必要ならばピエロの衣装だって着せただろう。

しかしのちに、フーリガンのように振る舞っていても成功することは十分に可能だとストーンズが示したとき、レノンはすこし不愉快だった。「ストーンズはビートルズの『オリジナル』のイメージを乗っ取ったのだといつも考えていた」と、どちらのバンドとも親しかったクリス・ハッチンスは言う。レノンは、ビートルズがいなかったらストーンズはそれほどうまくいかなかっただろうと結論づけた。「ブライアン・エプスタインは、彼らに行儀良く、社会に順応し、演じ、スーツを着こなし、礼儀正しくするように言い、［そして］ロイヤル・バラエティ・ショーに出させたのだ」と、ハッチンスは言う。「そのおかげで、アンドリューが、『ばかばかしい、ストーンズにはそんなことはさせない』と言えるような余地ができたのだ。レノンが正しくも見抜いていたように、ブライアンはストーンズが占有することになるとても広いスペースをみすみす明け渡したのだ[91]」。

・・・

(86) Geller, *Brian Epstein Story*, 43 からの引用。
(87) Geller, *Brian Epstein Story*, 42.
(88) http://www.thebeatlesinmanchester.co.uk/ からの引用。
(89) Coleman, *Lennon*, 268 からの引用。
(90) Cynthia Lennon, *John* (New York: Three Rivers Press, 2006), 106.
(91) Oldham, *Stoned*, 294-295 からの引用。

アンドリュー・ルーグ・オールダムは、自意識が高く、その人生は豊かだった。三冊ある自身の回顧録の一冊目において、ローリング・ストーンズとの最初の出会いが描かれるまでに二〇〇ページ近くを費やしていることからも、そのことがうかがえる。オールダムとストーンズの出会いは、一九六三年四月、日曜日の夜、サリー郡のリッチモンドにあるクロウダディ・クラブでのことだった。オールダムはそのときの様子を、神がかっていたと表現する。それは世界を変えるほど重要なだけでなく、啓示的だった。「あんなものを見たことは、それまでなかった」と、彼は言う。「私が培ってきたこと、野望、そして望みは、彼らの目的に合致したのだ。……それまでに私が準備してきたことは、すべてこの瞬間のためだった。これまでの私の人生が何のためだったのか、この眼で見て、耳で聞いたのだ(92)」。このとき、オールダムは十九歳で、まだ母親と暮らしていた。

自分に何が欠けていたとしても、彼は持ち前のスタイルと、野望と、そして非常識なほどの厚かましさでそれを埋め合わせた。彼の華やかな生活への執着は、すでに十代の半ばにはあらわれていた。オールダムはショー・ビジネスやセレブ文化に魅了されすぎて、友人が言うには、月一回くらいのペースで「彼の若い心は、新しい有名人でいっぱいになるのだった(93)」。お気に入りのハリウッド・スターはローレンス・ハーヴェイだった。リトアニア生まれのこの俳優は、『ルーム・アット・ザ・トップ』（根っからのソーシャル・クライマーの役）と『エクスプレッソ・ボンゴ』（薄っぺらなタレント・スカウト役）で国際的なスターダムにのし上がった。他のお気に入りは、トニー・カーティスで、彼は『スウィート・スメル・オブ・サクセス』でギャングのような広報エージェント、シドニー・ファルコを演じた。こうした映画の主人公が世の中に何かもたらしたわけではなく、オールダム自身も映画の主題に興味を持ったわけではない。しかし、彼自身が言う「小汚い成り上がりの大物」になるという野望に油を注ぐには十分

だった。(94)

エプスタインとはだいぶ性質が異なったが、オールダムも芝居がかったハンサムで、やはりブライアン同様、ファッションやオートクチュールを愛した。「私の人生で出会った、最も服に気を遣う人だった」と、かつての同僚は言う。「とにかく念入りだった」(95)。十六歳のとき、Oレベルの合格を三つしかとれずに学校を卒業して、彼はバザール——マリー・クワントが経営する若者向けブティック——を訪れ、うまいこと取り入って週七ポンドの使い走りの仕事を得た。主な仕事は、お茶を入れたり、メッセージを受けたり、犬を散歩させたりすることだったが、クワントが店の前面のショーウィンドウを飾るのを手伝うこともあった。クワントは、「彼は自信のかたまりだった」と言う。(96) オールダムにとっては、それは計り知れないほど貴重な体験だった。「マリー［と彼女のビジネスパートナーたち］には、名声、ファッション、金、そして成功して楽しむ方法を教えてもらったことを、いつも感謝している」と、彼は言った。(97) 仕事の後、アンドリューは毎晩ソーホーに赴き、二つ目の仕事、ロニー・スコッツ・ジャズ・クラブでのウェイターをこなした。音楽的な才能があったわけではないが、ポップ・スターになるためにエージェントやマネージャーを探したこともあった。もちろん、うまくいかなかったが、オールダムは

(92) Oldham, *Stoned*, 191.
(93) Oldham, *Stoned*, 44 からの引用。
(94) James Miller, *Flowers in the Dustbin: The Rise of Rock and Roll, 1947–1977* (New York: Touchstone, 2000), 203 からの引用。
(95) Oldham, *Stoned*, 71.
(96) Oldham, *Stoned*, 101.
(97) Oldham, *Stoned*, 95.

きらきらした芸名まで考えていた。チャンセリー・レイン、あるいはサンディー・ビーチとして有名になりたかったのだそうだ。

この時期のオールダムは、普段は自身の暗部を抑え込んでいたが、それができないこともあった。元妻のシリア・クラインは、彼が熱心に彼女をモデル・エージェンシーに連れて行こうとしたことを振り返る。ヴィダルサスーンでスタイリングさせ、プロに写真撮影をしてもらった。けれども、アポイントメント当日の朝、彼は、突然、気が変わった。「もはや私にモデルになってほしいとは思っていなかった」と、シリアは振り返る。「議論の余地なんてなかった。彼は私を食器棚に閉じ込めて、出してくれなかった。それが私のモデルとしてのキャリアの終わりよ。アンドリューは、絶対に普通じゃなかった。彼の物事への対処の仕方は、とても効果的だった」(98)。

一時南フランスに滞在したのち、オールダムはロンドンに戻って広報関係の仕事を得た。それがきっかけで、彼は伝説的なポップ・プロデューサー、フィル・スペクターに出会った。彼は、当時でも、何かしそうな存在感を放っていた。スペクターは若いアンドリューに、計り知れないほど大きな影響を与えた。ある友人によると、二人が「一緒にいると悪夢のようだった」と言う。「アンドリューはフィルの素行の悪さに、はまってしまった」(99)。黒塗りのリムジンに相乗りし、ボディーガードの護衛をつけて食事をした。アンドリューはどうやったら音楽業界で成功できるのか、しつこくスペクターにアドバイスをせがんだのだった。

オールダムが出会ったもう一人の重要人物は、ブライアン・エプスタインだった。二人が遭遇したのは、一九六三年一月、ビートルズが二度目の全国テレビ出演のために、ABCテレビの大人気番組『サンク・ユア・ラッキー・スターズ』の収録を行っているときにだった。「ブライアンはビートルズのそばに立って見ていたが、彼の信念とビートルズの才能が部屋じゅうに満ちていた」と、オールダムは振り返る。会話の中で、オールダムはエプスタインに、週二十五ポンドでロンドンを拠点とした広報係として自分を雇わないかと持ちかけた。オールダムは、主にエプスタインがその頃獲得したバンド、ジェリー&ザ・ペースメイカーズとビリー・J・クレイマー&ザ・ダコタスのために働いた。しかし、ときには、ビートルズが音楽週刊誌や若者向け雑誌、あるいは日刊紙に掲載されるよう手伝うこともあった。(100) ビートルズをラジオ・ショーや雑誌のインタビューに引率するという輝かしい機会にも恵まれた。ビートルズがスターダムに向かって滑り出していく頃に、ベッドフォードのグラナダ・シアターで演奏するのを間近で見たこともあった。「ステージ上にいると、観衆の叫び声でビートルズが聞こえないんだ」と、オールダムは大喜びで話した。「その夜のノイズは、ボディーブローのように僕の感情を打ちのめした。ブライアンを見ると、やはり僕とおなじで、感動でのどを詰まらせ、目に涙を浮かべていた」。(101)

アンドリューはこの手のわくわくするような経験を切望していた。そして、彼の人生に転機が訪れた

---

(98) Oldham, *Stoned*, 99 からの引用。またあるときには、オールダムは怒り狂って母親を階段の吹き抜けからたたき落としたことがあった。上司の一人によると、その後数日間、彼は完全にふさぎ込んでいた。アンドリューは、母親を傷つけたことは覚えていないが、たぶん自分がやったんだろうと認め、トラウマとなる記憶を抑え込もうとした。

(99) Oldham, *Stoned*, 169.

(100) これはビートルズがせっせとやったことの一つだが、エプスタインがそうするように教えたからだった。「パブリシティを得るのは、たんなるゲームだった」と、レノンは振り返る。「地元紙や音楽誌のオフィスを歩き回って、俺たちのことを書いてくれるように頼むんだ。やったのは、そんなことさ。最高のショーをやるのは当たり前だったけど、リポーターの前でも、いいやつじゃないとだめなんだ。わざわざ聞いてやってるんだと言わんばかりの、お高くとまったやつらにでもね。彼らに合わせて、僕らと話してくれてありがとうというふりをするんだ。この点については、俺たちは裏表があったね」。

(101) Oldham, *Stoned*, 182–183.

のは、いつもどおりのランチのときだった。ポップ・ミュージック誌『レコード・ミラー』のピーター・ジョーンズがこんなことを口にした。彼の同僚が急成長するR&Bシーンについて熱く書いていて、その中でまだレコードも出していない「ローリング・ストーンズ」という新しいバンドを好意的にとりあげていると言うのだ。「リズム・'エン'・ブルースはそのうち大きくなる。彼らを一度観ておいたらどうだい」と、ジョーンズは言った。オールダムは、このアドバイスにとくに興味を持ったわけではなかったが、ジョーンズの機嫌をとっておきたかったので、少なくとも関心がある素振りをした。そして次の日曜日、オールダムはリッチモンドへ向かった。「僕はローリン・ストーンズ（Rollin' Stones）に会い、そして自分のこれからの人生に『ハロー』と言ったんだ」[102]。

　オールダムはマネージングの経験がないばかりではなかった。登録住所を持たず、代理人《エージェント》としてのライセンスを申請するにはまだ二歳ほど年齢が足りなかった。彼が最初に電話したのはエプスタインだった[103]。ローリング・ストーンズとのマネージメント契約の五十パーセントを与える代わりに、オフィス・スペースとレコーディングに必要な前金を支援してもらいたいという申し出だった。ブライアンは、ビートルズや他のリヴァプールのミュージシャンのための仕事を理由に、その申し出を断った。そこでアンドリューはエリック・イーストンという人物にアプローチした。イーストンは年配の経験豊富なロンドンのエージェントで、少しためらったあと、もし調整できるなら、同様の条件で受け入れてもいいと言った。ショーン・オマホニーは、オールダムとイーストンが手を組むことは、すばらしいことだったと言う。「アンドリューは若い野心家で、バンドをプロモーションしてイメージを作り上げるアイディアをたくさん持っていた。エリックはむしろ保守的なショー・ビジネスのエージェントで、とても実直だった。十分な実践的知識を持っていたし、契約の仕組みや、どうやって出演契約を獲得するかといったことに精通していた」[104]。

フィリップ・ノーマンの著書によると、次の日曜日、オールダムはその「厚かましさと直感力を見事に織り交ぜて、十九歳とは思えない見事な売り込みをやってのけた。彼は望む物は何でも与え、行きたいところはどこへでも連れて行ってやるかのようなロンドンの大物風情で、ミック、キース、スチュ、ビル、そしてチャーリーに近づいた。オールダムは、また、自分が彼らとおなじ反抗者で、マルクスっぽい理想と、純粋なブルースと、R&Bをより多くのオーディエンスに届けるという伝道師的熱意を持ったアウトサイダーを演じた」[105]。アンドリューがR&Bファンだというのは、じつは大きな嘘だった。彼は、知ったばかりの流行を手に入れようとしていただけだった。

もちろん、オールダムはビートルズとのコネクションを強調した。「彼はたしか、『私はビートルズの

(102) Oldham, *Stoned*, 185.
(103) オールダムがエプスタインにパートナーになることを持ちかけたという話は、真偽が疑わしいとも言われているが、最新の『ストーン・フリー』の中で、オールダム自身が認めている。「ブライアンがストーンズを獲得した可能性があったというのは、本当だ。あり得る話だった。最初にストーンズと出会った昔、私には経験豊富なパートナーが必要だとわかっていた。バンドには何よりも仕事が必要だったが、私は出演契約ができる代理人ではなく、十九歳ということで法的な免許を持っていなかった。出演契約の代理人ができるエリック・イーストンと組むことについては、とても懐疑的だった。さらに、母親に教わった倫理観からか、映画ででも見たのか、当時の私を雇ってくれていたブライアン・エプスタインに電話して、私が何をしようとしているのかを伝え、ローリング・ストーンズへの関心を共有するのは私の義務だと思っていた。私はそのとおりにやったが、彼がちゃんと話を聞いていないことを願っていた。彼は聞かなかった。それで私は代理人のエリック・イーストンと手はずを整え、ストーンズは私に乗ったのだ」。
(104) Oldham, *Stoned*, 217 からの引用。
(105) Norman, *The Stones*, 93.

広報だ』といった。なかなかの台詞だろ」と、ジャガーは振り返る。「ビートルズに関することは何でも、きらきら輝いて見えた。アンドリューは自分がしていることをわかっているようだった[106]」。それでも、オールダムは当初から「ビートルズとは違うものを求めていた」と、キース・リチャーズは言う。リヴァプールの田舎の出身でも、ビートルズはすでに「ラヴ・ミー・ドゥ」、「プリーズ・プリーズ・ミー」の二曲の大ヒットを持っていた。遠い北部出身の歌手がこれほど成功したことは、それまでになかった。キースは、「きっと、アンドリューの考えはこうだったんだろう」と推測する。「もしリヴァプールからビートルズが生まれるのなら、ロンドンからは何が生まれるのか。当時リヴァプールはいまよりずっと遠い場所だった。路もなければ、高速道路もないし、つまりリヴァプールは、……ロンドンからするとアラスカのノームみたいな場所だったんだ[107]」。

しかしビートルズのような成功を収めるには、ストーンズはイメージと人員の調整が必要だとオールダムは主張した。六人からなるメンバーは、成功するグループとしては少なくとも一人多いという理屈で、ピアニストのイアン・スチュワートをメンバーから追い出させた。アンドリューの好みからすると、なんにせよスチュワートのえらが張りすぎていた。キース・リチャーズ（Richards）は、ラストネームからsをとってキース・リチャード（Richard）にするよう唐突に指示された。アンドリューが言うには、「そのほうがもっとポップ」だった[108]。その一方で、バンド名にはgを加え、ローリング・ストーンズ（Rolling Stones）に変えた。そうでもしないと、誰もまじめに受け取ってくれないと言うのだ。二十六歳のビル・ワイマンは、二十一歳のふりをするように言われた。最も重要だったのは、バンドの演奏を柔らかめにするよう説得したことだった。ジョーンズはまだグループリーダーとして振る舞っていたが、アンドリューはジャガーの刺激的な魅力を認め、彼にスポットライトがあたるよう求めた。

ストーンズをアンチ・ビートルズに仕立てるというアイディア――イメージを強めにして、あえて無愛想で反抗的に振る舞うよう仕向ける発想――は、もうすこし後になってからだった。当初のオールダムの考えは、それとは真逆だった。なんと彼が最初にやったことの一つは、おそろいの衣装を買い与えることだった。ワイマンは、オールダムが「自分たちをカーナビー・ストリートへ連れて行き、スーツにタブダウンのシャツとニットタイを着せた」日のことを覚えている(109)。またあるときには、ストーンズはタイトなブラックジーンズと、黒いタートルネック、そしてビートルブーツという恰好だった。ストーンズが『サンク・ユア・ラッキー・スターズ』という番組でイギリスのテレビでデビューしたとき、彼らは千鳥格子のジャケットにハイボタンのシャツ、それにスリムなネクタイという恰好をさせられており、彼らが軽蔑したポップ・バンドよろしく上品で感じが良くみえた。ワイマンがのちに考えるに、「あきらかに、アンドリューは俺たちをビートルズに似せようとしていた。ビートルズとの関係から、彼はマーケティングの力をよく知っていたのだ。当初、オールダムは我々をビートルズの敵役ではなく、そっくりの後継者にしようとしていた(110)」。

その翌月、ストーンズは初めての国内ツアーを行った（ボ・ディドリー、リトル・リチャード、そしてエヴァリー・ブラザーズと一緒の華々しいプログラムだった）。しかしこのときには、彼らはもっといいかげん

---

(106)　Dora Loewenstein and Philip Dodd, ed., *According to the Rolling Stones* (San Francisco: Chronicle Books, 2003), 56 からの引用。
(107)　Oldham, *Stoned*, 197 からの引用。
(108)　Bockris, *Keith Richards*, 40. リチャーズは一九七七年に〝s〟をとり戻した。
(109)　Wyman, *Stoned*, 192.
(110)　Wyman, *Stone Alone*, 136.

な格好の服装をするようになっていた。ある晩、フェンランドの楽屋でチャーリー・ワッツは、突然ウェストコートを脱ぎ捨てた。キースのジャケットは、チョコレート・プディングとウイスキーのシミだらけになって、結局、着ることができなくなってしまった。ステージ上では、メンバー全員が気楽な格好になり、ジャガーは歌いながらチューインガムを噛んだ。ある記者によると、ステージを降りた彼らは、「ジーンズ、シルクのカーディガン、キャメル色のジャケット、そしてゆったりしたセーターという、ごちゃ混ぜの着こなしだった。ビリー・J・クレイマーやジェリー&ザ・ペースメイカーズのような、光沢のあるスーツなど誰も着ていなかった」[111]。一九六三年十月、ストーンズがBBCの番組に出演したとき、彼らは質問のほとんどに「ああ《ヤー》」とか「いいや《ノー》」としか答えずに、インタビュアーを困惑させた。しかし、それで人気を失うどころか、彼らの魅力は一気に高まったのだ。ストーンズの観客は、より感情を露わに、より騒ぐようになった。ファンが群がるのを避けるため、演奏を終えるやいなやストーンズを裏口から素早く飛び出させるときには、観客の興奮はピークに達した。わざわざ文化的反抗をあおる方法を工夫するまでもなく、ローリング・ストーンズはそういった形を偶然に作り出したのだ。

つまり、アンドリュー・オールダムが、はじめからストーンズの喧嘩好きなイメージを作り出したという一般的な見解は、神話にすぎない。当初、オールダムはストーンズをこぎれいにしようとした。しかしすぐに――本当にすぐに――、オールダムはこの新しいアプローチに可能性を見いだした。一九六四年二月九日、ビートルズが『エド・サリヴァン・ショー』に出演して、アメリカ征服を果たした頃には、オールダムはストーンズを「あなたの親が嫌ってしかたないバンド」として積極的にプロモートした[112]。「ビートルズは無難で受け入れやすい」のだとオールダムは言う。「彼らはベンチマークで、競争のレベルを設定した」。他方、「ストーンズは危険で、汚く、堕落したものとして表現された。望むだけ悪いイメージにしようとしたんだ」。

オールダムは「可能な限り俺たちを悪者にした」と、ミックも認める。「アンドリューがそういう設定をしたから、俺たちはまさにビートルズのアンチテーゼになったんだ」[113]。当然、ストーンズは傲慢で不機嫌な態度を見事に演じた。そしてジャガーは、一九六四年頃のインタビューでは、自身の下町ロンドン《コックニー》気取りを利用した。「もしみんなが俺たちのことを嫌いならそれは残念だ。でも変わろうなんて思っちゃいない。どうもありがとう。俺たちはずいぶん長くこうやって来たから、モヘアのスーツやショートヘアで飾り立てるファンシーなやつらに、媚びへつらうことなんて考えない」[114]。

だが、ジャガーは偽っていた。露出を切望したストーンズが、『サンク・ユア・ラッキー・スターズ』に無難な髪型でお揃いのスーツを着て登場したのは、それほど前のことではなかった。ビートルズが成功するチャンスを得るために自分たちのイメージを変えて「売り切り」していたとしたら、ストーンズもやはりそうだった。ストーンズは早い段階で二度変化したということになる。最初は、リヴァプール出身のポップ・グループのように、揃いのスーツを着てネクタイを締めた。そして数カ月のうちに、自ら発案した異なるアプローチを試し始めた。だらしなく着こなし、自身のセクシュアリティーを強調し、反抗的に振る舞った。それは彼らにうってつけのイメージだった。もともと「紳士」というわけでもなかったが、あえて「悪党」であろうとしたのだ。

(111)　Wyman, *Stone Alone*, 162 からの引用。
(112)　Oldham, *Stoned*, 294
(113)　Strausbaugh, *Rock Til You Drop*, 39 からの引用。
(114)　Hotchner, *Blown Away*, 100 からの引用。

・・・

一九六〇年にビートルズがバンドを結成した頃には人生の選択肢は少なく、もともとはリヴァプールで一番を目指していただけだった。しかし、ビートルズは瞬く間にロック界の核となる神話をつくることになった。つまらない日常世界から逃れ、富と名声と興奮に満ちた異世界《パラレル・ユニバース》への道が約束される神話である。レノンがかつて明かしたところでは、彼の子どもの頃の「最も光り輝く夢」は、リヴァプール上空を飛ぶことや、隠されたお金を見つけることだった。「知らず知らずに野望を持っていたのかもしれない」と、レノンは考える。「潜在意識が、人の上に立つこと、マンネリな生活から抜け出すことをうながすんだ[115]」。しかし実現の見込みは低かった。レノンは十代の頃、校長先生の指示に従って、将来なる可能性のある職業のリストを提出したことがある。レノンは「鮭漁師」と書いた[116]。ポールはリヴァプール・インスティテュートで受けた教育から利するところがあったようだが、残りのビートルは、低賃金で社会的地位の低い職業に就いて人生を送るはずだった。ロバート・クリストガウが言うように、ビートルズは「ロックンロールを愛したが、それはロックンロールが成功するための手段だったからだ[117]」。

ストーンズも野心に燃えていたが、それは人生に見込みがなかったからではない。白人《ホワイト》のR&Bがイギリスで流行らず、ストーンズがロンドンで最も陰気なクラブから抜け出せていなかったとしても、ブランアン・ジョーンズやミック・ジャガーが典型的な成功を望んでいたとは考えにくい。もしそうだとしても、キース・リチャーズがロックギターを弾く以外に、何か他のことをしていたとは想像しがたい。

イギリスの階級システムを考えると、十代の彼の将来性はビートルズよりはすこしましだった。幸運なことに、ストーンズはビートルズのように何年も薄汚いバーで演奏することはなかった。そんなことでは成功はなかっただろう。ジャガーは、学校を卒業するためにバンドをほったらかしにした。グループとしてのストーンズは、長くフラストレーションがたまる時期があっても結束しつづけるほど、フレンドリーでも信頼し合ってもいなかった。ビートルズがイギリスのバンドのためにとてつもないマーケットをこじ開けた後に、ストーンズは比較的あっと言う間に名声の階段を駆け上がったのだ――アンチ・ビートルズとして。

二つのバンドは、概ね互いにフレンドリーだった。とくに初めの頃は、ビートルズがローリング・ストーンズをよく助け、ローリング・ストーンズもそれに感謝した。しかし、ストーンズがチャートを騒がせるようになると、ビートルズはストーンズがやっていることは、（ジョージが言うように）「俺たちがレザー・スーツを脱いでレコード・レーベルやテレビ出演を得る前にやっていたことと、ほとんどおなじだ」と考えずにはおれなかった。(118) ビートルズが他の誰かを心から妬むのはばかげていたとしても、笑顔やお辞儀なしで、スーツを着ることもなく、人気者の中のさらに一番になれるとしたら、彼らもその機会に飛びついただろう。

一方で、ストーンズは、ビートルズの音楽よりも彼らの成功をうらやむようになった。「もちろん、

---

(115)　*The Beatles Anthology*, 8 からの引用。
(116)　レノンは音楽（とその関連）以外で、決まった仕事に就いたことがないということも、特筆に値する。
(117)　www.robertchristgau.com/xg/music/stones-76. php より。
(118)　*The Beatles Anthology*, 101.

彼らはとても独創的だった。でも全部がジョークだと思っているようで、実際そうだった」。ジャガーがのちに言うには、「ビートルズは、ばからしいほど人気者で、本当にばかげていた。演奏するのではなく荒稼ぎしていただけさ。狂ってるよ」[119]。リチャーズは言う、音楽的には「俺たちはビートルズと何のつながりも見いだせなかった。俺たちはブルースをやっていて、彼らはスーツを着飾ったポップ・ソングを書いていた」[120]。さらに、ビートルズがリヴァプールからやって来たことは、ストーンズにとって驚き以外の何物でもなかった。「ロンドンが最後の最後までのけ者にされていたのは初めてのことだ」と、あるイギリス人ライターは言う[121]。しかし、実際はそれどころの騒ぎではなかった。詩人のアレン・ギンズバーグは、ビートルズが成功の頂点にあったとき、彼らは一時的にリヴァプールを「人類の宇宙における意識の中心」に置いたと述べている[122]。

結局は、どちらのグループも安定した成功を収め、メディア操作に腐心する必要はなくなった。一九六六年には、ビートルズは、ばかげたファン雑誌はもういらないと判断した。『ビートルズ・ブック』を出しつづけようとするショーン・オマホニーがビートルズに接触してインタビューし、写真を撮る機会をなくそうとした。しかし、オマホニーもそう簡単には引き下がらなかった。ビートルズの新しい方針に対して、弁護士を呼んで会見を求めた。エプスタインは、事務弁護士と二人のアドバイザーとともに現れ、『ビートルズ・ブック』の発行はおしまいにする時期だと、事務的にオマホニーに告げた。説明を求められたエプスタインは言った、「君は真実を伝えていないと、彼らは思っている。君は彼らを、ありのままに伝えていないと……」。

「オマホニーは怒りで爆発した」、とエプスタインの伝記ライターは書く。

真実？　どういう意味だ？　例えば、ブラックプールにいたときにレノンが楽屋の窓を乱暴に開けて、下にいるファンに向かって「あっちへ行って、もっとレコードを買え」と叫んだことでも言うのか。それがエプスタインとビートルズが、公認スポークスマンから暴露してほしいことか。ビートルズは、本当にありのまま報道されるべきだと思っているのか。それとも、入り込めない領域でもあるのか。(123)

短い沈黙が部屋に広がった。その後両者は穏便に話しあい、合意に達した。オマホニーは一九六九年十二月まで『ビートルズ・ブック』を発行した（そして一九七六年に復刊し、二〇〇三年まで発行をつづけた）。オマホニーはビートルズの新しいイメージを伝えたが、とても慎重に、グループが巻き込まれた論争については伝えすぎないように気を配った。鋭くて洞察力に溢れた書き方は「墓穴を掘るようなものだ」と、オマホニーは言った。彼はビートルズを紳士として描きつづけた。

(119)　Dalton and Farren, eds., *In Their Own Words*, 107 からの引用。
(120)　Stark, *Meet the Beatles*, 202 からの引用。
(121)　Edward Luci-Smith, ed., *The Liverpool Scene* (London: Garden City Press, 1967), 5.
(122)　Luci-Smith, *The Liverpool Scene*, back cover.
(123)　Coleman, *The Man Who Made the Beatles*, 323 からの引用。

第二章　「マジかよ《シット》！　ビートルズだ！」

ビートルズはリヴァプールのキャヴァーンで二九二回演奏した。最後は、一九六三年八月三日だった。その晩、彼らは三〇〇ポンドを受け取った。クラブの伝説的司会者ボブ・ウーラーによると、そのときのビートルズは、初めて五ポンドで演奏したときを彷彿させる激しいショーを見せた。会場の中はひどく蒸し暑く、キャヴァーンの電気が飛んだ。クラブのオーナーが慌ててヒューズを直すあいだ、ショーは中断した。[1] それでも、「ファンはショーを楽しんだ」。「とにかくすばらしい光景だったよ」と、ウーラーは言う。[2]

しかし、それはほろ苦い場面でもあった。ビートルズの存在がその薄汚い窮屈な会場よりも、大きくなってしまったのは明らかだった。ブライアン・エプスタインが、きっといつか彼らはこっそり戻ってくると言って安心させようとしても、ウーラーは、それはないとわかっていた。

（1）Paul Trynka, ed. *MOJO's The Beatles: Ten Years That Shook the World* (USA & great Britain: DK Publishing, 2004), 72 参照。

（2）Pritchard and Lysaght, *An Oral History*, 126 からの引用。

その頃のビートルズは、デビューアルバムの『プリーズ・プリーズ・ミー』がイギリスのヒットチャートの頂点を走り続け（三十週連続一位）、ロンドンに住まいを移し、全国ツアーの宣伝がメディアのトップを飾るようになっていた。国内のポップ・ミュージック週刊誌はこぞって彼らを褒めちぎり、十代前半の女子向けの雑誌では、カラーのピンナップポスターになった。そして、ビートルズ人気の恩恵にあずかりたい音楽スタジオの重役や、ディスク・ジョッキー、記者、写真家、クラブのオーナーからは熱烈なラヴコールが寄せられた。リヴァプール出身の四人は、エプスタインの指示に従って、これに応えようと燃えつきる寸前まで働いた。この慌ただしいスケジュールの中、もし彼らがキャヴァーンで凱旋公演する時間を見つけられたとしても、エプスタインは許さなかっただろう。以後ビートルズは、高いステージを備えた、彼らにふさわしい劇場でしか演奏しないと公言した。この新しい方針は、熱狂したファンが殺到してビートルズが押しつぶされないようにするためでもあった。

ビートルズの圧倒的な成功によって、彼らをまねたバンド（六〇年代初頭のイギリスでは「コピーイスト」と呼ばれた）があふれ出る事態は避けようもなかった。ビートルズのキャヴァーンでの最終公演から二カ月が経った頃、ニュース・スタンドに並んだポップ・ファン向けの『メロディ・フェア』誌には、「怒ったビートルズ、ものまねを批判」という見出しが躍った。あたかもプレス・リリースのように、「グループのスポークスマン」とされたジョン・レノンの発言が記事全体で引用されたが、批評も説明もなかった。ビートルズの広報担当者だったトニー・バーロウが記事に対する一義的責任を負っているとしても、出版前にはレノンの許可が必要だったはずだ。レノンは明らかに、ビートルズのスタイルと感性を猿まねするバンドに苛立っていた。「俺たちをつまみ食いして、ビートルズとまったくおなじことをしているバンドがある」と、レノンは憤った。「すみからすみまでだ(3)」。

いくつか特定のバンドが、格好をまね、スタイルを盗んで、ビートルズに便乗しようとしただけではなかった。「あげくの果てには」、レノンは不満を述べる。「このリズム・アンド・ブルースの流行に乗っかろうとするバンドが他にもあるんだ。……俺たちが二年前にやっていた曲を演奏して」。それは、チャック・ベリーやバディ・ホリーのアメリカンR&Bのカヴァーで、ビートルズが薄汚いバーや場末のダンスホールでビートを刻んだものだった。記事は続く。

怒ったレノンは最後に吐き捨てた。「髪型だってそうさ。どこかのグループは俺たちとおなじロングなヘアスタイルだ」。

「まだ学生で、たまたま長髪なんてのは理由にならない。俺たちだってロンドンに来る前は学生だったけれど、そんなスタイルではなかった」。

さらにレノンは言う。「まねされるってことは名誉なことだ、やり返そうなんて考えなくていいと

（3）　Tony Barrow to author. email. 2/21/2010. ここでは、レノンは明らかにフレディ&ザ・ドリーマーズのことを指して言っている。彼らは、ジェイムズ・レイの「イフ・ユー・ガッタ・メイク・ア・フール・オブ・サムバディ」のカヴァーでトップ五ヒットを記録したが、この曲は、彼らが自分たちの演目から盗み取ったのだとビートルズは主張した。マッカートニーは、どこで「盗難」されたか正確に知っているとさえ言った。「フレディ・ギャリティは、俺たちがマンチェスターのオアシス・クラブであの曲を演奏したのを見たんだ。そして盗んだんだ」。ビートルズ自身が、アメリカのアーティストから拝借した曲を、他のバンドが「コピー」したとぼやくのは奇妙でもある。しかし、彼らにはそれなりの言い分があった。当時、イギリスのグループが自分たちの曲を演奏することは珍しかった。ほとんどがあまり知られていないアメリカの曲からなる演目が組まれることが多かったのだ。あるグループが気に入った曲を発見したら、それはそのグループのレパートリーに加えられた。その曲は彼らの「所有物」だと広く理解されたのである。

言われるだろう。でもやつらが俺たちを当てこするなら、こっちだって黙っちゃいない。ずっと前から言いたかったんだ」(4)。

ビートルズのようなマージーサイドのグループは、ロンドン出身者と反目しあっていると見られるようになった。しかし、あるポップ記者がブライアン・ジョーンズに「リヴァプール＝ロンドン論争」について尋ねたとき、ジョーンズはきっぱり、「まったくばかげたことだ。俺たちは北部のビート・グループと、とても仲良くやっているし、互いに認め合ってもいる」と答えている(5)。何年も経ってから、スクラップブック的な回顧録『ストーン・アローン』の中で、ビル・ワイマンは、「僕らがビートルズと戦争状態にあったというのは、……よくある誤解だ」と語っている。実際のところ、二つのグループはつねに「互いへの尊敬」によって結ばれており、そのライバル関係はいつも「新聞」が煽っていたにすぎないと言うのだ(6)。キース・リチャーズも、その有名な回顧録『ライフ』において、ビートルズとストーンズは「いつも友好的な関係だった」と語っている(7)。

ビートルズも、おなじように言うことが多かった。一九六四年八月、アメリカ人記者との会見で、リンゴは、ストーンズは「僕らのすばらしい友達だよ」と語り、ポールはそれに、「何やらばかげた噂を聞いたよ。『ビートルズは地球上に存在する他のすべてのバンドが嫌いだ』ってね。そんなことはないよ」とつけ加えた(8)。それから数日後の記者会見では、ジョンがストーンズについて、「僕らが彼らを好きだなんて言うと、気が狂っているかのように聞こえるかもしれないけど、いい友人だ」と語っている(9)。そして一九六八年には、きっぱりと、「僕らのあいだのライバル関係は、つねに神話さ」と語っている(10)。

音楽通のあいだでは長らく言われてきたことだが、ビートルズとストーンズの関係の悪さが熱心に報道されても、この二つのグループは、争うどころか互いへの称賛と共通の経験で結ばれ、仲間としての関係を楽しんでいたのはたしかだ。想定されるビートルズとストーンズの「ライバル関係」はメディアが作り出したもので、センセーショナリズムや無知による空想めいた報道が生んだ虚構なのだ。

さて、もしこれがそのとおりならば、一九六三年十月に、レノンが「やり返そう」とうずうずしていた相手はいったい誰だったのか。レノンは誰の名前も口に出さなかったが、明らかにその心中には定まった標的がいた。とくに苛立っていた相手は、ビートルズがハンブルクで演奏していたようなR&Bをやるバンドだった。ロンドンをベースにした学生を含むメンバーからなる、その髪型はビートルズの影響ではないと言い張るグループだった。そのグループのメンバーは、ぬけぬけと「たまたまロングヘアなんだ」と主張する。

当てはまるグループは、ただ一つだった。ローリング・ストーンズの公式伝記の中で、『レコード・ミラー』誌のピーター・ジョーンズは（「ピーター・グッドマン」という別名で執筆）、一九六三年頃を振り返り、「ビートルズがチャートの上位にいて、……記者たちは、ローリング・ストーンズのヘアスタイルは絶好調のリヴァプールのバンドにあやかっていないのか、とても興味を持った」と書いている。し

（4） Ray Coleman, "Boiling Beatles Blast Copy Cats," *Melody Maker* (October 1963).
（5） *MOJO's The Beatles*, 67 からの引用。
（6） Wyman, *Rolling with the Stones*, 55.
（7） Keith Richards, *Life* (New York: Little, Brown, 2010), 141.
（8） *MOJO's The Beatles*, 152 からの引用。
（9） *MOJO's The Beatles*, 154 からの引用。
（10） Wyman, *Stone Alone*, 511 からの引用。

かし、ジャガーはそのシャギーな髪型の由来を聞かれると、いつも受け身に回った。「手を尻の下に置き」、「肩をすくめて、セーターを引っ張りながら」答えた。「アートの学生は、何年も前からこういう髪型をしてるんだよ。ビートルズがヘアクリームで髪を固めていた時代にだってね」[11]。

・　・　・

「一夜にしての成功を得るには一生かかる」とは、ハリウッドの格言である。もちろんビートルズは、そんなに長くはかからなかった。彼らはとても若いうちに大物になった。だが、有名になるまでには、それなりの試練もあった。レノンとマッカートニーが音楽的交流を始めたのは、一九五七年の七月六日、リヴァプールで開かれたガーデン・パーティでのことである。それからＥＭＩでのレコーディングを開始するまでに、実に五年かかっている。そのあいだ、オーディションやタレント・ショーのコンペに落ち続け、西ドイツの深夜のナイトクラブで演奏した。そして、ビートルズ物語では必ず触れられる、つらいメンバー交代もあった。

ストーンズはすこし違っていた。一九六二年七月、バンドの中心メンバーとなるブライアン、ミック、キースが、はじめてステージを共にした。それから約一年後、彼らはデッカのレコーディング・アーティストとして、イギリスのテレビ放送に出演した。最初の大きな足がかりは、一九六三年二月、ロンドンから列車で三十分ほどのサリー郡リッチモンドにあるステーション・ホテル（「レイルウェイ・ホテル」とも呼ばれた）にある、クロウダディ・クラブに活動拠点を確保したことだった。

クロウダディの支配人は、ジョルジオ・ゴメルスキーという名の、ソビエトに生まれスイスで学びロンドンに移り住んだ人物で、一九五〇年代のロンドンのジャズ・シーンになくてはならない存在だった。六〇年代初め、ゴメルスキーは、はじめはロンドンで、つぎに郊外で生演奏のR&Bをプロモーションした。ライヴをさせてもらえないかと「ブライアン・ジョーンズが頻繁に聞いてきた」と、ゴメルスキーは振り返る。「彼はすこし舌足らずのような、わずかな言語障害があったが、それも彼の魅力だった。『頼みましゅよ、聞いてくださいよ、ジョルジオさん』と彼は懇願した。『ジョルジオさん、お願いでしゅ、やらせてください』」(12)。

サットンにあるレッドライオン・パブでストーンズの演奏を観たゴメルスキーは、期待どおりの好印象を持った。しかし、すぐに彼らに仕事をオファーすることはできなかった。ソーホーを拠点とするデイヴィッド・ハント・バンドをプロモートしはじめたばかりだったのだ。彼らは将来性はあるが、あまり信頼できないバンドだった。ゴメルスキーはストーンズに言った、「いいか、あいつらに仕事を約束してしまっている。やつらが下手をやらかしたら、次はおまえたちの番だ」。その翌週、ハントのバン

(11)　"Peter Goodman," *Our Own Story, by the Rolling Stones* (New York: Bantam, 1965), 92. 強調は著者。ストーンズはすくなくとも一九六四年二月まで、このように言い続けていた。『メロディ・メイカー』の記者レイ・コールマンが、ストーンズをインタビューしたとき、ストーンズの髪型がビートルズっぽいと言ったら、「戦慄するようなうなり声を出した」と言う。「キースは言った。『ほら、このヘアスタイルは、ビートルズや他の連中がはじめるずっと前から、ここロンドンでは当たり前だったんだ。アート・スクールでは、何年も前から、俺たちの髪型は変わってない』。ジャガーは、『ジミー・サヴィルを見てみな』と言った。『彼は他があのスタイルになるずっと前からそうさ。俺たちだっておなじだ』。ビル・ワイマンが、『アダム・フェイスもな』と付け加えた。『彼も何年も前からビートルズみたいな髪型じゃないか』。リチャードはワイマンに言った。『わからないけど、おまえのその髪型は、三ばか大将（Three Stooges）を直接まねたんだろう』」。

(12)　Strausbaugh, *Rock Til You Drop*, 41 からの引用。

ドは定時のライヴに現れなかった。ゴメルスキーは日曜の晩の枠をストーンズに与えた。

クロウダディでの最初のライヴには三十人ほどの聴衆が集まったとビル・ワイマンは言う。しかしゴメルスキーによると、その晩はロンドンで激しく雪が降り（めったにないことだ）、たった三人しか来なかった。(13) 客が少なかったのは、すくなくとも部分的には、彼が町中に不法に貼りまくったチラシに綴りの間違いがあったせいだろうと、彼は付け加える。

SUNDAY NIGHT, 7:30PM.
RHYTHM AND BULSE

しかしゴメルスキーは、ストーンズの本当の問題をきちんと理解していた。ストーンズはまだ、ロンドンの草の根R&Bファン層を獲得してなかったのだ。彼にはプランがあった。「ゴメルスキーは、クラブ・シーンとしっかりつながっていたので、彼のアパートに寄って、強いコーヒーを飲んでソブラニーのタバコを吸いながら、一緒に構想を練ることができた」と、キース・リチャーズは振り返る。(14) ゴメルスキーはストーンズに、闇雲にチャンスにとびついて演奏するより、日曜の晩に定期的にライヴをすることで評判を上げようと助言した。プロモーションがうまくいって口コミが広がれば、いずれ聴衆は群れてやって来るだろう。

ゴメルスキーによると、クロウダディでの最初の晩、ブライアンはゴメルスキーに歩み寄って尋ねた。

「ジョルジオ、俺たちは六人で、観客は三人だ。やるだけの価値はあるのか、演奏するべきかい？」

「私は言った。『ブライアン、この会場には何人入ると思う。一〇〇人かい。よかろう、では、ここに一〇〇人いるつもりで演奏するがいい』。彼らはそのとおりにやった。その後、私はストーンズの演奏を観ることはほとんどなかったが、これがその理由の一つだ。いろんな意味で、このときの演奏が彼らの最高のショーだったからだ。たった三人の観客のための」[15]。

ゴメルスキーの予見が正しかったことは、すぐに証明された。ストーンズは毎週日曜の夜にクラブを客でいっぱいにした。会場に入るには数時間並ぶこともあった。ドアを通って一歩足を踏み入れると、そこは真っ暗な小さな部屋で、二つの小型のスポットライト（一つは赤、もう一つは青）の下に、ストーンズが演奏する小さなステージがあつらえてあった。近所にキングストン美術大学があったこともあり、はじめの頃の客は、圧倒的に若い男性が多かった。ポピュラー音楽史家アラン・クレイソンは言う。中には、「ストーンズに『ブルジョアを驚かすような』野蛮な人間像《ネアンデルタール》を見いだす者もあった。彼らは、その無骨なポップが『非商業的』で、テレビのポップ・アイドルの偽の輝きへの解毒剤だと理解するようになった[16]」。必ずしもR&Bのファンではない人もいた。ツイードのジャケットにチョークカラーのシャツ、かかとの高いブーツという装いのモッズ集団が現れたかと思えば、革ずくめのロッカーたちもやってきた。のちにこの二つのサブ・カルチャー間の争いがイギリスのニュースをにぎわすことになるが、

（13）ゴメルスキーはその三人が誰だったかも覚えている。「みな音楽業界の人間」だった。「一人は、ポール・ウィリアムで、ブルース・シンガーになった。それからもう一人は、リトル・Hで働く有名なコンサートスタッフになって、ジミ・ヘンドリックスのためにも働き、のちにスティーヴィー・レイ・ヴォーンとともに事故で死んだ。三人目は、自分で会場運営をはじめてエージェントになった。いかした奴らだった」。

（14）*According to the Rolling Stones*, 42からの引用。

（15）Strausbaugh, *Rock Til You Drop*, 41-42からの引用。

（16）Alan Clayson, *The Rolling Stones: The Origin of the Species* (Surrey: Chrome Dreams, 2007), 140.

ストーンズがクロウダディで演奏しているときには、乱闘など一度も起きなかった。

それも、ストーンズの目新しさによるものだったのかもしれない。当初、ファンは彼らのぐんぐんとエッジが強まる演奏に釘付けになった。しかし、どう反応していいのかわからない。多くがダンスすることさえ躊躇した。ある晩、ゴメルスキーの若いアシスタント、ハミッシュ・グライムズがテーブルの上に飛び乗って、腕を風車のようにブンブン回して「ヤー！　ヤー！」と叫びながら激しくあおった。ジャガーはステージ上からハミッシュを指さし、「ヤー！」と返した。その瞬間、「二〇〇組の腕は狂ったように渦巻いた。圧巻だった」と、ゴメルスキーは言う[17]。その後しばらくストーンズは、二回目の四五分のライヴを、催眠効果抜群のボ・ディドリーのジャム――「プリティ・シング」もしくは「ドゥーイン・ザ・クロウダディ」――を引き延ばして締めることをトレードマークにして、ファンを部族的《トライバル》な狂乱に誘った。「一九六三年の落ち着いた控えめなロンドンで、こんな演奏は誰も見たこともなかった」と、ゴメルスキーは思いを巡らす。「エキサインティングで、不吉ですらあった[18]」。

ゴメルスキーがもう少し抜け目のないビジネス指向の人間だったら、ストーンズと確実にマネージメント契約を結んでいただろう。しかし、当時のイギリスのポップ・シーンはあまりに退屈で味気ないものになっていたので、そんなことは彼の頭にはよぎらなかった。そのかわりゴメルスキーは、もっとオーセンティックでアップテンポなエレクトリック・ブルースで、「型にはまった商業的ポピュラー音楽」を活性化したいと考えていた。最終的には、「ロンドン・ブルースの『アーティスト連合』のようなもの」を結成して、「ショー・ビジネスを食い物にする連中を締めだそう」と考えていた。ゴメルスキーは、「私のこうした動機はすべて文化的なもので、ビジネスのためではなかった」と言う[19]。Ｒ＆Ｂへの改宗に加えて、ゴメルスキーはスタニスラフスキーの演劇メソッドや実験的フィルムなどのボヘミアンな探究にも手を出していた。ストーンズがクロウダディでそのギター・チョップに磨きをかけていた傍らで、この野心的な亡命者は別のプロジェクトを練っていた。ゴメルスキーは、ビートルズの映画を手がけたかったのだ。

リヴァプール以外の場所で、自分がビートルズのファンだと公言する人は、彼らが有名になるまではそう多くはなかった。しかし、有名になる二年ほど前に、偶然にもゴメルスキーはハンブルクの怪しげなクラブで、勝手にアレンジしたR&Bのカヴァーを演奏するむさ苦しいイギリスの若者たちに出会っていた。ゴメルスキーは、ビートルズを「とてもいい、巧みなバンド」と記憶し、ある晩、彼らの休憩中に親しく話したこともあった。[20] そしてビートルマニア現象が始まる半年かそこら前に、彼はビートルズについての前衛映画を撮りたいと思ったのだ。それは「ステージを降りたビートルズの、知られざる

(17) Strausbaugh, *Rock Til You Drop*, 42 からの引用。
(18) *According to the Rolling Stones*, 50 からの引用。
(19) Oldham, *Stoned*, 203-204 からの引用。ゴメルスキーとストーンズの関係は、アンドリュー・オールダムとエリック・イーストンが突然やって来て、（なんと父親の葬式で）ゴメルスキーが海外に出ているあいだに、グループにマネージャー契約を持ちかけてから弱まった。「もちろん、これには打ちのめされた」と、ゴメルスキーはのちに認める。「ブライアンの裏切りは、実に秘密裏に行われた。彼は、おそらくは、友人だった。……あいつらに、とくにブライアンとミックに溢れていた虚栄心に導かれる感情に、私が沿うことがなかったんだろう」。オールダムとイーストンは、ストーンズと契約後、すぐさまゴメルスキーに会った。彼らは、ゴメルスキーがそれまでストーンズにやったことへの埋め合わせを話し合うことになっていた。しかしゴメルスキーは、彼らの主な目的は、ストーンズが、貴重なクロウダディでの日曜の晩のライヴを失うことになるのかを知りたいということなのだと察した。ゴメルスキーは、非常に寛大なことに、その後もストーンズに演奏を続けさせた。しかし、オールダムとイーストンは評価しなかった。彼らは、「志の低い二人で、ブルースにも、負け犬文化にも、社会的正義にも興味がなかった」と、ゴメルスキーは言う。「やつらは金印《ドルマーク》のある方へ道を進んだのだ」。
(20) Strausbaugh, *Rock Til You Drop*, 44 からの引用。

ウィットとばか騒ぎの魅力を見せる」映画だった[21]。

一九六三年四月十四日、ついにゴメルスキーは、マネージャーのエプスタインに面会した。エプスタインは、テディントン・スタジオで、ＡＢＣテレビのポップ・ミュージック・ショー『サンク・ユア・ラッキー・スターズ』へのビートルズの三度目の出演のために、撮影に付き添っていた。エプスタインは、ゴメルスキーの提案について、さらに話し合うことに同意した。しかし、ゴメルスキーが筋書きを任せるつもりだった『ジャズ・ニュース』のライター、ピーター・クレイトンは、おそらくエプスタインは最初からこの案を警戒していたと、のちに推し量る。エプスタインはショー・ビジネスの世界にまだ不慣れで、ゴメルスキーの「爆発しそうな熱意のために、自分があわてて何かに突進せざるをえなくなる」と誤解したのかもしれない[22]。

ビートルズ自身も、とくに映画に関心を持ったわけではなかった。クレイトンは、ゴメルスキーのアパートで、メンバーが座ってオムレツを食べながら行ったミーティングを回想する。「記者会見の呼び物にもなったビートルズの辛辣なウィットを、いくつかは覚えておくべきなのだろうけど、思いだせるのはオムレツくらいだ。大きな皿の真ん中に、波に打ち上げられた黄色い魚のようにのっていた」。また別のミーティングでは、他のメンバーが周りでしゃべる中、レノンは静かにマンドリンをつまびき、マッカートニーは無口で慎重だった。あたかも「閉じた本」のように[23]。

ところが、ゴメルスキーがストーンズのことを褒めだしたとたん、メンバーは身を乗り出した。ビートルズの公演マネージャーだったニール・アスピノールは、抜群のタイミングだったと言う。ビートルズとそのスタッフは、ロンドンに着いたばかりだった。クラブめぐりをして、「何がおこっているのか知りたかった。そこは自分たちの場所ではなく、僕たちはこの町の新参者だった[24]」。まさにそんなタイミングで、ゴメルスキーは、ストーンズがその晩に演奏することを教え、彼らを興奮させたのだ。「みんな、今晩帰りに寄って、このバンドを聴いてみるといい」とゴメルスキーは言った。「番組の収録が終わったら見に来るといい。帰り道だ、ぜひおいで」。「ああ、いいね、行くよ」と、誰かが応えた。(25)

・　・　・

(21) Philip Norman, *The Stones*. 80-81. ビートルマニアがいつ始まったのか特定するのは難しい。ビートルズの権威マーク・ルイソンは、あらゆる地方紙を検証して、「ビートルズをめぐる狂乱は、［一九六三年の］春の終わり頃にはたしかに始まっていた。その半年ほど前に、フリート・ストリートの出版関係者が、そのことを全国的に知らせていた」と結論づける。しかし、ビートルズの広報担当者トニー・バーロウは、より正確な時期を特定する。それは、一九六三年十月十三日、ビートルズが大人気テレビ番組『サンデー・ナイト・アット・ザ・パラディアム』にデビューしたときだと言う。しかし、「ビートルマニア」という言葉は、一九六三年十一月二日に、ロンドンの『デイリー・ミラー』紙の記者が使うまでは、どこにも見当たらない。

(22) Strausbaugh, *Rock Til You Drop*. 47 からの引用。

(23) Strausbaugh, *Rock Til You Drop*. 47 からの引用。この映画企画は、アメリカのフィルム・スタジオ、ユナイテッド・アーティストが突然割り込んで、ビートルズの三本分の映画資金をオファーしたことで、もみ消されてしまった。クレイトンによると、エプスタインは彼らが練っていた映画の概略を「倫理に反して」アメリカの映画会社の重役に手渡し、それがリチャード・レスターの『ア・ハード・デイズ・ナイト』に姿を変えた。しかし、これが真実かどうか知るのは難しい。クレイトンは、エプスタインがその二年後に送ってきた手紙をどこかにやってしまったという。その中でエプスタインは「謝罪し、彼は知らなかった、ナイーブだった云々と書いていた」と言うのだが。

(24) *The Beatles Anthology*. 101 からの引用。

(25) Dalton, *The First Twenty Years*. 26 からの引用。

　その後何年かのあいだ、ビートルズは当時最も成功を収めていた有名なパフォーマーたちと出会っている。これらは事前に細心の注意を払って企画され、それぞれの会合の様子もきちんと記録が残っている。中でも重要な会合は、おそらくボブ・ディランとのものだった（一九六四年八月二十八日、ニューヨークのデルモニカ・ホテルでのことだった）。ジェイムズ・ミラーが、著書『ゴミ箱の中の花《フラワーズ・イン・ザ・ダストビン》』の中で描くように、ディランは「レノンが目指す何ものかを体現していた。それは、芸術的完成度であり、音楽的な誠実さ、そして何より、ヒップであるという名声だった。わめき叫ぶティーンエイジャーとしてではなく、アレン・ギンズバーグのような詩人として、アンディ・ウォーホルのようなアーティストとして、そしてマーティン・ルーサー・キング・ジュニアのような政治的指導者としての、真摯に生きる大人のヒップさだった」(26)。ディランは、ビートルズに面会しようと辛抱強く待つ人びとでごった返す部屋をするりと抜けて入ってきた。ジョン、ポール、ジョージ、リンゴがルーム・サービスの夕食をちょうど食べ終わりそうなところを知ると、彼はマリファナが入ったくしゃくしゃの袋を取り出し、何本か巻き始めた。ビートルズにはじめてマリファナを教えたのはディランだとよく言われるが、おそらくそれは真実ではない。ハリスンは、これ以前に、リヴァプールのあるドラマーが安い草をくれたことがあったと言う。しかし、これほどハイになったのは、ビートルズにとってそのときが初めてだった。ディランとマリファナの二つの相乗的効果からか、ビートルズはそれまでのスタイルよりもっと重みのある実験的な曲を書き始めた。そして、自分たちのボヘミアンな生い立ちにあった私的なスタイルを大切にするようになった。

　対照的に、翌年のエルヴィス・プレスリーとの対面では、ビートルズはひどくつまらない時間を過ごすことになった（一九六五年八月二十七日、メリーランド州ベル・エアーの賃貸豪邸でのことだった）。鎮痛剤のせいか、マリファナのせいか、あるいはその両方のせいか、エルヴィスはビートルズとの対面にとても退屈していた。その様子はあまりに奇妙だった。パーティから抜け出してさっさと寝ようとしたほどだ。ビートルズにしてみれば、少年の頃のアイドルと一緒にいてどう振る舞ってよいかわからず、ただぽかんと座っているだけだった。ただし、レノンは違った。許しがたい不作法を繰り返したのだ。まずはコメディ番組のクルーゾー警部のように、逃しはしないぞという素振りをみせた。そして生意気なフランス訛りの英語で話すのをやっとやめたかと思えば、偉そうにエルヴィスのキャリア半ばのスランプをたしなめはじめた。レノンは、あろうことかエルヴィスの新鮮味のないシングルや時代遅れの映画などをあげつらった。のちにレノンは、自身の尊大な態度は、エルヴィスの当時の状況に対する失望からだったと説明している。「まるでエンゲルベルト・フンパーディンクと会っているようだった」と、冷ややかに笑った。[27]

ローリング・ストーンズとの出会いはまったく違っていた。ビートルズは、ジョルジオが絶賛するこの新しいバンドに素直に興味を持ったが、それほど興奮していたわけでもなかった。ストーンズの音楽はまだ一枚もリリースされていなかったのだ。当時ビートルズはロンドンに住むこと自体をおそれていた。「僕らは大都市にやってきた田舎者だった。だから何もかもが魔法みたいだったよ」と、マッカートニーは言う。[28]

反対に、ストーンズはビートルズを熱心に追っかけていた。彼らの初期の振る舞いや態度について誰

(26) Miller, *Flowers in the Dustbin*, 226.
(27) Spitz, *The Beatles*, 583 からの引用。
(28) Barry Miles, *Paul McCartney: Many Years from Now* (New York: Holt, 1998), 100 からの引用。

よりも当事者的に詳しいのは、ブライアン、ミック、キースのエディス・グローヴでのフラットメイトだったジミー・フェルジである（「ユー・キャント・オールウェイズ・ゲット・ホワット・ユー・ウォント」の歌詞の三節目に登場する「ミスター・ジミー」であると本人は主張する）[29]。一九九八年出版の回顧録『ナンカーリング・ウィズ・ザ・ストーンズ』の中で、フェルジは、ストーンズがビートルズをはじめて聴いたのはBBCのラジオ番組だったと明かす（おそらくビートルズを特集した一九六三年一月二十六日放送の『サタデー・クラブ』だと思われる）。じっさい、ジョーンズはその日、ビートルズを聴くためにラジオを合わせた。集めていた熱烈な雑誌記事のせいで、ジョーンズの好奇心が高まっていたようだ。ラジオから高らかに流れてきた「ラヴ・ミー・ドゥ」の最初の小節を聞いたとたん、「ブライアンは驚愕して」隣の部屋にいたキースを呼び寄せたと、フェルジは書いている。

「ラヴ・ミー・ドゥ」は、ビートルズが考えるブルースの表現法にもとづいて作曲された。しかし、音楽学者イアン・マクドナルドの指摘では、この曲の最も目立つ部分――レノンのハーモニカ・リフ――は、技術的には「吹きすぎ」のスタイルで、ベンド音を完全に欠いていた。そのため、「この曲はアメリカン・スタイルのブルースとはまったく異なっていた」[30]。とは言っても、当時、イギリスのポップ・ミュージックでハーモニカが使われることはほとんどなかった。おそらくビートルズは、テキサス出身のアメリカ人クルーナー、ブルース・チャンネルからハーモニカを使う発想を得たと思われる。彼の「ヘイ！　ベイビー」は、一九六二年にイギリス・チャートで二位を獲得し、ビートルズもカヴァーしたことがあった[31]。なんにせよ、ストーンズを慌てさせるには十分だった。フェルジはその場面を次のように物語る。

「オー、ノー！」、ブライアンは言った。「聞いてみな、やつらがやってるよ！」

「待て、ギターはどうだ」、キースはそう言って夢中で聴いた。

「くそっ！」

「やつらはハーモニカもやるのか」、ブライアンが言った。「俺たちがやってないやつだ」。

演奏を聴いて、私はビートルズはなかなかいいと思った。しかし、だからなんなんだ。また新しいグループが出てきただけだろう。「何が問題だい？」私は尋ねた。

「聞こえないのか？」キースが言った。「やつらはハーモニカを使ってるんだ、先を越されちまった」。

「やつらは、俺たちとおなじように、ブルースをやろうとしているんだ」、とブライアンは言った。「これから先、彼らが何をやるか聴いておかないと」。

私はその曲が気に入ったし、ハーモニカもちゃんと聞こえていた。しかし、音楽はストーンズのものとは似ても似つかなかった。ブライアンは、ビートルズはブルージーな音を使っていて、もし彼らが成功したら誰もがまねするだろうと言いたかったのだ。ストーンズは、たんに他のグループの一つにすぎず、彼らにとっては一番になることが重要だった。ビートルズは他にも何曲か演奏して、放送

(29) フェルジの言うことが正しい可能性もあるが、おそらくは、この曲をレコーディングしたときのストーンズのプロデューサー、ジミー・ミラーのことだろう。曲の中に出てくるチェルシー・ドラッグストアは、実際に一九六八年に開店したキングス・ロードにあるショッピングセンターである。
(30) Ian MacDonald. *Revolution in the Head: The Beatles' Records and the Sixties* (London: Fourth Estate, 1997), 53.
(31) この時期ビートルズがカヴァーした、ハーモニカを使った曲には、フランク・イフィールドの一九六二年のヒット「アイ・リメンバー・ユー」がある。

の終わりの方でチャック・ベリーをやったときには、ストーンズはさらに気落ちした。ミックもこの放送を聴いていて、あとからビートルズはプロフェッショナルなのか、あるいは彼ら自体としていいのか大いに議論になった。結論としては、その両方だということになった(32)。

「あれは北からの襲撃だった」と、キース・リチャーズは言った。「俺たちは、自分たちを世界で唯一の存在だと思っていた」。二十五年後にジャガーはビートルズをロックンロールの殿堂と認めたとき、やはりビートルズをはじめて聴いたときには面食らったと明かした。「奴らは長髪でむさ苦しい格好で、けれども、レコード契約を結んでいた！(33)」と、ジャガーは言う。「そして彼らのレコードはチャート・インしていた。ブルースっぽいハーモニカが入った『ラヴ・ミー・ドゥ』だ。そんなものを聴かされて、俺はほとんど気が狂いそうだったよ(34)」。後にストーンズは、ビートルズとのライバル関係はメディアがでっち上げたものだと熱心に語りはしたが、ビートルズをはじめて聴いたときには、明らかに意気消沈し、脅えたのだった。

リヴァプールの四人組がイギリスの音楽シーンに与えた衝撃があまりに際立っていたという理由であったとしても、数カ月も経つと、ストーンズもしぶしぶながらビートルズをリスペクトするようになった。一九六三年春には、ビートルズの影響で、ビートとロックンロールをめぐる音楽シーンのすべてが変化していた。ほとんどの都市や街で、初々しい十代の若者が新しいグループを結成し、自分たちの曲を作ることに熱中した。ギターやドラムセットの通信販売がにわかにビジネスになった。この突然の盛り上がりを逃すまいと、ナイトクラブやダンスホールが多数出現した。そして突然、北部地方に関心が向けられた。次なる大物との契約を結ぼうと、タレント・スカウトが走り回った。そして新聞や雑誌は、地方版も全国版も、それまでのポップやロックへの態度を一八〇度変えた。もはや上から目線ではなく、きわめてまじめに扱うようになったのだ。四月には、ビートルズは「フロム・ミー・トゥー・ユー」でイギリスの音楽チャートのトップに立った。レノンがハーモニカを奏でる新たなオリジナル・ソングだった。

そういうわけで、収録中のビートルズと別れたゴメルスキーが、ストーンズのいるリッチモンドに飛んで帰ったのも無理もなかった。ストーンズは、サンドウィッチを食べながら談笑していた。

「そのとき私は、『おい、今晩いいことがあるかもしれないぞ』と、皆に伝えた」と、ゴメルスキーは振り返る。

「何のことだい？」

「ビートルズが来るかもしれない」。

ブライアンは驚いて小声を発した。「『何だって？　ビートルズ？　冗談だろ！　なんてこった』。彼らには十分な励みだったよ」(35)。

---

(32) Phelge. *Nankering with the Stones*, 29. フェルジは、ブライアンとキースの関心を引いたBBCの番組は、一九六三年一月二十六日放送のBBC『サタデー・クラブ』でのビートルズ特集だという。しかし、このショーでは、ビートルズは「ラヴ・ミー・ドゥ」を演奏しているものの、フェルジが言うように終わりの方でチャック・ベリーの曲はやってはいない。ビートルズは、一九六二年十二月四日の『タレント・スポット』と、一九六三年二月二十日の『パレード・オブ・ザ・ポップス』でも「ラヴ・ミー・ドゥ」を演奏しているが、やはりチャック・ベリーの曲は演奏していない。ビートルズの曲目について、三十五年後のフェルジの記憶が正確であるはずもないが、これまでこのフェルジの説明に異を唱えた者はいない。

(33) もちろん、この時期のビートルズは、すでに「むさ苦しい格好」ではなかった。

(34) Davis. *Old Gods*, 33 からの引用。

(35) Dalton. *The First Twenty Years*, 26 からの引用。

ゴメルスキーは続ける。「クラブは七時にオープンし、ストーンズは八時十五分から九時にかけて最初のセットをやった。そして休憩をとって、十時半までに終わらなければならなかった。日曜日のパブはそこで閉めて、十一時には撤収していた。一セット目にはビートルズは来なかった。ブライアンが近づいてきて、『来ないじゃないか、来ないじゃないか』と言った。私はブライアンに答えた、『ブライアン、彼らはちょうど仕事を終えている頃だと思うよ。きっと九時十五分か九時半には来るさ』。ブライアンは『オーライ』と答えたが、とてもナーバスだった(36)」。

予想どおり、ストーンズが二回目のセットをはじめて少し経った頃だった。ワイマンは、見上げたら「四人の影のような姿」が肩を並べて観客の中に立っているのが目に入って、たじろいだ、と言う。四人はおそろいのスエードのオーバーコートを着て、レザーキャップをかぶっていた。「マジかよ《シット》！　ビートルズだ！」、ワイマンは声を殺して叫んだ(37)。リチャーズもおなじように回顧する。「俺たちはリッチモンドのステーション・ホテルのパブで演奏していた。……勢いのあるショーをやって皆がのってきたときだった。ふいに振り向くと、そこには黒い革のオーバーコートに身を包んだ四人が立っていた。うわっ、なんてこった！　奴らがここにいる！(38)」ミックは、「俺は彼らを見ようとしなかった」と振り返る。「かなり動揺していたんだ(39)」。

初期のビートルズは、テレビやラジオではおどけて優しそうに見えたが、普段の彼らはときにまったく異なる印象を与えた。ライターのバリー・マイルズは、この時期のビートルズは「意図的に威嚇するようなイメージ」を出すよう決め込んでいたとみる(40)。ハンブルク時代からビートルズと仲が良かったジャーナリストのクリス・ハッチンスも同意する。長いレザー・ジャケットを着ることで、彼らは「ガン・ファイター」のようにみえた(41)。ビートルズがステーション・ホテルでストーンズに会う一月ほど前、アンドリュー・オールダムは、ロンドンで舞台のそでからビートルズがテレビ収録する様子をみていた。スポットライトとカメラから離れると、彼らは「ふざけんな、俺たちがすごいことはわかってるんだ」と言わんばかりの態度をにじませたと言う。[42] 一九六三年初頭の、十代向け『ボーイフレンド』誌では、ビートルズは「まるで強面の若者たち」として描かれている。（彼らは笑ったときには親しみやすいが、それは「いつも」のことではないと、記者は書いた。「それ以外のときは、危険で、恐ろしく、見るからに邪悪だった。まるで十八世紀からやって来たかのようで、絵から飛び出して呪文を唱えそうなくらいだ」。[43]）悟ったようにクールなミック・ジャガーでさえ、最初にビートルズをみたときには、「四つ頭の怪物」に見えたと認める。[44]

アスピノールは、その晩のストーンズは「まあまあ」だと思った。キャヴァーン・クラブで演奏する典型的なリヴァプール・バンドと比べて、とくに良くも悪くもなかった。「彼らは自分たちの演奏をこなしたし、それが彼らのやるべきことだった。誰もができることではない[45]」。しかし、ビートルズはも

（36） Dalton, *The First Twenty Years*, 26 からの引用。
（37） Pritchard and Lysaght, *An Oral History*, 122 からのワイマンの引用；Wyman, *Stone Alone*, 127.
（38） YouTube clip, "Keith Richards— Friends with the Beatles."
（39） Yoko Ono, ed., *Memories of John Lennon*（New York: HarperCollins, 2005）, 105 からの引用。
（40） Barry Miles, *The Beatles Diary, Volume One: The Beatles Years*（London and New York: Omnibus Press, 2001）, 93.
（41） Chris Hutchins, *Elvis Meets the Beatles*（London: Smith Gryphon, 1994）, 66.
（42） Oldham, *Stoned*, 171.
（43） *Boyfriend* magazine, 1963, n.d. n.p.
（44） *MOJO's The Beatles: Ten Years That Shook the World*, 67 からの引用。
（45） *The Beatles Anthology*, 101 からの引用。

っと感情をあらわにした。「汗臭い部屋の中に立って、ステージ上の彼らをみていた」と、リンゴは振り返る。「キースとブライアン、ああ、ストーンズがすばらしいことをそのとき知った」[46]。ハリスンは、ストーンズのファンの激しい熱狂に打たれた。「あれは本物のレイブだった。観客は大声を上げ、叫び、テーブルの上で踊っていた。誰も見たことのないようなダンスだった。いまなら誰だってシェイクだとわかるけど」[47]。

ライヴ終了後、ファンとおしゃべりしたり長居したりする者はなかった。ジョーンズが、ビートルズとそのスタッフを、スラムのようなエディス・グローヴのアパートに招待したのだ。フェルジの回顧では、ビートルズがやって来たとき、「彼らはプロっぽい雰囲気をまとっていた。……取り巻きも、ビートルズとおなじ濃い色のオーバーコートをスマートに着こなしていた。一つの大きなチームという印象だった」。ストーンズの薄暗いフラットの不快さに嫌悪感を感じた者もいたようだった。高く積み重ねられた皿、あふれかえる灰皿、そして積み重なったゴミ。しかし、ポールは、部屋を見渡して、「とくにうろたえたようにも見えなかった。彼の表情は『前に来たことあるよ』と言わんばかりだった」[48]。

インタビューや当事者の説明から、その晩のエディス・グローヴでの様子をある程度知ることができる。ターンテーブルの上では、一晩中、ひっきりなしにレコードが回っていた。そして両グループのメンバーは、互いに好き嫌いを言い合った。熱を帯びた会話がはずみ、言葉が重なって混乱することもあった。「彼らが話していることすべてを追うのは難しかった」と、フェルジは振り返る。「ときおりミックかジョンが、アーティストや曲名をあげて『あれが好きなんだ。昔よくやったよ』、などと言う。……誰もが、その短い時間内に、可能な限り何かを見つけ出そうとしていた」[49]。ストーンズはＩＢＣスタジオで録音していた五つのデモトラックをビートルズに聴かせた。そしてアメリカから輸入したお宝コレクションを熱心に見せた。

「ジョンはとてもいいやつだった」と、ミックはのちに語っている。「『ラヴ・ミー・ドゥ』でハーモニカを吹いていたから、『ハーモニカをやるんだろう？』とたずねると、レノンは『ああ、だけど君らみたいにはできないさ。ただ吹いたり吸ったりしているだけさ。ブルースをちゃんと演奏することはできないんだ』と答えた」(50)。しかし、ストーンズにとってのブルースの英雄、伝説のジミー・リードを、レノンが素っ気なく切り捨てたことには、彼らは不意を突かれ驚いたようだった。

レノンとブライアン・ジョーンズは話し込んで、二人にはそれぞれジュリアンと名付けた男の赤ん坊がいることを知った。（レノンの息子は、生まれて六日目だった）。レノンも、ジョーンズの音楽の深い知識に感銘を受けたが、同時にジョーンズといることに多少居心地の悪さも感じた。何年も後に、レノンはその晩ブライアンが「ラヴ・ミー・ドゥ」で吹いているのはハーモニカなのかハープなのかと聞いてきたと振り返っている。二つのタイプのハーモニカの細かな違いはまったく理解せずに、レノンは「ボタンのついたハーモニカだよ」と答えた(51)。それはクロマチック・ハーモニカと呼ばれるもので、一九四〇

(46) *The Beatles Anthology*, 101 からの引用。
(47) Wyman, *Stone Alone*, 127 からの引用。
(48) Phelge, *Nankering with the Stones*, 105.
(49) Phelge, *Nankering with the Stones*, 106.
(50) Ono, *Memories of John*, 105 からの引用。
(51) *The Beatles Anthology*, 101 からの引用。明らかにこのときの会話の影響で、レノンもジョーンズに同調するようになった。六週間後の一九六三年六月一日、ビートルズはＢＢＣの番組『ポップ・ゴーズ・ビートルズ』でチャック・ベリーの「ア↖

年代から五〇年代のジャズやビッグバンドで使われたものだった。（レノンのは一九六〇年に、オランダのアルンヘムにある楽器店で万引したものだった）。クロマチック・ハーモニカには、ボタンで動くリード・セットが付いていて、西洋音楽の十二音すべてが表現できる。一方、ダイアトニック・ハーモニカ――「ハープ」とも呼ばれる――は、それほどたくさんの音階は出ないが、音をベンドすることで哀調のこもったブルースらしい音を出すことができる。有名なブルース演奏家はみなハープを使っており、もちろんジョーンズのような熱狂的なブルース・ファンは、クロマチック・ハーモニカは古くさいと考えていた。

もう一つの大きな話題は、ビジネスでどうやって金を稼ぐかだった。当時は、イギリスのポップ歌手としての成功を長期間にわたって維持できた者は、まだ誰もいなかった。思春期のビートルズ・ファンたちが、他の歌手を見つけ出して新たなアイドルにするのも時間の問題だと考えられていた。ビートルズ本人でさえそう信じていた。そのときの彼らの主たる関心事は、ポップ歌手としての短期間の成功で得た金を元手として、可能なかぎり大きなもうけを得ることだった。ストーンズが望んだのも、せいぜい短いあいだでもトップを走ることだった。もっともそのためには、もっと商業的指向性の高い音楽に向かわないといけないことは、彼らも知っていた。

「ミックは、（あの出会いが）ロックンロールに向かうきっかけだったと言っている」と、何年も後になって、マッカートニーは友人のバリー・マイルズに話している。

彼は僕らが入ってくるのを見て思ったのさ。「ちくしょう、あのコート欲しいぜ！　あんなロング・コートが欲しいけど、それには金を稼がなくちゃならないんだ」ってね。そう言ったのさ、僕らを

「四つ頭の怪物」と呼んだときにね。本当さ。彼らと僕らには多くの共通点があったから、よくわかるよ。[52]

ジャガーは、ジョンとポールがすでに一〇〇曲もの曲を書いた（実際は、おそらくその半分くらいだったろう）と自慢するのを聞いて、衝撃を受けた。さらに、レノン＆マッカートニーが自分たちの音楽会社であるノーザン・ソングス・リミテッドに共同出資していることにも驚いた。もしミックがこうした点を詮索していたら、がっくりきたかもしれない。ジョンとポールは印税と版権で豊かになりつつあった、しかも猛烈な勢いで。しかし、当時、彼らは音楽産業がどのように動いているか、ほとんどわかっていなかった。そしてそのわずか後に、自分たちがろくでもない契約に巻き込まれていることを知る

↙イ・ガット・トゥ・ファインド・マイ・ベイビー」を演奏したのだが、このとき初めてレノンはハープを使って収録に臨んだ。さらに、ディスク・ジョッキーのリー・ピーターズが、レノンが「ハーモニカ」を吹くことを曲紹介で言うと、レノンは突然割って入った。

「ハープ、ハープだよ」と、彼は物知り顔に言った。

「ハープって何だい?」

「ハープさ。この曲ではハープを吹くんだ。」

「ハープを演奏するってのかい?」

「『ラヴ・ミー・ドゥ』で吹いたのはハーモニカで、この曲ではハープだよ［音声不明瞭］」。

ピーターズは違いがわからず、レノンに（苛立ったまねで）「それ、言いたかったのね」と言うと、スタジオから飛んで出て行くふりをした。おそらく、レノンはジョーンズのハープ熱にすっかり感化されたのだ（さらにのちには、「ラヴ・ミー・ドゥ」で使ったハーモニカは、彼の好みからして「十分にファンキーなブルース」ではなかったと思うようになった）。とはいえ、こうした区別はばかばかしいと言えばばかばかしい。すべてのハープがハーモニカなのだから。

（52） Barry Miles, *Many Years from Now*, 101 からの引用。

のだ[53]。

パーティは、とても遅くまで、おそらく朝の四時頃まで続いた。ブライアン・ジョーンズは、ビートルズが帰る直前に雑誌の写真にサインを求め、一般のファンのようにそれを暖炉の上に誇らしげに飾ったと言われている。おそらくこれはつくり話だろう[54]。しかし、ストーンズがビートルズに好印象を持ったことは間違いない。「彼らはとてもクールだった」と、キースは言った[55]。

さいごに、これまで誰も触れてはいないが、おそらくかなり確実に、起こっただろうことがある。その晩のどこかで、ブライアンは、ストーンズがはじめて褒め称えられた『リッチモンド・アンド・トゥイッケナム・タイムズ』掲載の全面記事をビートルズに読ませた。ブライアン・メイという若い記者が書いたその記事は、わずか一日前の一九六三年四月十三日付で、ストーンズが記事を手にしたのはその晩のことだった。まさに、ビートルズがクロウダディに現れる数時間前のことだ。

「ジャズ好きなビートニクスは、音楽的な磁力によってリッチモンドに引き寄せられている」、という一文でその記事は始まる。そして、ストーンズ独特の「深い泥臭い《アーシー》」R&Bにまとわりつく、スリリングな「シーン」を描く。「聴く者はみな、立ち上がって動き出すことを免れない」スタイルの音楽だ。

もちろん誰もがその絶賛記事に心をよくしたが、とりわけブライアン・ジョーンズの心には響いたようだった。彼はとにかく喜んだ。フェルジによると、全員がその記事を読んだ後でも、「ブライアンは大声でもう一度記事を読み上げ、皆が一字一句理解していていることを確かめようとした[56]」。ワイマンが言うには、ブライアンはそれから何カ月もそのコピーを財布の中に入れて持ち歩き、「俺たちに冷笑的なやつらに、俺たちがいけてる証拠だとみせびらかしていた[57]」。

ジョーンズが記事をみせたとき、ビートルズは、そこに書かれた別の点に気づいたことだろう。よく読んでみると、メイは、ストーンズは「ピルトダウン人のようなヘアスタイルで、ポップ・グループのビートルズのように、頭頂から前へ髪を下ろしている」と描写している。気恥ずかしかったのか、ジョーンズは、「ビートルズが有名になる前から、俺たちはこうだ」と言ったと書かれていた。(58)

・・・

それから四日後の一九六三年四月十八日、ブライアン、ミック、キースは、ロンドンのタクシーに揺られ、さぞかし興奮していただろう。ジョルジオに付き添われ、はじめてビートルズの演奏を観にケンジントンへ向かっていた。ビートルズのスペシャル・ゲストとして最前列で観るのだ。エディス・グローヴでの集まりから少し落ち着いた頃に、ビートルズは彼らをプライベートで招待したのだった。

その日はビートルズにとっても、まったく違う意味で記念日だった。初めてロイヤル・アルバート・

---

(53)　とはいえ、ビートルズの成功はまったく前例がなかった。一九六四年までにかなりの金を稼いでいる（税率は八十三パーセントだった）。当時の商務大臣だったエドワード・ヒース（のちの首相）が、ビートルズが国全体の経済を支えていると皮肉ったほどだ。（ビートルズは、一九六六年に、ジョージ・ハリスンの曲「タックスマン」でこれに応えた。）

(54)　この話は、伝記作家のステファン・デイヴィスによる『オールド・ゴッズ・オールモスト・デッド』の記述による。しかし、ブライアンがサインを頼んでそれをテープで壁に貼ったという話は、どの一次史料にも見られない。

(55)　*According to the Stones*, 55 からの引用。

(56)　Phelge, *Nankering with the Stones*, 104.

(57)　Wyman, *Stone Alone*, 126.

(58)　Davis, *Old Gods*, 45 からの引用。傍点は著者。

ホールで演奏したのだ。ホールは感動的な威厳にあふれ、ビートルズは自分たちのすばらしい運命がひらけていくことを畏れるばかりだった。

しかしショー――BBCの『スウィンギング・サウンド、'63』――には、十組を超える共演者がいて、ビートルズにとっては多少いらだたしい運びになっていた。ビートルズは、デル・シャノンやザ・スプリングフィールズ他、多数のアーティストとともにリハーサルを行うことになった。演奏スケジュールによると、彼らは午前と午後の早い時間にリハーサルに呼ばれながら、夜まで出番がなかった。八時四十分に二曲（「プリーズ・プリーズ・ミー」と「ミズリー」）と、十時二分にもう二曲（「ツイスト・アンド・シャウト」と「フロム・ミー・トゥー・ユー」）を演奏したことになっている。そのため、ビートルズのメンバーは午後のほとんどの時間を共同楽屋でふざけ回ったり、番組のプロデューサーといかに激しく演奏できるかを言い争ったりしていた。

ストーンズの三人が会場に到着したのが何時だったかは定かではない。しかし、ビートルズを観に来た三人は昼間の仕事がなかったので、おそらく早い時間に来たことだろう。そして、どこかの時点で、ビートルズは彼らを舞台裏に招いたことだろう。ロック音楽ライターのステファン・デイヴィスは、ストーンズは「ビートルズが舞台化粧をしていることに驚いた」と書いている。もしこの逸話が本当なら（嘘かもしれないが）、ストーンズは、化粧など女々しいと思ったに違いない。しかしデイヴィスによると、マッカートニーが次にストーンズのパフォーマンスを見たときに、「ミックは売春婦《タルト》のような化粧をしていた」と言ったらしい(59)。

ついにビートルズの出番になったとき、ストーンズのメンバーは、会場の熱烈な雰囲気に恐れおののいた。そのときの司会者はのちに、その晩、頑張りはしたものの、ビートルズを上手に紹介することができなかったと振り返った。「結局、階段のところで『ザ・ビートルズ』と口を動かして身振りしただけで、そこから離れてしまった」のだそうだ(60)。ＢＢＣの週刊会報誌『ラジオ・タイムズ』に載った短い記事によると、ビートルズがステージ上に跳んで現れたとき、観衆の滝のような叫びが「痛みの限界に達した(61)」。

ストーンズの一人はとりわけ感銘を受けたようだった。三分間のグランドフィナーレでは、その晩のすべての出演者がステージに集まり、インストゥルメンタルで「マック・ザ・ナイフ」を共演した。その後、ブライアンとジョルジオはビートルズの二人の公演マネージャー、ニール・アスピノールとマルコム・エヴァンズを手伝って機材を劇場裏から運んだ。

「そこには女の子たちがたくさん待っていたよ」と、ゴメルスキーは振り返る。「彼女たちは、ブライアン・ジョーンズに群がり始めたんだ。『サインください』って。ブライアンは、『俺はビートルズじゃない！』なんて言うんだが、彼女たちは、会場に入っていないからわからない。ブライアンは長髪だし、ポップ・スターに見えたのさ。とにかくサインしとけって言ったら、彼は実際そうしたよ。さほど遠く

(59) Davis, *Old Gods*, 43. 著者はこの逸話をめぐって、多くの一次史料や、他の二〇〇一年のデイヴィスの本より先に出版された二次史料にあたったが、これに言及するものは見つからなかった。出版者を通じてデイヴィスにも問い合わせたが、返事はなかった。

(60) George Melly, *Revolt into Style: The Pop Arts* (New York: Anchor Books, 1971), 73.

(61) "POPS for Everyone." *Radio Times* (May 2, 1963), 39. 偶然にも、この記事に添えられた写真には、手を握りしめ熱狂的に叫ぶ上品なブロンドのティーンエイジャーが映っていた。彼女の名はジェーン・アッシャーである。ロンドンでデビューしたばかりの『ジューク・ボックス・ジュリー』のパネリストであり、のちにポール・マッカートニーと婚約をすることになる。結局結婚することはなかったが、このときまだ十七歳だった。

ないアパートに帰ろうとアルバート・ホールの階段を降りているときに、ブライアンは私を見て言うんだ（ジョーンズの口まねを真剣にやりつつ）、『ジョルジオ、ジョルジオ、あれだよ、俺が欲しいのは、あれだよ、俺が欲しいのは！』」。(62)

ワイマンが言うには、この出来事の後もジョーンズはしばらくこんな調子だった。「あれだよ、俺たちはみんなに囲まれたいんだ。あれだよ、俺たちが欲しいのは」と、言い続けていた。(63)

・・・

ビートルズの成功を羨んでいたのは、もちろん、ローリング・ストーンズだけではなかった。一九六三年の春頃までには、ピート・ベスト（ビートルズが有名になる直前にグループから追い出された）はイギリス列島で最も不運な人物だと、多くの人が考えるようになった。もう一人慰めようもなかったのは、レコード会社の重役ディック・ロウだった。ロウは、デッカ・レコーズのアーティスト・アンド・レパートリー（A&R）担当で、レーベルのために新たなタレントを発掘して育てる仕事をしていた。当時、デッカ・レコーズとその最大のライバルであったEMIは、イギリスの音楽産業のほぼすべてを牛耳っていた。ロウはビートルズと契約を結ぶ機会を逃しただけではない（一本のオーディション・テープを聴いただけで、ライヴを見ようともしなかった）。その失敗のせいで、デッカはマージー出身のビート・アーティストの多くとの契約を逃すことになった。急に高まった需要に対して、ジェリー&ザ・ペースメイカーズ、ビリー・J・クレイマー&ザ・ダコタス、スウィンギング・ブルー・ジーンズといったバンドはみな、ビートルズとおなじEMIとの契約を望んだ。噂では、それから何年かのち、デッカの幹部は、年次式典で金庫室をつくり、失った利益を弔うために、ビートルズの古いオーディション・テープのほこりを払って、特別なガラスケースに設えて飾ったと言われる[64]。

一九六三年春、ロウは、リヴァプールのフィルハーモニック・ホールで開かれた、ランカシャー&チェシャー・ビート・グループ・コンテストに審査員として参加した。絶望的な気分を引きずっていたが、期待に胸を膨らませてもいた。新たな才能をスカウトするすばらしい機会だったのだ。さらに、ジョージ・ハリスンが審査員の一人として、そこに居合わせた。

「フィルハーモニックで演奏したことのあるやつなんて、誰もいなかった――入ることだって許されなかったのに、ましてやロック・コンサートなんて」と、ハリスンは振り返る。しかしいまや、北部のバンドすべてが注目の的だった。「あちこちでグループが生まれ、リヴァプールのスウィンギング・シーンで利益を上げようとしていた[65]」。

地元の音楽作家も、「『発掘熱』が最高潮に達した頃、多くのエージェントがライム・ストリート駅を降りて契約書にサインし合った。キャヴァーンでは、報道カメラマンが、部屋の反対側にいる他のカメラマンが映り込まないように写真を撮るのも難しい状況だった」と認める[66]。

---

(62) Strausbaugh, *Rock Til You Drop*, 45 からの引用。
(63) Wyman, *Stone Alone*, 128 からの引用。
(64) *MOJO's The Beatles*, 32 参照。
(65) ハリスンが言うように、フィルハーモニックはロックを相手にしていなかった。しかし、まったくなかったと言ったら誤りになる。ジョージが十五歳の頃、一九五八年三月二十日には、バディ・ホリー&ザ・クリケッツがロイヤル・アルバート・ホールで演奏している。のちのビートルズのメンバーは誰も観に行っていないが、伝記作家のジョナサン・グールドによると、レノンとマッカートニーは、「ホリーがやって来ることで生まれた熱狂に、完全に飲み込まれていた」。

残念なことに、このときの出演者はいま一つだった。リヴァプールの音楽シーンは、垂れ流しで枯渇していた(67)。だらだらと進行し、ぱっとしないバンドが次から次にステージに現れては消えていくと、ロウは、ハリスンの方を向いて弱々しく言った。「君らをはねつけたばっかりに、ケツを蹴り上げられてしまったよ」。

ハリスンは何もかも無視して言った。「えっと、それはいいけど、ローリング・ストーンズと契約したらどう?」

ロウはつづける。「『ローリング、何?』と私は言ったよ。

『ザ・ストーンズさ』

『聞いたこともない。何をやるバンドで、どこで会えるんだ』と聞いたら

『リッチモンドのレイルウェイ・ホテルさ』

それで、すぐにハリスンを残して立ち去ったよ」とロウは振り返る(68)。

ビートルズ＝ストーンズ伝説の重要な部分であるこの逸話には、細部の異なるいくつかのバージョンがある。ロウは劇場を出るときに挨拶さえしなかったという説もある。「ジョージが振り返ると、彼は一人でしゃべっていることに気がついた。ロウの椅子は空っぽになっていた」と、フィリップ・ノーマンは言う。ロウはフィルハーモニックを飛び出し、一番早いロンドン行きの列車に乗って、そしてクロウダディ・クラブに駆け込んだ。そして、まさにその晩、ストーンズを捕まえた(69)。

ビートルズの伝記を書いたボブ・スピッツもおなじ話を伝えている。「ロウは、次のロンドン行き列車に乗り、妻をピックアップして、ジョージの関心を惹いたバンドに直接会うため車を走らせた(70)」。また、ベストセラー伝記作家ステファン・デイヴィスは、その伝説に若干のひねりを加えている。ロウは

列車で行ったのではなく、「クロウダディ・クラブでのローリング・ストーンズによる春の騒々しい儀式に間に合うように、丸一日、車を運転して行った」のだった。(71)

この興味深い話の唯一の問題は、（おそらく読者も推測するとおり）現実味がないことだ。信じられないのは、ロウがタレント・ショーの審査員の責任をあっけなく投げだしたということだ。（まさしく彼の勤める会社がスポンサーとなっていたショーをだ。）さらに、ジョージ・ハリスンに「さよなら」も言わずに去って行くなど、あり得ない。（ロウはとても礼儀正しい人物として有名だった。）そして、何より、ランカシャー&チェシャー・ビート・グループ・コンテストは一九六三年五月十日に開催された——金曜日だったのだ。ストーンズがクロウダディ・クラブで演奏するのは日曜の夜だった。五月十日にストーンズに会うのは不可能だった。その日、彼らはオリンピック・スタジオに詰めていた。オールダムが深夜

---

(66) Melly, *Revolt into Style*, 82.

(67) ランカシャー&チェシャー・ビート・グループ・コンテストへの参加者は、優勝するとデッカとレコード契約できると理解していた。コンテストが終わって、優勝者のザ・エスコーツというグループは、賞は、デッカでの単なるオーディションだと知らされた。エスコーツは、四年間のキャリアでまともなアルバムを制作することはなかった。しかし、一九八三年、（おそらくはエルヴィス・コステロの依頼で）エドセル・レコーズが、一九六七年の解散以前にシングル曲として録音されていた十二曲を、LP版『フロム・ザ・ブルー・エンジェル』として発売した。その中の一曲では、ポール・マッカートニーがタンバリンをたたいている。

(68) Dick Rowe, audio recording, "The Rolling Stones Past and Present," Mutual Broadcast System, Broadcast dates: September 30–October 3, 1988. Hour one.

(69) Norman, *The Stones*, 95.

(70) Spitz, *The Beatles*, 407.

(71) Davis, *Old Gods*, 56. 傍点は筆者。

の三時間セッションのために四十ポンドを投じて、ファースト・シングルをレコーディングしていたのだ。

ロウの元妻、パット・スミスの記憶は、よりもっともらしく、話の流れがスムースだ。「［リヴァプールから］戻ってくると、ディックは、ジョージ・ハリスンがローリング・ストーンズというバンドに会ったほうがいいと言ったと話した。とくに急いでいる様子でもなかった(72)」。

さらに、ロウは興味を持ったバンドとは直接話をせずに、マネージャーを通すことにしていた。まず主だったロンドンのエージェンシーに電話をかけ、誰がストーンズの代理人なのか聞いて回らなければならなかった。この時点で、ストーンズが一緒に仕事をしているのがエリック・イーストンという、小さなレコード会社の知り合いとわかって、喜んだことだろう。そして夫婦はリッチモンドへ出かける前に、五歳の娘を世話してくれるシッターを手配しなくてはならなかった。そんなこんなで、彼らがストーンズに会えたのは一九六三年五月十二日のことだった。

スミスの説明によると、ステーション・ホテルに「到着したとき」、「ローリング・ストーンズはちょうど準備をしていた。バンドもアンドリュー・オールダムも、私たちが来るのを待っていたのは明らかだった。私たちは握手をして、楽しく会話をした。彼らはとても丁寧で、感じの良い若者だった(73)」。

もう一つの共通の誤解は、ロウがストーンズのアーシーなR&Bに感動するあまり、すぐに契約を迫ったというものだ。奇妙に聞こえるかもしれないが、ストーンズの音楽はロウの主たる関心からは外れていた（それどころか、バンドはあまりに無骨で洗練されておらず、レコード契約を保証できるか心配したくらいだった）。一方で、ロウはバンドの市場性――見た目、表現、舞台演出、そして熱心なファンを惹きつける能力――に目をつけた。そして何よりも興味を惹かれたのは、ほとんど若い男性だけからなるヒップで熱心な観客だった。「女子は一人もいなかった」と、彼は回顧する。その小さなクラブは、壁から壁まで「立ったまま上下にゆれる男子の群れ」でいっぱいだったのだ。それは何か新しく、好奇心をかき立てられた。(74)

のちにオールダムは、ストーンズが関わるべき「最もふさわしい会社」はデッカだと考えていたと語っている。「最後には、ストーンズがビートルズを追い落とし、たぶんデッカは慌てて俺たちと契約するだろう」。そのため、オールダムとイーストンが、ロウの弱みにつけ込んだとしても不思議はない。彼らは、ストーンズがロウの起死回生の一発になるというアイディアを練った。彼らは主張した。イギリスのティーンエイジャーの心を、一年以上摑みつづけるバンドはない。ビートルズは賞味期限に近づいている、マージーサイドの波はすでに頂点に達している。だが、ストーンズはちがう！ ザ・ローリング・ストーンズこそが次に来る大物だ、次のビートルズだ！ デッカは、おなじ間違いを二回も犯してはならないのだ。(75)

このアイディアに敏感に反応したのはロウだけではなかった。デッカの大株主サー・エドワード・ルイスもおなじだった。ルイスは気むずかしい老人で、ロックンロールにはひとかけらの情熱もなかったが、金儲けには熱心だった。

(72) 筆者への電子メール、二〇一一年二月十四日。
(73) 筆者への電子メール、二〇一一年二月十四日。
(74) Dick Rowe, audio recording, "The Rolling Stones Past and Present," Mutual Broadcast System, Broadcast dates: September 30–October 3, 1988. Hour one.
(75) Oldham, *Stoned*, 210.

「彼のところに〔ストーンズのオーディション・テープを〕持って行った」。ロウは言う、「音楽が粗っぽすぎるかとも思った。しかし彼は、我々がビートルズを逃したことに相当苛立っていて、ストーンズがやってくれると決め込んだ。彼は、〔ストーンズが〕何者なのかまったくわかっていなかった。それでも言った。『ファンタスティック！』私は彼を見入ったよ。『ファンタスティックだって？』〔と戸惑いながら〕」[76]。

一九六三年五月十四日――ディック・ロウが自らストーンズを見立ててからわずか二日後――、ストーンズはデッカと契約した。まともな交渉力を持たなかったビートルズは、両面シングル一枚につきわずか一ペニー〔小売り価格の一パーセント〕という、ＥＭＩの安い印税率を受け入れざるを得なかったが、ロウはレコード売り上げの五パーセントという、ストーンズにとって破格の好条件を提示した。

ストーンズのデッカとの契約には、もう一つ特筆すべき点があった。このすこし前に、ポップ・ミュージックを手がけるプロデューサー、フィル・スペクターは、オールダムにアドバイスをしていた。もしグループをマネージすることになったら、どんな状況であっても、レコード会社所有の、あるいは会社が借りたスタジオで録音させてはならない。自分のポケットから資金を出し、自らスタジオ・セッションを確保し、レコード会社にはバンドのマスター・テープをリースせよと言うのだ。このような条件は当時のイギリスでは例がなかったが、デッカはこれに同意し、ストーンズは音楽著作権を保持することができたのだ。こうして、彼らは自らの作品の表現の自由を確保し、結果的にずっと多くの金を稼ぐことができた。「オールダムはその時点で完全に我々を出し抜いたよ」と、ザ・フーの共同マネージャー、クリス・スタンプは言う。「〔他のマネージャーたちは〕そんなこと知りはしない。アンドリューがテープのリースという取引をやったなんて、当時ではあり得ない話だった」[77]。

デッカの重役がこの取り決めに合意したのは、その含意をきちんと理解していなかったからなのか、あるいはいくらコストがかかろうとさらに負けつづけることはしないと決意したからなのか、不明だ。いずれにせよ、この取り決めはストーンズにとてつもない財産をもたらすことになった。この一月ほどのあいだに、彼らを褒めちぎる記事が初めて出て、ビートルズと友達になり、才能あるエージェントに発見され、そしてイギリスの二つの一流レコード会社のうちの一つと金になるレコード契約にサインしたのだ。

ローリング・ストーンズは、まだスターではなかったが、すばらしい機会に恵まれたことはわかっていた。それから一年ほど経ってストーンズが絶好調になったとき、ブライアン・ジョーンズは、次のような質問を受けた。「プロになって、最も助けになったのは誰ですか」。

ブライアンは答えた。「俺たちの共同マネージャー、エリック・イーストンとアンドリュー・オールダムだよ、もちろん。でも初めの頃に、ビートルズが褒めてくれたことは決して忘れない(78)」。

・・・

二〇〇一年のインタビューで、ゴメルスキーは一九六三年春のロイヤル・アルバート・ホールでの夜

(76) Rowe, audio recording, "The Rolling Stones Past and Present," Mutual Broadcast System, Broadcast dates: September 30-October 3, 1988. Hour one.
(77) Oldham, *Stoned*, 212 からの引用。
(78) *Rolling Stones Book*, No. 1, June 1964, 11 からの引用。

の出来事に思いをはせている。騒々しい十代の少女の一団が、ブライアンをポップ・スターと勘違いして、服を引っ張ってサインを求めた、あの晩のことである。

ジョーンズは言った、「ジョルジオ、ジョルジオ、これだよ、俺が欲しいのは」。

「私は言った、『ブライアン、すぐに手に入るさ、心配するな。でも手に入ったら、もう欲しくはなくなるさ』。しかし、私は間違っていた。彼はけっして満足することはなかった……」[79]。

有名になりたいというジョーンズの願望は、予想どおりの結果をもたらした。まずはじめに、彼は自身の深遠なるブルーズ純粋主義を撤回し始めた。そして、大きな商業的成功の可能性のためには、バンドの「真正さ《オーセンティシティ》」(それがつねに決まり文句だった)を妥協してもかまわないという態度に変わった。その傾向は、一九六三年六月、ストーンズが最初のシングルをリリースしたときに決定的となった。それはチャック・ベリーの「カム・オン」の型どおりのカヴァーで、彼らがクラブで演奏していたものとは似ても似つかなかった(とストーンズ自身も認めている)。「リヴァプール出身のバンドがチャートを独占する目まぐるしい日々の中で、マージーサイド以外のグループがヒット・リストに割って入るのは、ほとんど事件に等しい」と、『ヒット・パレード』誌は報じた。初シングルで、「ロンドンを拠点とするローリング・ストーンズがそれをやってのけたのだ」(UKチャートの二十一位が最高位だった)[80]。しかし、『レコード・ミラー』誌の評論家は、そのシングルをすこしばかり褒めつつもこき下ろした。「よくできていて、パンチがあって、うけもいいだろう。しかしオーディエンスが何時間も待って聴きたがるような熱狂的なR&Bではない」。「このグループは、ブルースっぽいとても商業的なバンドで、チャートをほんのすこしのあいだ賑わせるだけだろう」。音楽審査番組に出演したイギリスのポップ・シンガー、クレイグ・ダグラスはもっと批判的だった。あの曲は、「とても、とても普通だ。リヴァプール訛りでもあれば様になるかもしれないが、ぜったいに売れないだろう」[81]。

ジョーンズは、ビートルズと比べられてけなされることにすこし傷ついてはいたが、おそらく曲が「商業的」であると繰り返し指摘されることに、より心を痛めただろう。つまるところ彼は、アメリカン・ブルースへの愛着と、自分がその一部であるという想いから、自己アイデンティティを確立していた。ワッツは次のように振り返る。バンドを結成して間もない時期には、ブライアンは「きりもなく何時間も座ったまま、R&Bについての手紙をしたためていた。『メロディ・メイカー』に送っていたようだ」。ストーンズの紹介には、「『R&B』という表現を入れなくてはいけない。ストーンズはただのバンドではない。……それは、彼にとって聖戦だった。(a)それなりの報酬が支払われるクラブのステージに上がるための、(b)R&Bバンドとして宣伝されるための」[82]。

ジョーンズは、かつては最も固定ファンに忠実だったが、いまでは自らの背反を熱心に正当化するのだった。リポーターにはこう説明した。「クラブ・シーンを離れたとき、熱狂的なR&Bファンともおさらばして、ダンスホールやツアーで出会ったポップ・ファンに合わせるために一時的に妥協したんだ。わかってくれて嬉しい。しかし、怖くもあった」[83]。

この短い言葉の中には、心理学者が言う否認のバリエーションがいくつかみてとれる。ブライアンは、

---

(79) Strausbaugh, *Rock Til You Drop*, 45.
(80) George Tremlett, *The Rolling Stones Story* (London: Futura Publications, 1974), 61 からの引用。
(81) Nicholas Schaffner, *The British Invasion: From the First Wave to the New Wave* (New York: McGraw-Hill, 1982), 60 からの引用。
(82) *According to the Rolling Stones*, 43 からの引用。
(83) Wyman, *Stone Alone*, 171 からの引用。

ストーンズがアプローチを変えたことを消極的に認めたが、それも誤りだった。彼らは、自分たちの芸術性を、ダンスホールやツアーに押し寄せてくるポップ・ファンの群れに「合わせるため」に、「一時的に」妥協したわけではなかった。一九六三年の春に「カム・オン」をリリースしたとき、彼らはまだそのような場で演奏したことはなかった。依然としてロンドンの小さなクラブに閉じこもっていたのだ。ブライアンは、自分たちが置かれた状況を言い換えたばかりでなく、意図的に何も知らないふりをしたのだ。ストーンズは、デッカと契約した瞬間から、ブルース純粋主義者であることをやめたのだった。事実、彼らは初期のアルバムの中でR&B曲を何度も練り直して収録していたが、リリースされたシングルは、一般に広く受けることを狙っていた。バンド全員がこのアプローチにのった。ワイマンが言うには、ジョーンズは「メンバーの中でも、アンドリュー・オールダムが導く大衆的人気への道に最も戸惑いを感じていた」。

だがワイマンの言葉とはうらはらに、ジョーンズは名声を求めることに迷いはなかった。ジョーンズはつねに、バンドの創設者である自分がバンドの中心であり最大のスターであることが必要で、かつ望ましいと考えていた。ジャガーの存在によって、それは滑稽にも見えた。しかしジョーンズはこの点にこだわった。「ブライアンは、ミックをステージ上のその他大勢の一人にできると考えた世界唯一の輩だよ」と、キースは驚きを隠さない。ブライアンとミックの違いは、ブライアンが舞台演出を何時間もかけて練る――文字どおり鏡の前で、フェイント、ツイスト、ジャイブを繰り返し、それを毎晩まったくおなじように繰り返し披露する――のに対して、ミックのステージでの動きは、内側から自然と出てくる自己表現だったことだ。(84)

すでに不安定で偏執狂的だったジョーンズにとって、ときにメンバー同士が本気でおとしめ合おうとするグループにいたことは不運だった。とくにミックとキースは、辛辣なジョークや痛烈な非難を仲間に浴びせた。ワイマンによると、「バンドに入ったまさにその瞬間に、あいつらは誰かからかう相手を必要としていることに気づいた。いつも冗談というわけでもなく、たいていは悪意のある、わざと傷つけるようなからかい方だった。あいつらはスケープゴートとか、モルモットとかを必要としていて、それは最初は俺だった。そしてブライアンになった(85)」。彼らは、ブライアンの念入りにシャンプーした髪や、舌足らずな話し方、ずんぐりした腕や足をからかった。そしてブライアンを信用に足りない酔っ払いで、自己中心的なうぬぼれだと非難した。ブライアンに喘息の気があることを知りながら、彼らは混んだツアー・バンの中で、タバコの火を消すことさえ拒んだのだ。

一九六三年の秋、ロンドン北西部のメープスベリー・ロード三十三番地で、オールダムがミックやキースとアパートをシェアし始めた頃、ジョーンズの置かれた状況はいっそうつらいものになった。ジョーンズは、これは三人が互いに結束しあったのだと考えた。しかし、バンドの重力の中心から、自身が離されたようにも感じた。そして一九六四年の半ばには、バンド全員がジョーンズを、あたかもセッション・ミュージシャンにすぎないかのように見下すことが多くなった。そして彼らはその年の後半には、ジョーンズを排除するべきか話しはじめていた。

そして再び、ブライアンは自身の悲劇を自らつくりあげるのだった。のちにキースは、そのときの不穏な流れを次のように語った。

（84）　Wyman, *Stone Alone*, 171.
（85）　Wyman, *Stone Alone*, 172.

年間三五〇日巡業して、その巡業マシーンの歯車の一つにすぎない人間が、突然、いかに自分がそのマシーンに助けられているかを考えなくなる。……一緒に車で八時間移動して、その晩に三回演奏して、そしてまた移動する。そのためには円滑なチームじゃないとだめだし、互いに助け合わないとだめだ。でもブライアンは顔を上げようともしないし、上げても悪態をつきまくる。そして癖で髪の毛をいじり続けたりと、本当に周りをいらつかせる。あいつと一緒になると、あいつをまねてからかうのさ。するとブライアンは、俺たちがいらついていることにいらつく。すべてがこんな感じだった。(86)

ブライアンがどれだけ無愛想で気むずかしいか、わざわざ誇張するまでもなかった。アルバム『イングランズ・ニューエスト・ヒット・メイカーズ』の表紙を手がけた、写真家のニッキー・ライトはこんな話をしている。

ブライアンは感じ良くもなれたはずだ。知的で、人の話をよく聞くし、チャーミングでもあった。しかし彼は完全に病的で分裂気質にみえた。一九六三年のいつ頃だったか、ある晩の九時頃、皆でフォークストーンから戻っているときに、食べものを求めて車を止めたことがある。一軒の魚屋をみつけたが閉まっていた。バンバンとドアを叩いたら、男が出てきて言った。「もう全部スイッチを切ってしまったよ。油も冷めてしまった。もう閉店したんだ」。誰も何も言わないから私が叫んだんだ、「ここにいるのはローリング・ストーンズだぞ」って。この背の低い亭主とその奥さんはとても親切で、何かできるか、とにかく中に入って座るように言ってくれた。それでみんなフィッシュ・アンド・チップスやらステーキ・アンド・チップスを注文した。しかし油を温めているせいか、すごく時間がかかった。ようやく料理がテーブルに運ばれてきて、キースは幸せそうに平らげ、他もおなじように食べた。一方ブライアンは、フォーク一刺し分を口に入れたとたん文句を言い始めた。「まずい、べしゃべしゃだ！　食えたもんじゃない！」そして立ち上がって、ケチャップボトルをつかんだかと思ったら、テーブルにぶちまけて、料理を床に叩きつけたんだ。あまりに悲痛な出来事だった。夫婦は思っただろう、「すばらしいね、これがローリング・ストーンズだ」って。そんなことばかりだ[87]。

ブライアン・ジョーンズは、ライヴで調子に乗りすぎて、バンドの演奏を台無しにすることもあった。ストーンズ最大のヒット曲「サティスファクション」を演奏するときに、わざとカウンターメロディとして「ポパイ・ザ・セイラー・マン」の一節を弾くことがあった（ジョーンズは二つの曲が似ていると思っていたらしい[88]）。

ブライアンは、バンドの中での自分の位置をつねに優位に保とうとして、さらに自己破滅へと向かった。オールダムとイーストンがマネージメント契約の可能性をめぐってストーンズに近づいてきたとき、ブライアンは二人に、必要ならミック・ジャガーをクビにするのもかまわないと勝手に話していた（お

(86) *According to the Rolling Stones*, 101 からの引用。言うまでもなく、リチャーズはストーンズの巡業スケジュールを誇張している。
(87) Rob Chapman, "Brian Jones," *MOJO* (July 1999).
(88) 「チャーリーにとっては、最もフラストレーションを感じる瞬間だっただろう」、とキースは言う。「彼はまじめなミュージシャンで、ジャズ・ドラマーだった。突然、まだお漏らししてそうな十二歳の小娘たちのために、ブライアンが弾く『ポパイ・ザ・セイラー・マン』に合わせて叩くことになったんだ」。

そらくミックをあまりブラック・ミュージックっぽくはない他の誰かと交代させるつもりだった)。のちに、ブライアンは愚かにもミックとキースを競わせようともした。ツアーでは、姑息にも他のメンバーよりも少し高級なホテルに泊まり、こっそりイーストンを丸め込んで週に五ポンド多く受け取った。(隠しとおせず他のメンバーに見つかり、彼らは当然、激怒した。)そして酒の量が増え、あらゆる種類のドラッグをまとめて飲み込むようになると、ブライアンはますます酩酊して不安定になった。リハーサルをすっ飛ばし、ライヴに遅れ、嘘も本当も含め、ありとあらゆる病を訴えた。しまいにはツアー中にどうしようもない状態に陥るようになり、それはストーンズの緩い基準からしても困ったことになった。

こうしたことから考えると、ローリング・ストーンズのようなグループで、ブライアン・ジョーンズのように器が小さく精神的にも問題のある人間が(長期間でなくとも)うまくやっていけるはずはなかった。

では、ビートルズの成功は、わずかばかりでもジョーンズの破滅に影響したのだろうか。これについては、あまり関心が払われてこなかった。ストーンズについて多くを語るジャーナリストや伝記ライターが、この点に言及することはない。さらに、いわゆるロック通――このような評価が難しい話に躍起になる類いの男たち(たいてい男だ)――の関心を呼ぶこともない。

とは言え、とくに斬新な視点というわけでもない。実際、この時期にブライアンと近かった複数の人物が、かなり明確に証言している。

アンドリュー・オールダムは、「ブライアンは、まず自分を窮地に陥れ、そして我々を困らせた」と言い切る。「それは、アルバート・ホールでビートルズを観たときだった。ブライアンの中から頭が二つの怪物が現れた。彼は、一方で純粋なアーティストになりたかったが、他方で絶対的な名声が欲しかった。この二つを一度に合わせ持って人生を謳歌するなど、彼には無理だった」(89)。

ビル・ワイマンもおなじように語る。エディス・グローヴやロイヤル・アルバート・ホールで、「ビートルズと接触したことで、（ブライアンの）欲望が激しく刺激された。突然、いますぐにでも成功を手に入れたいと強く望むようになった。周囲の目にも明らかに、ブライアンはスターになることを渇望したが、そこには葛藤があった。自身の、そしてバンドの音楽への情熱を妥協したくもなかったのだ」(90)。

ワイマンが明かすように、ミック、キース、アンドリューは、みなおなじように「ビートルズに心酔し、彼らと並べて観られたいと願った」(91)。しかしブライアンは、誰よりもビートルズとおなじ名声を欲しがった。そしてその地平が開けたかと思った瞬間、ミックとキースとアンドリューは、彼を端に追いやり始めたのだ。

間接的ながら、ビートルズもこの件に関係していたことになる。

・・・

一九六三年九月十日、ローリング・ストーンズは険悪なムードだった。彼らはケン・コルヤー・ジャ

(89) David Robson, "As Soon As I Saw the Stones, A Wave Came Over, My Life Was Fulfilled," *The Express* (May 30, 2000) からの引用。
(90) Wyman, *Stone Alone*, 128.
(91) Wyman, *Stone Alone*, 173.

ズ・クラブ（スタジオ51とも呼ばれた）でリハーサルをしていたが、何もかもうまくいかなかった。デビューシングルの「カム・オン」はUKチャートにランクインしたが、それもわずかな期間だった。彼らは次の曲――商業的かつユニークな曲――を出さなくてはならないというプレッシャーを感じていたが、アイディアが枯渇していた。初めはザ・コースターズの「ポイズン・アイビー」と、ベニー・スペルマンの「フォーチュン・テラー」をA・B面に、四十五回転盤（45rpm）で出すつもりでいた。しかし、出来が悪かった（ディック・ロウは「ひどいもんだ」と言った）[92]。そして、他の曲もまったくうまくいかなかった。

メンバーに一息つく時間を与え、自分自身のいやな気分を吹き飛ばすため、アンドリュー・オールダムは昼下がりの散歩に出ることにした。それほど歩かないうちに、オールダムは鼻にかかった二人の特徴的なアクセントを聞いたように思った。すると、すぐそばに停まった黒いタクシーから、よく知る二人が降りて来た。

ウールのスーツに、白いオックスフォード・シャツ、細いネクタイ、キューバン・ヒールのブーツというおなじ恰好をしたレノンとマッカートニーが、あたかもこれから大きな公演にでも向かうかのように辺りを見回した。彼らはサヴォイ・ホテルでのバラエティ・クラブのランチョン・セレモニーから戻ってきたところだった。彼らは、その後間もなくして首相に就任することになるハロルド・ウィルソンから「年間トップ・ヴォーカル・グループ」賞の額を授与された。

ランチョンの写真には、カメラに向けて賞を掲げ、にこやかに笑うビートルズの姿が写っているが、そのような堅苦しい雰囲気につきあうのは楽しいはずがなかった。そのせいか、レノンとマッカートニーは実になめらかだった。ポールは「わずかに足元がおぼつかない」程度だったが、レノンは運転手に払う小銭を数えているときに「明らかによろめいていた」と、オールダムは振り返る。九カ月前のエプスタインの仕事以来、ビートルズの誰とも会っていなかったので、オールダムはジョンとポールがどんな反応をするかすこし緊張した。しかし、二人はオールダムに会ってとても喜んだ。嬉しそうなだけでなく、オールダムの困惑の様子に気づくと、心配しさえした。「会話は、ちょうどこんな感じに進んだ」と、オールダムは振り返る。

「あまり楽しそうじゃないね。どうしたんだい？」

「ああ、ちょっとうんざりしててね。ストーンズがレコーディングする曲が見つからないんだ」。

「だったら、僕たちが書いた、ほぼ完成に近い曲が一つあるよ。気に入ったら、それをストーンズがレコーディングしたらいい」(93)。

三人はすぐさまストーンズのリハーサル場へむかった。そして互いに再会を喜び合った。レノンはマッカートニーと、次のアルバムに向けてリンゴのためにボ・ディドリーっぽい曲を書いていることを話した。「アイ・ウォナ・ビー・ユア・マン」と呼んでいた。

「ストーンズにその曲を教えたよ」と、レノンは言う。「俺たちがラフな感じでその曲を弾いたら（左利きのポールはワイマンのベースを逆さに弾いた）、彼らは言ったよ、『おお、いいね。俺たちのスタイルだ』(94)」。

(92) Rowe, audio recording, "The Rolling Stones Past and Present," Mutual Broadcast System, Broadcast dates: September 30-October 3, 1988. Hour two.
(93) Norman, *The Stones*, 90 からの引用。
(94) 親切な素振りだが、ストーンズを思ってのことではなかった。その当時レノンとマッカートニーは扱いに困るほどたくさ↖

唯一の問題は、その曲がまだ完成していないことだった。「それでポールと僕は部屋の片隅に行って、ストーンズがまだそこにいてしゃべっているあいだに、曲を仕上げた。……彼らの目の前でやったのさ」[95]。

ストーンズは感動した。「俺たちはその曲を気に入った」と、リチャーズは言う。「ジョンとポールが俺たちのリハーサルにやってきて、本当に曲をくれたんだ。ほら、ジャム・セッションみたいなかんじで！　彼らは興奮し、俺たちも熱狂した。そして俺たちは言った。『オーライ、明日録音するよ』」[96]。のちにジャガーはその驚きを、「ジョンとポールが最高の楽曲の一つを俺たちにくれるために用意していたなんて」と、うぬぼれた調子で語っている[97]。しかしジョンは、その曲は捨てるつもりだった。「最高の曲を、彼らにくれてやるわけないだろう」[98]。

オールダムは、あまりに偶然の幸運に、心の動揺がすぐには収まらなかったと言う。「『お前はなんて幸運なやつなんだ。ジョンとポールに出くわして、潜在的ヒット曲を貰うなんて』と、自分を褒めるどころか、いったい何がおこっているのか、なんでこうなったのか頭の中がごちゃごちゃして気が狂いそうだった。もしあのときローリング・ストーンズのリハーサルを抜けていなかったら、どうなっていた？　もし右に曲がっていたら、どうなってた？　左を向いてコヴェント・ガーデンに向かっていたら？　ジョンとポールに会っていなかったらどうなっていたんだ」[99]。

ストーンズは、二人のビートルがいとも簡単に曲を完成させる姿に面食らった。カヴァーする適当な曲がないと悩み始めていたそのときに、その姿を目の当たりにしたのだ。それまでストーンズは、自分たちで曲を書こうなどと考えていなかった。彼らは、演奏家で解釈者にすぎなかった。「ソングライターというのは、鍛冶屋とかエンジニアのように自分とはかけ離れた存在で、まったく別の仕事だと思っていた」と、キースは言う。「自分はギターを弾くだけの人間で、曲を書くのは別の人間だと考えていた」(100)。しかし、ビートルズはゲームのルールを変えようとしていた。最初の二枚のアルバム、『プリーズ・プリーズ・ミー』と『ウィズ・ザ・ビートルズ』には、それぞれ六曲のカヴァー曲と八曲のオリジナルが収録されている。

　とくにオールダムは、ストーンズはビートルズにならうべきだと考えた。リチャーズは、オールダムが、「あいつらを見てみな、自分たちで曲を書いている」と言ったことを覚えている(101)。当初、バンドは抵抗した。忙しすぎる、疲れている、オリジナル曲を作ることに気を取られすぎてしまうと言った。しかし、別の理由も疑われた。ひょっとして、ストーンズは臆病すぎるのではないか。「ビートルズがこのトレンドを作った。自分の曲は自分で書かなくてはならなかった」と、ザ・フーのギタリスト、ピー

↙んの曲を持っていた。それで、シラ・ブラック、ビリー・J・クレイマー&ザ・ダコタス、トミー・クイックリーなど、他のアーティストに楽曲を提供して印税を受け取りつつ、音楽雑誌のレコード広告で「センセーショナルな作曲チーム、ジョン・レノンとポール・マッカートニーの最新ヒット」と、自分たちが作った曲が宣伝されるのを見て喜んでいた。（もちろん、ジョンとポールの曲をレコーディングしたアーティストもそのプレステージに浴した。）

(95) *The Beatles Anthology*, 101.
(96) Richards, audio recording, "The Rolling Stones Past and Present," Mutual Broadcast System, Broadcast dates: September 30-October 3, 1988. Hour two.
(97) Wyman, Stone Alone, 151 からの引用。
(98) Keith Badman, ed., *The Beatles: Off the Record* (London: Omnibus Press, 2008), 66 からの引用。
(99) Oldham, *2Stoned* (New York: Vintage, 2003), 66.
(100) Oldham, *Stoned*, 250-251 からの引用。
(101) *According to the Rolling Stones*, 84.

ト・タウンゼントは振り返る。「ストーンズは、自分たちが曲を書けることを証明していなかった。……できないばかりに、パニックになっていたんじゃないか[102]」。

リチャーズの語りぐさになっているが、ついにオールダムは曖昧な態度をつづけるジャガーとリチャーズに切れて、二人をメープスベリー通りのアパートのキッチンに閉じ込め、一曲完全に書き上げるまでは出してやらなかったと言う。「あのいまいましいキッチンで一晩中過ごしたんだ」と、リチャーズは言う。「すこしばかり食べて、窓の外やら流しやらに小便をしたけれど、そんなことはたいしたことじゃない。俺は言ったんだ、『ミック、ここから出るには、何か書いたほうがよさそうだ[103]』」。こうして、一曲のバラードが生まれた。もともとは「アズ・タイム・ゴーズ・バイ」というタイトルで、のちに「アズ・ティアーズ・ゴー・バイ」になった。最終的にはオールダムも共同作曲者として名を連ねた。一九六四年にマリアンヌ・フェイスフルが、一九六五年にストーンズが、この曲をレコーディングした。

しかし、ジャガーの記憶は異なる。「キースはキッチンの話をしたがる。やれやれだ」。じっさいのところは、憤慨したオールダムが冗談で、「曲を書き上げるまで閉じ込める」などと言ったかもしれない[104]。しかし、二人が閉じ込められた事実はなかったようだ。（そもそも、外から鍵をかけられるとは、おかしなキッチンだ。）二人は、彼らが最初に作った曲が何かについても意見を異にする。ジャガーが言うには、「イット・シュッド・ビー・ユー」だった。それは一九六三年にリージェント・サウンドでレコーディングされたが、公式にリリースされることはなかった。

いずれにしても、ジャガーとリチャーズは、ソングライターとしての最初の一歩を、ためらいがちに一緒に踏み出した。当初は、彼らの努力はそれほど報われなかった。「アズ・ティアーズ・ゴー・バイ」はかわいらしく感傷的な曲で、純情なフェイスフルのような少女にはぴったりだった。フェイスフルは、オーストリアの家柄の良い女性を母に持つ、汚れのない、修道院学校出身の美しい娘で、オールダムの手によって「スウィンギング・ロンドン」での大成功を収めるべくデビューにむけて準備していた。（「大きな胸をした天使を見つけて契約したんだ」と、よくオールダムは言っていた。）[105] しかし当時、その曲はストーンズには合っていなかった。彼らが初期に作った曲のほとんどはストーンズには合わず、わずかに何曲かが他のアーティストによってレコーディングされた（ジョージ・ビーン、エイドリアン・ポスタ、マイティ・アベンジャーズといった、ほとんどがオールダムが手がけるアーティストだった）。中でもアメリカ人クルーナーのジーン・ピットニーが大幅にアレンジして歌った「ザット・ガール・ビロングス・トゥ・イエスタデイ」（オリジナルタイトルは「マイ・オンリー・ガール」）は、UKチャートでトップ一〇ヒットになった。しかし、もしジャガーとリチャーズがこうした感傷的でセンチメンタルな楽曲を他のメンバーの前に持ち出したなら、彼らはおそらく鼻で笑って部屋を出て行ったことだろう。[106]

一九六四年のストーンズのデビューアルバムに収録された十二曲の中で、ジャガーとリチャーズが作曲した「テル・ミー」は突出している。[107] その曲が取り立てて良い、悪いということではなく、編曲した

(102) Oldham, *Stoned*, 249-250 からの引用。
(103) Richards, *Life*, 142.
(104) *According to the Rolling Stones*, 84.
(105) Davis, *Old Gods*, 80 からの引用。
(106) 間違いなく、この時期のジャガー＝リチャーズ作曲の中で最高の作品は、「ソー・マッチ・イン・ラヴ」だろう。オールダムがマネージするコヴェントリーのバンド、マイティ・アベンジャーズが録音した、鼻にかかった声が印象的な覚えやすいポップ・ソングだったが、歌詞は辛辣だった。のちのストーンズのスタイルを予感させるものだったが、イギリスではあまり売れなかった。

R&Bを中心に構成されたアルバムの中で、楽しげなポップ調で、ビートルズがリヴァプールで生んだサウンドと似ていなくもない。（のちにストーンズはその曲をアメリカでシングル・リリースした。ものまねとは受け取られず、チャートでは二十四位を獲得した。）たとえ独創性に欠けるとしても、その曲は、ミックとキースの自称グリンマー・ツインズが自信をつけはじめたことを、明確に物語っていた。

作曲という、ジャガーとリチャーズの未発見の才能に気づかせたオールダムの功績は認められるべきだろう。しかし、レノンとマッカートニーの役割も重要だった。彼らは自分の曲を作るという鮮烈な手本を示しただけではない（もちろん実際に示しはしたが）。彼らはストーンズに、目の前で、はっきりと曲を作る姿を見せた。部屋の隅で身を寄せて、あっと言う間に「アイ・ウォナ・ビー・ユア・マン」のミドル・エイトを書いたのだ。この大切な時期に、ビートルズはストーンズに貴重な励ましの言葉を送っている。ジャガーは決してそれを忘れなかった。一九七二年、オーストラリアの音楽雑誌『ゴー・セット』の取材を受けたジャガーは、「たとえ人びとが、ビートルズが解散してしまって、まるで時代遅れだからという理由でその功績を認めないとしても、俺たちが自分たちで曲を書けると教えてくれたのはビートルズだった」と語っている(108)。

なぜオールダムが、ブライアン・ジョーンズではなく、ジャガーとリチャーズにオリジナルの曲を作るように要求したのかはわからない。しかし、オールダムの策略は見事に当たった。初期の作品がストーンズ向きではなかったとしても、ジャガー＝リチャーズ作の、媚びるようなバラードやポップ・ソングは、他のアーティストに提供することができた。そのうちの何曲かはイギリスの音楽チャートにインパクトを与えた。それから一年もしないうちに、ジャガーとリチャーズは、ストーンズ初のヒット曲を生み出した。「ザ・ラスト・タイム」、「プレイ・ウィズ・ファイア」、そして（もちろん）「（アイ・キャント・ゲット・ノー・）サティスファクション」であり、これらは一九六五年にアメリカ版のLP『アウト・オブ・アワ・ヘッズ』（アルバム全体としてはカヴァー曲のほうが多かった）として発売された。

他方で、ジョーンズにはまず作曲の才能がないことが明らかになった。多くのストーンズの曲に組み込まれるリフを弾くとなると、彼はいつも器用ですばらしかった。リハーサル時の彼の貢献度は高く、クリエイティブだった。「アイ・ウォナ・ビー・ユア・マン」に加えた、セクシーなスライドギターはその良い例だ。曲をダーティーな雰囲気に変え、誰が聴いてもビートルズのオリジナル版よりも優れたものにした。この曲はストーンズにとって最初の正真正銘のヒット曲となり、UKチャートで十二位を獲得した。のちにジョーンズは、「ペイント・イット、ブラック」にシタールを、「アンダー・マイ・サム」にマリンバを加えた。グループの誰も、そんなことを試す創意工夫や音楽的技術はもちあわせていなかった。ところが作曲となると、ブライアンは、挑戦すればするほどフラストレーションを抱えるのだった。

たんにジョーンズには作曲が「できなかった」、という説もある（イアン・スチュワート）。ジョーンズが、たいてい夜中に、何時間も一生懸命に曲作りに励んでも、あまりに繊細で自信がないせいで、バンドのメンバーに見せることができなかったのだと記憶する者もある。[109]（程度の差はあるが、キース・リチ

(107)　このレコードにはあと二曲オリジナル曲が収録された。一つは「ナウ・アイヴ・ガット・ア・ウィットネス」というインストゥルメンタル曲で、偽名の「ナンカー・フェルジ」というグループのものとされた。もう一曲は「リトル・バイ・リトル」で、ナンカー・フェルジとフィル・スペクターのクレジットになっている。

(108)　Dalton, *The First Twenty Years*, 31.

(109)　http:// www.earcandymag.com/rrcase-brianjones.htm.

ャーズ、ビル・ワイマン、マリアンヌ・フェイスフル、アレクシス・コーナー、そしてジョーンズの元ガールフレンド、リンダ・ローレンスがそう指摘している。）そして、ジョーンズがめずらしく曲を持ってきても、ワイマンは、公平さも優しさもなく、必ず却下した。「即座に、『おまえには曲を書けない！』と」(110)。ジョーンズは、過酷なリハーサルの一日の最後に、「ひどく動揺して、ほとんど泣きながら」帰ってくることがよくあったと、ローレンスは振り返る(111)。

ここで、一つの疑問が生じる。たとえ話としても、オールダムがジャガーとリチャーズをキッチンに閉じ込めて曲を書くまで出てくるなと言ったとき、オールダムは、ストーンズ内の力関係を揺さぶろうとしたのではないだろうか。そうだとしたら、オールダムの策略は当たりだった。

二〇〇〇年の回顧録では、オールダムが、あたかも意図的に彼らを操作していたようにも読める。オールダムは、一九六三年終わりにロンドンのウェスト・ハンプステッドにあるミックとキースの窮屈なアパートに引っ越したときの様子を次のように語る。「いまや文句を言う距離さえなくなり、ローリング・ストーンズの三つの中心的な光は一つのビームになった」(112)。オールダムが促したことで、ジャガーとリチャーズは可能な限り作曲の時間をスケジュールに組み込むようになった（だいたいライヴの後だった）。三つの「中心的な光」は、ほとんどいつも一緒だった。ミック、キース、アンドリューが一台の車で移動し、ブライアン、ビル、チャーリーがストゥのバンに乗った。（オールダムとジャガーはこの時期とくに仲良くなった。）この頃、チャーリー・ワッツは一人で、ワイマンは妻と、そしてジョーンズは――おそらく活動の場になるようにとの願いから――わざわざ「ローリング・ストーン」と名付けた自宅で、身ごもったガールフレンドと同棲していた。

「ブライアンは、その頃まではストーンズのスポークスマン的存在だった」と、最初のレコーディング・エンジニアのグリン・ジョーンズは振り返る。「そしてミックとキースが曲を書いて売るよう促されて、パワーバランスは彼らに傾いた。二人とアンドリューがバンドを仕切るようになったんだ」[113]。チャーリー・ワッツも言う、「ブライアンには作曲はできなかった。あまりに突然に、バンドはブライアンがコントロールできない方向に進み始めた。あいつは、いわゆる『スター』でありたかったんだ」。

もちろん、ジョーンズにスターダムの本当の味を教えたのはビートルズだった。それは（ロックンロールをやるすべての若者が、ひそかに栄光を夢みるような軽々しい）遠くのファンタジーではなく、現実だった。ファブ・フォーと親しくして、ロイヤル・アルバート・ホールの裏手から彼らの道具を運び出し、そして歓喜にうごめく十代の少女たちに囲まれたことで、ジョーンズは突如としてポップ・スターダムがどんなものであるか本能的に知り、身震いした。実は悲しくも部分的な理解にすぎなかったことはさておき、彼にはそのようにしかわかりようがなかったのだ。そもそもは、ロンドンの音楽マニアを聴衆にブルースを復活させるためだけに活動を始めたのだが、いまやジョーンズはビートルズとおなじ大きな野望を持つようになったのだ。

ビートルズの成功には、はっきりとした特徴があり、それがストーンズの変容を急がせることになった。ビートルズは自分たちで多くの曲を書いていた。うぬぼれに近い自信で顔をほてらせたレノンとマ

(110) Wyman, *Stone Alone*, 177.
(111) http://www.earcandymag.com/rrcase-brianjones.htm
(112) Oldham, *Stoned*, 245.
(113) Wyman, *Stone Alone*, 179 からの引用。

ッカートニーは、カヴァーするためのアメリカン・ブルースをあくせく探して回らなくてもよいのだと、ストーンズに教えた。二人は自分たちの曲を書いたのだ（そうすることで莫大な金を稼いだ）。ストーンズが進むには正しい方向だった。しかし、ジョーンズはその変化に取り残されてしまった。一九六〇年代半ばには、作曲におけるジャガーとリチャーズのパートナーシップを育んだクリエイティブな活動に、ジョーンズが入り込む余地はなかった。

ジョーンズの心持ちさえ違っていたら、変化にも対応できただろう。事実と折り合いをつけることができただろう。それほど窮迫していなければ、もうちょっと感じよく、動じなければ、彼は――ワイマンとワッツが考えていたように――ストーンズがみな、パワフルでも個性が補完し合うバンドだと理解できただろう。その時から、自分に折り合いを付けて、サポート的役割を演じることもできたかもしれない。しかし、彼にはできなかった。ストーンズがジャガー＝リチャーズ支配のバンドに変わったとき、彼の命運は閉ざされた。ジョーンズの人生はわずか数年しか残されていなかった。そして、それは不幸な数年だった。

もちろん、この時点では誰にもそんなことはわからなかった。表面上は、ストーンズの先行きは好調に見えた。一九六三年九月十五日の午後、彼らはロイヤル・アルバート・ホールに凱旋した。このときのストーンズは誰かの腰ぎんちゃくではなく、通用口から道具を運び出すこともなかった。彼らはパフォーマーとして戻って来たのだ。他の十一組の出演者と並んで、十代向け雑誌の『ヴァレンタイン』、『マリリン』、『ロクシー』がスポンサーとなり、伝説のＤＪアラン・〝フラッフ〟・フリーマンが司会を務めた「グレイト・ポップ・プロム」という、年に一度のチャリティコンサートに出演したのだ。もちろんビートルズが主役だったが、ストーンズ――いまやデッカのレコーディング・アーティストで最初の全国ツアーがあと二週間足らずにまで迫っていた――は、これから起こるだろうことを、真っ直ぐに見つめていた。彼らは、どの点においても、まだビートルズの「ライバル」ではなかったが、ビートルズを称賛し、羨ましく思っていた。ビートルズも、ストーンズに脅かされるとは感じていなかったが、レノンがロンドン出身の新しいバンドにビートルズが追い上げられるいらだたしさを告白するのも、そう先ではなかった。

しかし、それでも、二つのバンドは仲が良く、一生懸命働いて、自分たちの人生を楽しんだ。マッカートニーによると、十五日にはビートルズとストーンズはロイヤル・アルバート・ホールの外に出て、一緒に合同フォト・セッションをしたそうだ。残念なことに、ポールが回顧するこういった写真は表に出なかった。ストーンズ全員とビートルズ全員が一緒に写った写真は存在しないようだ。ポールの記憶が不正確だったのかもしれない。

しかし、はっきりとした記憶でもあるようだ。ポールが言うには、その日は晴れていて、ビートルズとストーンズはプリンス・コンソート通り近くの広い一続きの階段の上に一緒に立った。「みなロール・カラーのスマートな新しい服を着て、お互いを眺めながら思ったんだ、『これだ！ ロンドン！アルバート・ホールだ！』まるで神様にでも、イカした神様にでもなったかのような気分だった[114]」。

(114) Miles, *Paul McCartney*, 120 からの引用。

第三章　独特のスノッブさ

娘をローリング・ストーンズとデートさせますか？　一九六〇年代半ば、これは質問というよりも、スローガンに近かった。

もちろん、どこからともなくわいて出てきたものではない。一九六四年のはじめ、アンドリュー・オールダムは、『メロディ・メイカー』の記者に、この下りを冗談っぽく口にした。少しして、それはいくらか表現が変わってヘッドラインに踊った。[1] 驚くようなことではない。『メロディ・メイカー』などはこの時期、ダンスホール・バンドや人気クルーナーのための業界誌から、新しく活気のある十代の文化に合わせて装いを新たにしようとしていた。そういうわけで、オールダムが触れ回った誇大宣伝文句に当然のごとく飛びついたのだ。イギリスでは世代間の確執が生まれていて、ローリング・ストーンズ――長髪で、無愛想で、みだら――は、反抗的な若者の象徴だったとオールダムは言う。彼はこの設定

（1）“Would You Let Your Sister Go with A Rolling Stone?”（妹をローリング・ストーンズとデートさせますか？）*Melody Maker*, March 14, 1964. あるいは、“But Would You Let Your Daughter Marry One?”（でも、娘をストーンズの誰かと結婚させますか？）*Evening Standard*（April 1964）.

を発展させ、ストーンズにとって悪いこと――ホテルやレストランでサービスを断られたり、警察に雑に扱われたり、メディアで嘲られたり――は、何であれ絶好のニュースと捉えた。「絶対にストーンズが年長者から好かれることがないようにした」と、オールダムは笑う[2]。

ストーンズも自らをスウィンギング・ロンドン――一九六〇年代初期のロンドンのウェスト・エンドに出現した若者中心の文化的流行――に重ねるようになった。年長者（あるいはよそ者）にとって、スウィンギング・ロンドンを支配する雰囲気は、通俗的でナルシシスティック以外の何ものでもなかった。かたやストーンズやその仲間――モデルや写真家、ファッションデザイナー、ギャラリーのオーナーなど――は、上の世代が考えていることなどどうでもいいと、つねに言っていた。彼らの横柄さは計算されたものだった。加えて、戦後の窮乏と性的抑制というくすんだ色の時代に大人になった彼らは、イギリスにはカーナビー・ストリート色の派手さが必要だと考えた。

これはビートルズが進んだ道とは真逆だった。「頼むから、僕たちを新しい若者とは呼ばないでくれ」。一九六三年、ポール・マッカートニーは『イヴニング・スタンダード』紙に紹介記事を書いた記者に言った。「だって、あいつらはクズばかりじゃないか[3]」。

マッカートニーは、ビートルズが若者のアイドルであることを否定するつもりはなかった。そんなことができるはずもない。当時、ビートルズは、幼い少女たちに最も高い人気を誇っていた[4]。見た目の良さ、しゃれたユーモア、優しそうな性格を武器に、ビートルズは意図的、かつ野心的に、十代の市場を開拓した。しかしそれは、古い階級制度をあざ笑って現状を嫌う若者たちの、いまにも爆発しそうなエネルギーの塊に飛び込むことではなかった。ビートルズは、大衆へのアピールを狙ったのだ。イギリスで彼らを愛したのは、十代の若者だけではなかった。その親も、政治家も、王室さえも、ビートルズを愛した。派手な宣伝によっていくぶん神秘化されたが、彼らもおおかたそれを受け入れた。

ビートルズは音楽的にも多才だったので、ストーンズよりも広くアピールすることができた。グループを結成してすでに何年も経っており、ナイトクラブを巡業して出演契約をかき集めているあいだに、彼らは他が羨むほどのレパートリーを持つに至った。一九六二年九月四日の午後、ビートルズはアビイロード・スタジオに乗り込んで、最初のシングルを録音した。この頃までに彼らは、より魅力的にアレンジしたロックンロールだけでなく、物憂げなバラード、モータウンのガール・グループのカヴァー曲、さらにはブロードウェイのショー・ミュージックにまで精通していた。(5) 当時のアナログ録音方法では、スタジオでの工夫の余地は限られていたが、ビートルズはジョージ・マーティンの楽器を使って、金儲けを狙うレコード会社の重役が喉から手が出るほど欲しがる、なめらかで磨かれたサウンドを生み出し

(2)　Wyman, *Stone Alone*, 192 からの引用。

(3)　Braun, *Love Me Do*, 14 からの引用。

(4)　ビートルズのコアなファンがどんな感じだったか忘れがちだ。一九六三年十一月、業界をよく知るイギリス人批評家ジョージ・メリーは、「今日のビートルズの熱狂的ファンの平均年齢は、だいたい十二歳だ」と語っている。一九六四年には、バンクーバーでのビートルズのコンサート・セレモニーを仕切ったディスク・ジョッキーが、八十パーセントの観客は十三歳から十六歳だと見積もっている。

(5)　一九六三年三月に『プリーズ・プリーズ・ミー』をリリースするまでに、ビートルズは一五〇曲以上を、それぞれ少なくとも一回は演奏していたと思われる。増えつづけるレパートリーの大半はアメリカン・ロックンロールが占めていたが、彼らのアプローチの多様さは際立っている。ある研究者は次のように分類する。レノン＝マッカートニー（二十六曲）、チャック・ベリー（十四曲）、エディ・コクラン（二曲）、エヴァリー・ブラザーズ（六曲）、バディ・ホリー（十一曲）、リトル・リチャード（十二曲）、カール・パーキンス（十一曲）、エルヴィス・プレスリー（八曲）、ラリー・ウィリアムズ（六曲）、その他ロックンロール（十五曲）、R&Bとモータウン（十八曲）、アメリカン・ポップ（十五曲）、アメリカのガール・グループ（九曲）、一九四五年以前のヴォードヴィルとポップ（十曲）、舞台映画曲（五曲）、ブリティッシュ・ポップ（一曲）、その他（八曲）。

た。

対照的にストーンズは、ほぼすべてのエネルギーをシカゴやミシシッピのブルースに注いだ。ビートルズとおなじ歌も二曲カヴァーしている（チャック・ベリーの「キャロル」と、バレット・ストロングの「マニー」）。モータウンに対するファブ・フォーの熱狂も共有した。ストーンズはジミー・リード、マディ・ウォーターズ、ボ・ディドリーといったレジェンドに心を奪われていたが、これらのアーティストは、イギリスではアート系の学生以外には人気がなかった。ストーンズの大きな功績の一つは、アニマルズ、ジョン・メイオール、ヤードバーズなどのアーティストの一群を牽引して、エレクトリック・ブルースの人気を高めたことである。しかし当時はまだニッチなジャンルで、ビートルズの演奏する曲のように幅広くうけるものではなかった。一方で、ミック・ジャガーのこもったヴォーカル、ストーンズ初期の野暮ったいレコーディング、そして曲のみだらさは、オールダムがストーンズを「親が最も嫌うバンド」だと吹聴するだけの信憑性を与えた。

世界中のティーンエイジャーが、ビートルズとストーンズの両方におなじように熱狂しなかったのはなぜか。あまり説得的な説明はない。もちろん、両方が好きだった若者もたくさんいた。しかし、一九六〇年代はじめに、それぞれが崇拝されるべき特質を持っていたとすれば、ストーンズはより真正《オーセンティック》で、もっとヒップで気取った若者からの支持を獲得した。ストーンズは、ビートルズの目を見張るような人気に肩を並べることはなかったが、とくにイギリスでは、スウィンギング・ロンドンの流行を行く特別な層――ビート・ジェネレーション後のむさ苦しいボヘミアンで、ビートルズの独創性を認めつつも、そのきらきらしたポップ・ソングや十代の少女ファンに懐疑的だった若者――から、ずっと大きなリスペクトを集めていた。

「彼らが出てきたとき、ビートルズはよく作り込まれたボーイ・バンドだと思ったよ」。セレブ写真家、デイヴィッド・ベイリーは回顧する。対照的に、「ストーンズは、人工的なものとは無縁に育ったバンドに見えた。ビートルズの髪型は古くさく——あの髪型が昔からあることを知らない人には『モダン』だった——、『君の手を握りたい』なんて歌詞は、個人的にはちっとも興味をそそられなかった[6]」。『デイリー・メイル』誌の若いポップ・ミュージック担当記者、ヴァージニア・アイアンサイドもおなじように語る。「多くの友人とおなじく、私はビートルズの小さめなスーツと可愛いモップ頭《トップ》はどうかと思った。……彼らはそれほど革命的というわけではなかった。ストーンズのほうがずっと興味がわくし、ずっと正直だった[7]」。のちにキース・リチャーズのドラッグ供給者となる〝スパニッシュ〟・トニー・サンチェスは、「ビートルズは（ストーンズより）ずっと金を稼いでいて、レコードもたくさん売った。しかし、彼らはこぎれいな髪型と御前公演のために、自分らしさを妥協したのだ」と言う[8]。歌手のクリスティン・オールマンは言う、「一九六五年の時点でも、私たちストーンズのファンは、自分たちがさらに周縁にいることを誇った。……ビートルズもすごかった——好きだった——けれど、そこには何の危うさもなかった[9]」。

このように構築される対照性——ストーンズは薄汚い真正な偶像破壊主義者で、ビートルズは既成品——にまつわる問題点について、その一つはすでに指摘した。どちらのバンドも、この時期にはすこし

（6）*According to the Rolling Stones*, 78.
（7）Stark, *Meet the Beatles*, 203 からの引用。
（8）Tony Sanchez, *Up and Down*, 1.
（9）Oldham, *2Stoned*, 284 からの引用。

イメージに凝りすぎていた。いろいろな意味で、ストーンズが開拓したボヘミアン的な横柄さは、ビートルズのハッピー・ゴー・ラッキーなイメージとおなじように、やはり作られたものだった。

もう一つの問題は、この二分法が今日の評論家が言う「ロッキズム」を帯びている点にある。観衆の熱狂を生み出すように計算され作り込まれて人気を得た音楽をすべて否定する美学だ。ロッキズムは一九八一年に作られた造語で、二〇〇〇年代によく使われるようになった。素のままの磨かれていないロックンロールは、誠実に表現されれば、見栄えの良いプロフェッショナルなポピュラー・ミュージックにつねに勝る。飾り気のない直感的なロックを好み、テクニックよりも感覚を、作り込みよりも感情に重きを置く。音楽ジャーナリストのケレファ・サネーによると、ロッキズムとは、「オーセンティックなレジェンド（あるいはアンダーグラウンドの英雄《ヒーロー》）を偶像化し、最新のポップ・スターをあざ笑う。ディスコは認めずパンクをもてはやし、ライヴを好みミュージック・ビデオを嫌う(10)」。それは、独特のスノッブさ以外の何物でもない。

・　・　・

そもそも、ビートルズはいかにしてあの熱狂を巻き起こしたのか。繰り返し問われてきたことだが、ビートルズ自身よくわかっていなかった。ビートルマニア——後にも先にも、世界がみたこともないような現象だった——についても、誰も十分に説明できない。

ビートルズは才能にあふれ、ハンサムかつチャーミングだった。その点に異を唱える人はまずいない。彼らはこのうえない幸運に恵まれ、絶好のタイミングで登場した。四人が生まれるのがほんの数年でも早かったら、ビートルズは存在しなかっただろう。二年間ばらばらに各地の軍事基地に飛ばされもせず（イギリスでは一九六〇年にようやく徴兵制が廃止された）、運良く四人は出会い、それから四、五年のあいだ一緒に演奏し、少ないながらも愛のある聴衆の前で技術を磨く機会を得た。ついに曲作りに本領を発揮しだした頃には、第二次世界大戦後のベビーブーム世代が十代になっていた。西ヨーロッパは未曾有の経済的繁栄の時代に入り、ビートルズの愉快で楽天的な音楽は多くのリスナーにとって時代のサウンドトラックにぴったりだった。

しかしこれらの要因は、ビートルズが巻き起こした大衆病理を説明するとっかかりにもならない。十代の少女たちは誰もかれも、たとえ大勢の警察官がフェンスやバリケードの後ろを囲っていようと、失神し、泣き、失禁した。障害を持った我が子に触れてくれと、取り乱した親がビートルズに懇願することも幾度となくあった。まるで彼らがシャーマンのような治癒力を持っているかのように(11)。そして、そこにはいつも絶叫があった。少々の混乱どころではない。ジャーナリストは、ビートルズのコンサートが生み出す音を、食肉処理に送られるブタの神経を切り刻むような叫びや、ニューヨークの地下鉄がレールにこすれてきしむ金切り音にたとえた。一九六五年にビートルズがシェイ・スタジアムで公演し

---

(10)　Kelefa Sanneh, "The Rap Against Rockism," *New York Times* (October 31, 2004).

(11)　ビートルズの広報担当のデレク・テイラーが、一九六四年にオーストリアをツアー中に起きたそうした出来事を語っている。「道の両脇には人がぎっしりと並び、手足の不自由な人びと《クリップス》が彼らの杖を投げた。メンバーの一人にでも触れられたら、自分たちは回復するのだと言わんばかりに、病んだ人びとが車に集まって来た。……ビートルズにできる唯一のことは、癒しのツアーをつづけることだった」。もちろん、ビートルズはこうしたことが好きではなかった。ついには、彼らは望まぬ追っかけを「クリップス」と呼ぶようになった。ビートルズは、自分たちの空間――おそらく、控え室やホテルの部屋――に押しかける「よそ者」に困ると、スタッフに「クリップス」と呟くだけで、その人たちはその場から排除されたのだ。

たとき、『ニューヨーク・タイムズ』紙は次のように報じた。観客の「未成熟な肺から、圧倒的な、大きな、甲高い音が叫ばれ、それはついに、ある一線を越えて熱狂からヒステリアへと変わった。スタジアムは古代ギリシャのパンデモニウム――悪魔の巣窟――と化した」(12)。

その偉大な才能と幸運なタイミングに加えて、ビートルズには、若いファンが魅力的に感じる特別な要素があった。何より、最初期から自分たちのイメージ――仲良しグループ――に素直に従って行動していた。イギリスでも、アメリカでも、それより前に成功したポップ歌手やロック歌手の多くは、個を強調していた。エルヴィス・プレスリーのようにソロで演奏したり、バディ・ホリー&ザ・クリケッツやビル・ヘイリー&ヒズコメッツのようにバックバンドの前に立ったりすることが多かった。とくにイギリスでは、ビリー・ヒューリーやマーティ・ワイルドなど、華やかなステージネームを持ったリード歌手が、無名のバックバンドの前で歌うという形式ができあがっていた。

ビートルズとして知られることになったバンドも、活動初期には、レノンを前に立たせる可能性があった。じっさいほんの短い期間だが、ジョニー&ムーンドッグスとして、このスタイルを取ったこともあった。しかし、それをつづけることはなかった(13)。のちにレノンは、初めてポールに会った日のことを語っている。ポールは、十五歳にして自分のギターを持ち、エディ・コクランの「トゥウェンティ・フライト・ロック」を華麗に演奏することができた。レノンはジレンマに陥った。「自分のグループ(クオリーメン)を持っていて、自分は歌手でリーダーだった。ポールに会って決心を迫られた。メンバーよりも上手なやつをバンドに入れていいのか。グループを強くすることになるのか、それより自分が強くなれるのか」(14)。

レノンはグループにとって最善の選択をした。そしてすぐに、レノンとマッカートニーは躍動感ある調和を生み出した。二人はよく学校をさぼってはポールの父親の家に集まった。そこで互いにギターを教え合い、初めて二人で一緒に曲を書いた（二人が書いた曲は、どちらかがその大部分を書いていても、すべて「レノン＝マッカートニー」のクレジットをつけるという有名な約束が取り交わされたのは、おそらくこの頃だった）(15)。一年ほど経った一九五八年の二月に、ポールはジョージをグループに入れた。まだ十五歳そこそこのハリスンは、十二歳くらいに見えるほど幼かった。当初レノンはとても嫌がった。「あいつは、頭の悪いガキみたいにオレの後をついてまわった。うっとうしかった」。レノンは言う、「あいつを対等だとか、そんなふうに思うようになったのは何年も経ってからだ」(16)。だが結局、三人は、自分たちが音楽的かつパーソナルなすばらしい化学反応を起こしていることを発見するのだった。

ところが、ドラマーのピート・ベストは、ほとんど誰ともそりが合わなかった。あまりに凡庸で、のろまで、話し口調は柔らかでも気分屋で、一匹狼だった。西ドイツで他のメンバーがのってきたときも、ベストはビールばかり飲んでいた。そして、メンバーが髪の毛をブラッシングして額にかぶせ、アスト

（12）Spitz, *The Beatles*, 577 からの引用。

（13）噂されたもう一つの名前「ロング・ジョン＆シルバー・ビートルズ」ではなかったのは幸いだった。この名前では、おなじ歴史にはならなかっただろう。

（14）Jann Wenner, ed., *Lennon Remembers: The Full Rolling Stone Interviews from 1970* (London and New York: Verso, 2000 c. 1972), 133 からの引用。

（15）この驚くべき合意は、法的拘束力は持たなかったが、ポールが自身のライヴアルバム『ウィングス・オーヴァー・アメリカ』に入れたビートルズの曲を、「マッカートニー＝レノン」とクレジットする一九七六年まで続いた。だが、この点はたいして話題にはなっていない（おそらくレノンも気づかなかったのかもしれない）。

（16）Geoffrey Giuliano, *Two of Us: John Lennon and Paul McCartney Behind the Myth* (New York: Penguin, 1999), 8 からの引用。

リッド・キルヒャーが絶賛した"exi"スタイル（"existential"「実存的」の略）にしはじめたときも、ベストは細心の注意を払って少しばかりの前髪を垂らしたオールバックを貫いた。そもそも、一九六〇年八月にビートルズがベストを仲間に入れたのは、ハンブルクでコンスタントに受けはじめた仕事の依頼をこなすためで、どうしてもドラマーが必要だったからだった。つまり、ビートルズでオーディションを受けたのは、ベストだけだった。二年後にベストを追い出したとき、メンバーはこれ以上ないほど冷淡だった。この悪い知らせを切り出すのはエプスタインの責任だと押しつけ、ピート・ベストと直接話すことさえなかった。ベストのバンドへの貢献を考えると、なんとも悔しい思いをしたことだろう。

それでも、たしかにそれは正しい判断だった。交代したリンゴは、ベストよりもドラムが上手かっただけでなく、すこし間が抜けた表情で、ユーモアのセンスを持ち、愛想が良く、見事にビートルズにはまっていた。彼の性格には、どこかつかみ所のなさがあった——レノンはそれを「わかってはいるけれどよく把握できないきらめき」と呼んだ[17]。これがなければ、ビートルズは「ファブ・フォー」と呼ばれるほど、しっかりまとまることはなかっただろう。にもかかわらず、ビートルズがＥＭＩでレコーディングをするようになったとき、プロデューサーのジョージ・マーティンは、慣習に従って、誰か一人、ジョンかポールを看板に仕立てようとした。しかし、どちらがリーダーになるべきか考えているうちに、ビートルズの仲の良さを知り、全員で生み出すカリスマに気がついた。彼らは、「一緒にいると楽しくなり、帰ってしまうと、その楽しさそのものが消えてしまうようだった[18]」と、マーティンは言う。結局、グループの愛すべき魅力を台無しにしかねない案は見送られた。

はじめてビートルズを見たファンの多くは、ビートルズは分かちがたいグループでありながら、それぞれが際立った特徴を持っていることに気づいた。ジョンは賢く知的な役柄で、ポールはロマンティックな魅力を持ち、ジョージは物静かでミステリアスで、リンゴはおおらかで少し間抜けなキャラだった[19]。ビートルズは試練を経て、全員で桁外れの成功を勝ち取った。そのうち重圧に窒息しそうにもなったが、さらに強い絆が生まれた。それは、ビートルズが何なのかをじかに理解する、地球上唯一の存在としての特別な仲間意識だった。こうして、彼らの内輪には誰も入り込めなくなった。リンゴはのちに他のメンバーについて、「あいつらとは最も親密な友人になった」と語っている。「僕らは互いに気遣い、本当によく一緒に笑った。ホテルの一フロア全体の巨大なスウィートを貸し切って、四人で一緒に風呂に入ったりなんかもしたよ。一緒にいるためだけにね[20]」。

女性ファンとの関わり方においても、ビートルズは特徴的だった。研究者のデヴィン・マッキンニーは、著書『マジック・サークル――夢と歴史の中のビートルズ』において、一九六四年二月七日にビートルズが初めてニューヨークのJFK空港に降り立ったとき、すべての報道記者が、軍隊的なメタファーを使っていたと書いている。ビートルズがアメリカを「侵略」し、「征服」する。彼らは音楽チャートに「君臨」し、「支配」する。「もしこれらのリポーターが女性だったら、ビートルマニアを特徴づける語彙は異なったものになっていただろう」と、マッキンニーは言う（おそらく「イギリスの性的誘惑」に沿った形で[21]）。ビートルズがアメリカにやって来たときは、十代向けの巨大な市場が出現しつつあ

(17) "Interview," *Playboy* (January 1981).
(18) Stark, *Meet the Beatles*, 128 からの引用。
(19) レノンはのちに、「誰も一人では成功しなかった」と冷静に分析する。「ポールは十分に強くはなく、僕はそれほど女子にもてなかった。ジョージは静かすぎるし、リンゴはドラマーだよ。でも、誰であれ、メンバーの少なくとも一人は深く理解できたから、うまくいったのだ」。
(20) *The Beatles Anthology*, 後表紙からの引用。

る頃で、アメリカ社会はますますセクシュアライズされていた。心理学者は同意しないかもしれないが、ビートルズは、柔らかな感受性とともに、若い少女たちを虜にする昇華された性的エネルギーのようなものを発していた。(22)

ビートルズがそのグループ名を決めたのは、バディ・ホリーのバックアップ・バンドであったザ・クリケッツに敬意を表してだとよく言われる。しかし、ある若い女性グループにちなんで名付けられたという説もある。一九五三年のマーロン・ブランド主演のアウトローなバイク乗りの映画『ザ・ワイルド・ワン』の中で、ジョニー・ストラブラー率いる暴走族のメンバーが、セクシーなガールフレンドたちを「ビートルズ（Beetles）」と呼んでいた。一九七五年のラジオでのインタビューで、ハリスンはこれが彼らに「ザ・ビートルズ（The Beatles）」のインスピレーションを与えたのだとほのめかし、むしろレノンではなくてサトクリフも、そのアイディアを思いついたのだと付け加えた。スチュアートの妹、ポーリン・サトクリフが、一九九四年に書いた回顧録『バック・ビート』の中で、おなじことを言っている。数年後、ポールも、「僕らは、そう、彼女たちにちなんで名前をつけた。いけてると思った」と、認めている。(23)（しかしやはり、ジョージ、ポーリン、ポールは勘違いをしていた可能性がある。ビートルズの名前が『ザ・ワイルド・ワン』に由来することはまずない。なぜなら、この映画は、ビートルズが育った頃のリヴァプールでは上映されていないのだ。）

ビートルズは中性的でもあった。一九六一年四月（二度目のハンブルク巡業の頃）から、彼らはコール・アンド・レスポンスのヴォーカルを試し始めた。甲高いハーモニーとファルセットの跳躍進行という、シュレルズ（や、のちにロネッツやシャングリラス）のような、彼らが敬愛するアメリカのガール・グループに特徴的なスタイルだった。大西洋のどちら側にも、ガール・グループのジャンルにのめり込んだり、そのクリーシェを採り入れたりする男性バンドはなかった。ビートルズはライヴ演奏でガール・グループの曲を九つカヴァーし、そのうちの五曲が最初の二枚のLPに収録された。[24] ビートルズのメン

（21）Devin McKinney, *Magic Circle: The Beatles in Dream and History* (Cambridge, MA: Harvard University Press, 2003), 51.

（22）ビートルズの特別な魅力を説明するように求められた最も著名な心理学者と言えば、ジョイス・ブラザーズ博士だろう。彼女は、アメリカの多くの新聞に掲載される人生相談のコラムニストだった。「ビートルズには、例えばふさふさした髪をかき上げるような、女性によく見られる仕草があった。こうした癖は、若い女性ファン（十歳から十四歳くらいの年齢層）が最も熱狂するものだった。……思春期の女子は、じつのところ、ごつごつとしたマスキュリンさよりも、『ソフト』で『ガーリッシュ』な特徴に、より惹かれる」。それはなぜか。「私の解釈では、こうしたとても若い女性は、まだすこしセックスを恐れているからだ」と、ブラザーズ博士は言う。「そのため、あまりにマスキュリンで男らしくは見えないアイドルをあがめた方が、安全だと感じるのだ」。

（23）David Laing, "Six Boys, Six Beatles: The Formative Years, 1950–1962," in Kenneth Womack, ed., *The Cambridge Companion to the Beatles* (New York and Cambridge: Cambridge University Press, 2009), 23 からの引用。また、Miles, *Beatles Diary*, 52-53 を参照。「ザ・ビートルズ」の起源には諸説ある。一九六一年の『マージー・ビート』誌の記事で、レノンは、「燃えさかるパイの上に男が現れて、『今日この日から、お前たちはAで綴るビートルズ（Beatles）だ』と言ったとき、グループ名が決まった」と、ふざけて語った。（おかしなことにヨーコ・オノは、長いこと、レノンはこの軽口を文字どおり理解すべきと考えていると言い張った。レノンが本当にこのような幻覚を見たのだと思ったらしい。）「ザ・ビートルズ」は、バディ・ホリーのグループ、ザ・クリケッツへのオマージュであったかもしれない。ハリスンが、『ザ・ワイルド・ワン』がグループ名を喚起したと語った後で、デレク・テイラー（ビートルズの元広報担当で、ハリスンの親友）は、これに同調している。しかし、グループ名を「Beetles」ではなく、「Beatles」と綴るように提案したのは、やはり狡猾なレノンだった。「その名を口にすれば、みんなは気持ち悪い虫を思い浮かべ、それを読むとビート・ミュージックだってわかるだろう」。

（24）ビートルズは、『プリーズ・プリーズ・ミー』に、「チェインズ」（ザ・クッキーズ）、そして「ボーイズ」と「ベイビー・イッツ・ユー」（ザ・シュレルズ）を収録した。『ウィズ・ザ・ビートルズ』には、さらにガール・グループが二曲登場する。「プリーズ・ミスター・ポストマン」（ザ・マーヴェレッツ）と「デヴィル・イン・ハー・ハート」（ザ・ドネイズ）である。ライヴでは、「キープ・ユア・ハンズ・オフ・マイ・ベイビー」（リトル・エヴァ）、「ママ・セッド」と「ウィル・ユー・ラヴ・ミー・トゥモロー」（ザ・シュレルズ）、そして「シミー・シミー」（ザ・オーロンズ）を演奏した。

バーは、ニューヨークで頂点に立つガール・グループ、ザ・ロネッツと短いあいだだが親しかった（レノンはロニー・ベネットに心をときめかせた）。一九六三年の『メロディ・メイカー』誌の記事では、ジョージ・マーティンが、ビートルズを「男性版シュレルズ」と呼んでいる[25]。

ビートルズがガール・グループの曲を歌うときは、たいてい歌詞に出てくる代名詞の性を入れかえていたが、いつもそうしたわけではない。一九六一年から六三年頃のライヴで定番だった、シュレルズの「ボーイズ」を演奏するとき（ビートルズに不可欠な「ドラマー・ナンバー」だった）、彼らはコーラス部分を女性目線の歌詞のまま歌った。「男の子の話をしているの（イェイ、イェイ、ボーイズ）、なんて楽しいんでしょう。"I talk about boys now! (Yeah, yeah, boys!) What a bundle of joy!"」。二〇〇五年の『ローリング・ストーン』誌のインタビューで、マッカートニーはその曲が「ファンのお気に入り」だったと振り返る（リンゴの前にはピート・ベストが歌っていた）。マッカートニーは付け加える。「でも考えてもみれば、本当はガールズ・ソングを僕らがやってるんだ。……ひょっとしたら、（ビートルズが演奏するから）ゲイ・ソングかもしれない。でも、そんなことには聞く耳をもたなかったよ。いい曲だったんだ。……当時の無邪気さはよかったね[26]」。

また他のアーティストにくらべて、ビートルズは人称代名詞を多用して女性ファンに直接甘く語りかける傾向があった（「P・S・アイ・ラヴ・ユー」、「ウィズ・ラヴ・フロム・ミー・トゥ・ユー」、「アイ・ウォント・トゥ・ホールド・ユア・ハンド」など）。そしてキャピトル・レコーズが制作したビートルズの二枚目のアルバム『ミート・ザ・ビートルズ』には、恋愛の歌ばかりが収録された。あるとき、アメリカ人記者がレノンに、ビートルズはずいぶん一人称を使いますねと尋ねると、皮肉な答えが返ってきた。「『アイ・ウォント・トゥ・ホールド・イッツ・ハンド』とでもすべきかい？ それとも、『シー・ラヴズ・

ゼム』とか」[27]。しかし、これはレノンとマッカートニーが、女性ファンが自分たちを投影できる曲を意図的に書いていたことをごまかしたにすぎない。「ちょっとしたトリックだよ」と、マッカートニーは認める。「楽曲がパーソナルに感じられるように、わざとそうしたんだ」[28]。

わずかにセクシャルな色づけがされた初期の人気曲もある。「アイ・ソー・ハー・スタンディング・ゼア」のラフな下書きはこうだった。「彼女はまだ十七歳、ビューティー・クイーンになったことがない "She was just seventeen / Never been a beauty queen"」。マッカートニーによると、これを初めて聞いたレノンはいぶかしげに笑い、後半をいたずらっぽく書き換えた[29]。「どういうことかわかるだろう

(25)　Stark, *Meet the Beatles*, 129 からの引用。
(26)　Mark Binelli, "Sir Paul Rides Again," *Rolling Stone* (October 20, 2005).
(27)　Braun, *Love Me Do*, 85 からの引用。
(28)　Walter Everett, *The Beatles as Musicians: The Quarry Men Through Rubber Soul* (New York: Oxford University Press, 2001), 108 からの引用。「もし『サンキュー・ガール』という曲を書いたら、僕らに手紙を書いたたくさんの女の子は、本当のありがとうだと受け取るってこと」だと、ポールはつづける。「だから、僕らの曲の多くは、『フロム・ミー・トゥー・ユー』、つまり直接ファンに語りかけたのさ」。

この型にあてはめた初期の曲としては、一九六二年の夏にレノンとマッカートニーがニューキャッスルで書いた「シー・ラヴズ・ユー」がある。三人称目線で書くことを提案したのはマッカートニーだった。(彼は、大西洋の両岸でヒットした「フォーゲット・ヒム」というよく似た比喩表現を用いた、十代に人気のボビー・ライデルの影響を受けていた。)こうしてこの曲は、ティーンエイジの少女の誰もが自分に重ねる歌になった。語り手が、若いカップルのあいだに入って、彼女を傷つけてしまった男の子に、謝って、彼女の愛に感謝するよう助言する歌だ。

(29)　コメディアンのジェリー・サインフェルドは、二〇一〇年のホワイトハウスでの式典で、この曲についてマッカートニーをからかった。式典は、バラク・オバマ大統領がマッカートニーのポピュラー音楽への長年にわたる貢献に対して、ガーシュウィン賞を贈るものだった。「サー・ポール、あなたはこの世界で人類が聴いた最も美しい曲を書いた。……それはすばらし↖

“and you know what I mean”」。そして、おそらく今日では、「プリーズ・プリーズ・ミー」は、オーラル・セックスをいらだたしく懇願する曲と理解されている。[30] しかし当時、ビートルズの作品の性的含意についてあれこれ言うリスナーはほとんどいなかった。たしかにビートルズは性的なカリスマを醸し出していたが、それはとても幼い女性ファンに向けた、従順で飼い慣らされたカリスマ性だった。何よりも、十代のファンたちはビートルズが歌の中に表現した優しさと感傷に熱狂したのだ。

はたして六〇年代初めのビートルズは、そのレコードのように、女性に対してロマンティックで紳士的だったのだろうか。そんなはずはない。ジョンとシンシアの結婚は、現代の結婚生活で抱かれるような、淡い楽観主義を完全に欠いていた。デキ婚で、地元の登記所でたった五人の出席（エプスタイン、マッカートニー、ハリスン、そしてシンシアの二人の親戚）で式を挙げた。式が終わると、皆で近場のレストランに入ってフライドチキンと水で昼食を取った。ジョンのおばミミによると、式の前夜、ジョンは少年時代を過ごした家に戻ってきて、部屋という部屋を歩き回って子どもの頃を思い出し、最後にはキッチンテーブルにドスンと腰を下ろして泣いた。「結婚したくないよ」。彼は、そう言い続けていたらしい。何年か後に、記者が「ピル」について尋ねたとき――性関係、母性、そして大衆文化への影響から、当時の会話ではよく聞かれる話題の一つだった――、彼はこう答えた、「もうすこし何年か前からあるとよかったんだけど」[31]。

レノンは妊娠させたガールフレンドと結婚するときには、それなりに立派に振る舞った。しかし、一夫一妻制に縛られた人生が始まったとは考えていなかった。ビートルズの他のメンバーも、たいてい決まったガールフレンドがいたが、レノンとおなじだった。いまのようなメディアに囲まれた環境なら、どんな有名人でも隠してはおけないような行為を、メンバー全員がやっていた。『レコード・ミラー』

誌にビートルズの記事を書いていたジャーナリスト、ピーター・ジョーンズは、ビートルズの悪趣味で軽薄な行為を「もみ消す」ことを期待されて、「難しい立場」にあったと思い返す。「ビートルズは、何よりも愛されるべき、親しみやすい若者として描かれなければならないと命じられていた。例えばもしビートルズのうちの誰かが、バスルームで三人の女性とちょっとしたお楽しみを望んだとしても、私は何も見ていないことになっていた」(32)。

いことです」。サインフェルドは言った。「ただしかし、いくつかの歌詞やいくつかの歌は、いったいその曲の中で何が起こっているのかと私たちを戸惑わせ、不安にさせます。例えば、『アイ・ソウ・ハー・スタンディング・ゼア』では、『彼女はまだ十七歳だった／どういうことかわかるだろう』とありますが、私には、あなたが意図することかわかっているのか不安です。サー・ポール！　私にはあなたが意図していることはわかっているつもりですが」。

(30)「プリーズ・プリーズ・ミー」は歌詞そのものが下品だが、さらにそれがよく表れているのは、ハリスンとマッカートニーとともにレノンが「カモン」を繰り返すコール・アンド・レスポンスである。「カモン、カモン、カモン、カモン」という声は、性的な督促以外の何物でもない。（互いに情熱的な愛を求め合っている相手に「カモン、カモン、カモン」と叫ぶ人はいはないだろう。）音楽学者のイアン・マクドナルドは、一九九四年の著作『レヴォルーション・イン・ザ・ヘッド』で、EMIのアメリカ子会社であったキャピトル・レコーズは、当初「プリーズ・プリーズ・ミー」のアメリカでのリリースを渋ったと書いている。その曲が「フェラチオを催促するものと広く解釈された」からだった。しかし、その論拠はない。おそらく、「プリーズ・プリーズ・ミー」を「オーラル・セックス」の曲だと最初に解釈した批評家は、一九八一年に『ヴィレッジ・ヴォイス』に書いたロバート・クリストガウとジョン・ピカレラだと思われる。

(31) Stark. *Meet the Beatles*. 121からの引用。一九六四年、トゥイッケナム・スタジオで『ア・ハード・デイズ・ナイト』の撮影をしていたとき、ビートルズはテレビのインタビューに答えた。若い魅力的な若い女性が、物憂げに、冗談めかしてレノンに尋ねた。「どうして結婚することになったの？」レノンは目に見えて不快そうだった。そして一瞬目を上に向けて答えた。「結婚するだけの理由があったからだよ。安っぽいのはいやだけど、結婚したくなったら君だってするさ、そうだろう。彼女ができたら、彼女がいつも言うことさ。やれやれ」。レノンは（カメラをのぞき込み、人前では滅多に見せないいやな感じで）続けた、「君に関係あるかい？」

アメリカ人ジャーナリストのラリー・ケインも、ある晩、目を疑う光景に出くわした。しかし、やはり沈黙を守った。アトランティック・シティのホテルのスウィートで、二十人ほどの娼婦がビートルズとその取り巻きの前に小走りでとびだしてきた。「好きなのを選べ」と、現地のプロモータが部屋中の男たちに言った。またダラスのナイトクラブでは、マッカートニーが写真家アート・シュライバーに、カクテルバーのウェイトレスを連れてくるように頼んでいるのを、ケインは目撃した。あたかも売春宿にいるかのようだった。ニューヨークでは、リンゴが前の晩の激しい行為で体の一部が「ひりひりする」と訴えるのを聞いた[33]。ロニー・ベネットもおなじように衝撃を受けた一人だった。おなじツアーでレノンが彼女をホテルの部屋に招き入れたときだった。部屋では、ある女性とビートルズの友人の一人がアクロバティックなセックスをしていて、皆はそのベッドを取り囲んで座っていた[34]。ビートルズがオーストラリア・ツアーをしたとき、警護したセキュリティの一人は言った。「彼らが唯一関心を持っていたのは、ホテルの部屋の周囲に張り巡らされたセキュリティを通すように指示された、ときおりやって来るとても若い女の子たちだけだった[35]」。

キャリア初期のストーンズが、それほど活発だったとは思えない[36]。すこしたって、ビートルズに性的に奉仕する若い熱狂的女性たちは、グルーピーズと呼ばれるようになった。しかし当時はまだそうした呼び名はなく、ビートルズは薄情にも彼女たちを「ふしだら女《スラグ》」と呼んだ。リヴァプールでは、すこしひねった「膝を震わせる行為《ニー・トレンブラー》」という俗語で、慌ただしくこそこそとした性的な交接（すばやいフェラチオ等々）を表現した。女性との戯れはポップ界ではよくある悪行だが、これほどまでに私生活と表向きの差が激しい六〇年代のミュージシャンやセレブは他に思いあたらない。

ビートルズは、注意深く磨き上げられた自分たちのイメージを必死で守り抜いた。彼ら自身たびたび認めたことだが、なかなかそれを変えようとはしなかった。可能な限り金持ち《リッチ》になるという目標を持っていたからだ。はじめてニューヨークのケネディ空港に降り立ったとき、報道陣の誰かが何か歌ってくれと言った。「先に金だよ」と、レノンは切り返した。[37] これ以後、ビートルズの物質主義的野望を語るレノンの決まり文句《サウンドバイト》が、記者会見の中心になった。ビートルズ熱が収まったら何をするつもりかと聞かれ、レノンは答えた、「金を数えるよ」[38]。その金をどうするのか。「使うんだよ！」[39] いくら稼いだか。「いっぱい！」[40] アメリカの若者に何か模範になることは。「いかに早く金を稼ぐかってことかな」[41]。ビートルズの成功は個人的に何を意味するのか。「いままで手にしたことのないほどの金だよ」[42]。鉄のカーテンの向こ

---

(32) Pritchard and Lysaght, *An Oral History*, 128 からの引用。
(33) Larry Kane, *Ticket to Ride: Inside the Beatles' 1964 Tour That Changed the World* (Philadelphia: Running Press, 2003), 77.
(34) Ronnie Spector, *Be My Baby: How I Survived Mascara, Miniskirts, and Madness, or, My Life as a Fabulous Ronette* (New York: Harper Perennial, 1990), 80, 84.
(35) Glenn A. Baker, *Beatles Down Under: The 1964 Australia and New Zealand Tour* (Wild and Woolley, 1982), 89 からの引用。
(36) 一九六五年のある晩のこと、ストーンズはホテルの部屋で、バンドを結成してから何人の女と寝たのかそれぞれ数え上げた。チャーリーは誰とも寝ていなかった（幸いにも結婚していた）、キースは六人、ミックは三十人、そしてブライアンは一三〇人と言った。忌まわしいセックス中毒のビル・ワイマンは（四十八歳にして十四歳の少女マンディ・スミスと性的関係を持った）、二七八人だと言い張った。
(37) Norman, *John Lennon*, 346 からの引用。
(38) http://www.beatlemoney.com/john6063.htm.
(39) Beatles Press Conference, Melbourne, June 14, 1964.
(40) Beatles Press Conference, Kansas City, September 17, 1964.
(41) Beatles Press Conference, Montreal, September 9, 1964.

う側での演奏を考えるか。「潤沢なルーブルが用意されるならね」。あなた方は本当にこのため、つまり金持ちになるためにこの世界に入ったのか（記者は疑うように聞いた）。ポールとジョンは一緒に答えた。「イエス！」[43]

六〇年代終わりに反ブルジョア的な社会運動が起こると、ビートルズは金について話すことには注意を払うようになった。とは言え、六〇年代半ばの広報会見で彼らが見せた金にまつわる話題が、西欧の物欲主義を茶化したり揶揄していたとか、芝居じみていたり、反体制的だったり、あるいは見せかけのものだったと考えるのは間違いだろう。彼らは、私的な場でもおなじように言っていた。

「『それでも、ビートルズは反物質主義的だ』と誰かが僕に言ったんだ」と、のちにマッカートニーは振り返る。「それはたいそうな神話だった。ジョンと僕はよく言った、『よし、これからスイミング・プールを書こう』」[44]。一九六五年の『プレイボーイ』誌のインタビューで、マッカートニーは自分の思いをこうまとめた。「たくさん金を稼ぐことは励みではないなんて言ったら、僕らはとんだ間抜けだ」[45]。

彼らは荒稼ぎした戦利品に有頂天になっていた。無理はない。結局のところ、彼らは質素な環境に生まれ、厳格に区分される階級意識の高い社会で育ったのだった。しかも、このみすぼらしい出のリヴァプールの四人は、とても若くして、自分たちを鼻であしらうような政治家や大企業家や資産家と肩を並べるほど莫大な金を稼ぎはじめた。その間、周囲の誰もが、ビートルズは一時的な流行にすぎないと釘を刺していた（とてつもなく大きな流行だが、いずれしぼんでなくなってしまうと）。だから、ビートルズはがむしゃらに働く決意をした。機会をもたらす狭い窓が完全に閉ざされてしまう前に、できるかぎり稼いでやろうと思った。そして、十代の若者を中心としたマーケット——大きくて多様だった——にうける、心地よく魅力的なポップ・ソングを大量に作り出したのだ。

それは、六〇年代はじめのヒップなロンドン子とのあいだの障壁になった。彼らは、ストーンズがセックス、性欲、不安、消費主義、不景気、郊外生活などを率直に扱うことを賞賛した。かたやビートルズは、ボヘミアニズムとは距離を置いた。礼儀正しくするように気をつけたのだ。行儀悪くすると、十代の少女のホルモン的反応を引き出す独自の才能で稼ぐという目標と、ぶつかってしまうからだ。この時代にはストーンズ・ファンをロッキストと呼ぶ者はなかったが、彼らの態度はそれに似たところがあった。ビートルズは、とくに幼い少女にアピールしようとするあまり極端に基準を下げていると、彼らは感じた。

もちろん当時でも、ビートルズは実はもっと大きな野心を持っているに違いないと考える人はいた。何より、セカンド・アルバム『ウィズ・ザ・ビートルズ』のカバーに使われた、ロバート・フリーマンによる雰囲気のある白黒写真が示唆的だった。それはアストリッド・キルヒャーとユルゲン・フォルマーがハンブルクでビートルズを撮った、アートっぽい写真に着想を得たものだった。黒のタートルネックを着て、カメラを無表情に見つめる。そのビートルズは、典型的なビートニク、つまりグリニッジ・ヴィレッジのコーヒーハウスで詩の朗読やジャズ・ナイトに群がるアンダーグラウンドな若者そのものだった。ＥＭＩはその写真を避けたかった——なぜビートルズが歯を見せて笑っていないのか。エプスタインはもっと楽観的なイメージを保った写真にするように言った。しかしビートルズは従わなか

(42) Beatles Interview, Doncaster, December 1, 1963.
(43) Beatles Press Conference, September 3, 1964.
(44) David Bennahum, ed., *The Beatles After the Break-Up: In Their Own Words* (Omnibus Press, 1991), p. 19からの引用。
(45) "Interview with the Beatles," *Playboy* (February 1965).

った。

一九六三年十一月四日、ビートルズは『ロイヤル・バラエティ・ショー』で四曲演奏し、全国にテレビ放送された。そこには皇太后、マーガレット妃、スノードン卿が臨席した。最後のナンバー「ツイスト・アンド・シャウト」の前に、レノンが観客に言った一言は有名だ。「安い席に座っている人は手を叩いてくれるかい。それ以外の方はジュエリーをじゃらじゃらならしてもらえませんか」。もしレノンが一線を越えて（「そのいやらしい《ファッキン》ジュエリーをじゃらじゃらならして」とでも）発言しようものなら、ビートルズのキャリアは狂っていたかもしれないが、満場の笑いを誘った。ビートルズは社会の上層に受け入れられることにいつも違和感を感じていて、それを生意気にも思い起こさせる一幕だった。

その八カ月後の一九六四年七月、ビートルズは『ア・ハード・デイズ・ナイト』をリリースした。リチャード・レスターによる奇妙なコメディ映画のサウンドトラックで、ビートルズの進化するクリエイティビティに溢れていた。また、これはオリジナル曲だけを収録した初めてのアルバムで、以前の作品にまさって、安定感と、親しみやすさと、大胆で独創的なポップ・ソングを作るというビートルズの能力が遺憾なく発揮された。（タイトル・トラックのジャーン！と鳴るオープニングをどう演奏しているのか、数学者をもってしても完全に理解するまでに四十年以上かかった。[46]）映画は、疑似ドキュメンタリー形式で、狡猾な風刺と暗喩、機知に富んだウィットがちりばめられ、よくあるポップな宣伝映画の何枚も上手だと評価された。『ア・ハード・デイズ・ナイト』はひどい映画に違いないと思っていたプロの映画評論家でさえ、すっかり虜にされた。「あなたは驚くだろう――椅子から転げ落ちるかもしれない――その映画はすばらしいコメディだ」と、『ニューヨーク・タイムズ』は書いた。[47]『ニューヨーク・ジャーナル・アメリカン』は、一九三〇年代のマルクス兄弟のコメディになぞらえた。そして『ヴィレッジ・ヴォイス』の記者は、「ジューク・ボックス・ミュージカルの『市民ケーン』だ」と評した。[48]

おなじ頃、ジョン・レノンは初めての著書『イン・ヒズ・オウン・ライト』を出版した。薄くエレガントに装丁されたハードカバーに、シュルレアルな短編や描画、ナンセンスな詩を集めた本だった。レノンは高校生の頃から、こういった類いのものを好んで走り書きしていた。その本が丁寧な評論分析の対象になるとは思ってもみなかった。しかし、すぐさまレノンの本はルイス・キャロル、エドワード・リア、ジェイムズ・サーバー、マーク・トゥウェイン、そしてジェイムズ・ジョイスらの作品と比されることになった。『ブック・ワールド』誌で『イン・ヒズ・オウン・ライト』を評したトム・ウルフは、レノンを「下流層の天才」と呼んだ。[49] また、インテリ向きの『タイムズ・リテラリー・サプリメント』誌は、「イギリスの言語力と想像力の貧困化をおそれるすべての人」にレノンの本を推薦した。[50]

こうして、ビートルズは十代の少女に認められたいだけだからまともにとり上げる必要はない、と言うロッキスト的な考えは馬鹿げたものになった。そして、ビートルズを見下していた評論家も、彼らが言うことに文字どおり注意を払うようになった。

---

(46) この謎を解決したのは数学者のジェイソン・ブラウンで、彼はフーリエ解析として知られる計算式を使った。コンピューターソフトを駆使し、そのコードで弾かれた正確な音を、周波数から特定することに成功したのだ。（ジョージが十二弦ギターを、ジョンが激しく六弦ギターを、ポールがベースを、ジョージ・マーティンがピアノを、同時につま弾いていた。）

(47) Barry Miles, *The British Invasion: The Music, the Times, the Era* (New York: Sterling, 2009), 68 からの引用。

(48) Bob Neaverson, "A Hard Day's Night," in Sean Egan, ed., *The Mammoth Book of the Beatles* (London: Constable & Robinson, 2009), 373 参照。

(49) Norman, *John Lennon*, 360 からの引用。

(50) Spitz, *The Beatles*, 496 からの引用。

『イン・ヒズ・オウン・ライト』の出版を祝うランチ・パーティでのことだった。尊敬すべきジャズ・シンガーであり音楽ライターであったジョージ・メリーは、レノンを引き留め、ビートルズの音楽的影響について会話をはじめた。周りは、レノンとメリーは気が合うだろうと思った。どちらもリヴァプールの出身で、厚かましくも粋な性格だった。また、メリーはアートスクールには通っていないが、その熱意を共有し、シュルレアリズムについては学者顔負けだった。レノンはメリーがバイセクシャルであることに戸惑ったかもしれないが、無頓着な大酒飲みに敬服するかもしれなかった。

しかし、この出会いは失敗だった。メリーは回顧する。「パーティの途中で、私はレノンに、名声や金はおいといて、マディ・ウォーターズら黒人ブルース・シンガーに多くを負っていることだけでなく、客観的にも彼らがより偉大なアーティストだと素直に認めたらどうだと言ったんだ」。

なんと大胆な提案だろうか。それまでにビートルズは、三枚のすばらしいアルバムと六枚のシングル――トータルで約二時間もの音楽――をリリースしていた。にもかかわらず、いま流行のアメリカのブルース・シンガーと比べて、ビートルズはすこしも良くないと言われたことに、レノンは毛を逆立てて怒った。実際レノンは、イギリスのあまりに多くの若者が、ブルースを神聖視していることに苛立っていた。

「彼はこの上なく不遜な態度で私を見た」と、メリーは回顧する。「まったく認めなかった。自分は金持ちなだけではなく、技術も高いんだ。もっとオリジナルで、上等なんだと」。マディ・ウォーターズ、ハウリン・ウルフ、ウィリー・ディクスン、ジョン・リー・フッカー、ジミー・リード――これら全員の誰よりも。「あわや酔っ払いの殴り合いだった」(51)。

ヒット・パレードの頂点からビートルズを引きずり下ろした最初のグループは、ローリング・ストーンズではなかった。じつはロンドンを拠点にした別のバンドだったことは、なんとも皮肉だ。ツイードのジャケットを身にまとい、ヒールの高いブーツを履いて詰め襟シャツを着たデイヴ・クラーク・ファイブは、北からやって来たビート・グループと見た目も音楽もさして変わらなかった。しかし、彼らこそが商業的最先端――「トッテナム・サウンド」――となって、ブライアン・エプスタインがリヴァプールで先導する派手なシーンからスポットライトを奪うとも言われた。一九六四年一月、デイヴ・クラーク・ファイブのヒット曲「グラッド・オール・オーバー」は、UKチャートで「アイ・ウォント・トゥ・ホールド・ユア・ハンド」から一位の座を奪った。『デイリー・エクスプレス』には「トッテナム・サウンドがビートルズを打ち負かした」との見出しが踊った。もっとも、「アイ・ウォント・トゥ・ホールド・ユア・ハンド」が二カ月まるまるトップの座にあったこと、すでにイギリスのレコードプレーヤーを持つ家庭の二十五パーセントにそのシングルが行き渡っていたことを考えると、さすがに誇張がすぎる。しかし、ビートルズは落ち目だとの憶測を高めるには十分だった。

「風刺漫画家たちは大はしゃぎだった」と、マイケル・ブラウンは書く。「最も辛辣だったのは、『デ

(51) Melly, *Revolt into Style*, 77. 晩年のインタビューの一つ、一九八〇年の『プレイボーイ』誌上で、レノンはこのときのことを認めている。「このくそ《ガッデム》みたいな世界で俺たちは最高にいまわしい《ファッキン》バンドだった。……自分たちが知る限り、俺たちは最高だったし、ハンブルクでもリヴァプールでも、俺たちのことを知っている誰にもまして最高だと思っていた」。

イリー・メイル』に掲載されたエルムウッドの風刺画だった。デイヴ・クラーク・ファイブが演奏する劇場の外で、幼い少女の一団が十六歳くらいの少女を指さして言う、『彼女はかなり年上よ。だってビートルズを覚えているもの』[52]。

ビートルズは表だって困惑は見せなかった。しかし実際は不安だった。「しかたないさ」と、のちにレノンは認める。「誰もが、『デイヴ・クラークが追い上げてきてるぞ、ほら、すぐそこに』って言う。たしかに心配させられた。でも一瞬だった。リヴァプールの『マージー・ビート』のランキングで、ジェリー［&ザ・ペースメイカーズ］が俺たちを打ち負かそうとしていたのとおなじ感じさ」[53]。

そして間もなく、また別のグループについての質問を受けるようになった。一九六四年後半のあるとき、「イギリスのチャートは気になりますか？　ローリング・ストーンズという名のグループが……」と、ある記者が切り出した質問を、ビートルズはさえぎった。「ランキングはたくさんあるからね。彼らはそのうちの一つで勝っただけさ」と、リンゴは切り返した[54]。

フロリダ州ジャクソンヴィルでの記者会見では、女性レポーターとのあいだでこんな会話があった。

レポーター：いまやビートルズよりもローリング・ストーンズの方が重要だと噂されていますが、気になりますか？
リンゴ：僕らは気にしているかな？
ジョン：（ポールの方を向いて、ふざけつつ）「僕らはとても心配している」と、彼女は言っている。あり得ないね。

ポール：べつに心配はない。なぜなら君が……
ジョン：（割って入って）ぼくらは何とか悲しみをこらえているよ。
ポール：（くっくっと笑いながら）こういう噂は、ほんとによく聞くよ。つまり……
ジョージ：（ティーカップをスプーンで叩いて）デイヴ・クラーク！
ポール：デイヴ・クラークは、数カ月前には僕らより大物（になっているはず）だったね。
ジョン：みる目がないなあ。
ジョージ：誰かに追い越されるって言われるのは、二カ月ごとさ。(55)

とは言え、この時点までにストーンズは、メディアから大きな注目を集めるようになっていた。彼らはたしかに、不機嫌な十代の関心を投影した騒がしい新人として描かれていた。初期の典型的な記事としては、『メロディ・メイカー』の一九六四年二月十八日号の「ビートを携えた反逆者《レベル》」がある。筆者のレイ・コールマンは、メイフェアで乗った四十二歳のタクシー運転手とのやりとりから、ストーンズの紹介を始める。

「乗るところで一緒にいたのはローリング・ストーンズですか？」、ドライバーは尋ねた。

(52) Braun, *Love Me Do*, 70 からの引用。
(53) Davies, *The Beatles*, 192 からの引用。
(54) Beatles Press Conference, September 17, 1964.「そのランキングでは去年も彼らが勝っていた」。レノンは含み笑いをしながら付け加えた。「わかるだろう、あれは彼らのランキングなんだよ」。
(55) http://www.youtube.com/watch?v=PkFAf63FjgY 参照。

「そうですよ。彼らをどう思います?」

「いい感じのハーバートたちですね」。(「ハーバート」は、むさ苦しい労働者階級の若者を指す若干悪口めいたスラングである。)「彼らがビートルズをトップの座から追い落とそうとしているんでしょ」。

コールマンは、もし自分がタレント・エージェントかレコード会社の重役なら、「その場でこのタクシードライバーとトレンド・アドバイザー契約を結んだだろう」と思った。「ローリング・ストーンズは、もっと違うことを考えたかもしれない。例えばその鼻っ面を殴るとか。なぜなら彼らは、自分たちがビートルズを追い抜こうとしていると言われることを、ひどく嫌ったからだ。しかし、もしイギリスのバンドがビートルズをその地位から追い落とすことがあるとすれば、それはきっとローリング・ストーンズだろうと、誰もが思っていた」。

これは彼らのイメージと大いに関係していた、とコールマンはつづける。「完璧さ《パーフェクト》」だ。ストーンズは「五人の不埒な反逆者で、すでにヒットチャートに確実な足跡《レベル》を残していた。そして多くの若いファンを獲得し、ステージ・ユニフォームなどは着なかった。そして、何もおかまいなしだった」。

「ショー・ビジネスの裏側では、ローリング・ストーンズに傾く反ビートルズの動きさえある」と、コールマンは付け加えた。その証拠として、彼は『メロディ・メイカー』に届いた「警告者」からの手紙を引用した。「若いポップ・ファンは、ビートルズのように親が支持するアイドルには本能的に背を向ける。ファンは自分が抱くヒーローへの尊敬を、大人が拒絶するのを聞いて愉しむのだ。つまり、そこには感情移入のはけ口がある」。

コールマンがストーンズに、ビートルズの成功は羨ましいかと尋ねたとき、ジャガーは反射的に「イエス!」と答えたが、他のメンバーは「ノー!」だった。しかその少し後で、ワイマンは、ストーンズはビートルズにとって代わると言われたと、ロンドンのあちこちで自慢した。これについてジャガーが口を挟んだ。「何であろうと、俺たちがビートルズを追い落とすなんて記事は書いちゃだめだ」。「彼らはいい友達なんだ。俺たちは彼らが好きだし、これまで仲良くやってきたじゃないか」[56]。

コールマンは第二章で紹介した「怒ったビートルズ、ものまねを批判」や、悪評高い「妹をローリング・ストーンズとデートさせますか？」等の見出しの仕掛け人でもあった。しかし、自分のことを論争を煽る低俗な物書きだとは考えていなかった。私生活ではミドルクラスの嗜好（ジャズやチェス）を持ち、一九六〇年に二十三歳で『メロディ・メイカー』誌に入ったときには、『レスター・イヴニング・メイル』紙での使いぱしりから始めて、すでに新聞業界で八年の経験があった。『メロディ・メイカー』では、まじめなアプローチでポップ・ミュージックを盛り上げようと考えていた。

しかし、ほどなくしてコールマンは、『メロディ・メイカー』のショービズ記事があまりに「ビズ」寄りであることを嘆くのだった。鋭く内実に迫ったプロファイル記事を書くどころか、ツアーの日程表をまとめたり、セレブのためのちょうちん記事を書くばかりだった。結局、その愚かさに辟易して、もっと評判の高い『デイリー・テレグラフ』に移籍しようとしたが、それもかなわなかった。そのときの面接で、『テレグラフ』の重役は、彼がいま現在どこで働いているのか尋ねた。

「『メロディ・メイカー』です」、コールマンは答えた。

「では、その前はどちらにお勤めでしたか」。

「『マンチェスター・イヴニング・ニュース』です」。

（56）Ray Coleman, "Rebels with a Beat," in *Melody Maker* (March 14, 1964).

面接者は怪訝な表情でコールマンをじっと見た。含みのある間だった。ついに口を開いて尋ねた、「コールマンさん、なぜジャーナリズムから離れたのですか[57]」。

このやりとりを経て、コールマンはむしろ『メロディ・メイカー』をまとめにしようと、頑張った。ついにはその編集主任になり、評判の良い有名人の伝記ライターになった。しかし、一九六三年から六四年頃にビートルズとストーンズについて書いていた時期は、彼は変化の途中だった。「ビートを携えた反逆者《レベル》」を書いたコールマンは、鋭い洞察をちりばめつつも、若干宣伝めいた聖人伝を展開することを好んだ。ビートルズはコールマンを気に入っていた。自分たちのセレブ度合だけでなく、つねにその音楽に興味を示してくれる、出会った中でも数少ないライターだったからだ。しかし、ストーンズ——友人になっていたし、曲もあげた——が自分たちの新しいライバルとして書かれることは喜ばなかっただろう。

にもかかわらず、コールマンが型にはめた筋書きは、幾度となくとり上げられることになった。ビートルズをボーイッシュで人なつこいと描写していた記者の多くが、ストーンズを不潔で不快だと書く。まるで手抜きだった。コールマンの記事が出てからわずか十日後に、『デイリー・エクスプレス』は、ストーンズは「気位の高い母親なら誰だって、バスルームに閉じ込めてしまうような汚らわしいやつらだ」と書いた。「しかし、ローリング・ストーンズ——唇がぶ厚く、顔色の悪い、髪がぼさぼさの五人の若いタフなロンドンのミュージック・メイカー——は、母親の言うことなんか気にしない。いまやビートルズはすべての世代に受け入れられている、（だが）ローリング・ストーンズは、ティーンズのあいだでその地位を奪う存在だ[58]」。オーストラリアの記者リリアン・ロクソンは、ビートルズは、「まるでブライアン・エプスタインにごしごし洗われたかのようだが、ローリング・ストーンズは、一週間おなじ服で、夕食も与えられずに毎晩ベッドに放り込まれているかのようだ。ビートルズの歌は、すすいだ後にきちんと乾かされている。ストーンズの歌は、水も石鹸も無縁だ。小さなねじ巻き仕掛けの愛らしいモップヘアのビートルズは手を握りたがるだけなのに、憎らしげで耳障りなストーンズはレイプ、強奪、盗みを働こうとする」(59)と書いた。

いくぶん逆説的だが、ストーンズの人気は、彼らが愛する音楽がそれほど知られていないためでもあった。「ふつうの」十代なら、ショー・ビジネスの世界がいまの流行だと決めた人物を無批判に受け入れるだろう。しかし、ストーンズのファンは、自分たちはもっと好奇心にあふれ、みる目があると思っていた。この意味で、彼らは現代のヒップスター——都会に住み、二十歳そこらで、自分たちが最高だと思えるカルチャーを何よりも大切にする——の先駆けになったとも言える。一九六〇年代はじめ、イギリスでR&Bのニッチなファンが増え始めた頃、ジャガーは『メロディ・メイカー』に手紙を送っている。たんに自分がその世界の前衛にいることを主張するためだけの無防備な（クールではないとも言える）手紙だった。ジャガーは、「R&Bが売れる以前から、チャック・ベリーやボ・ディドリーのレコードをリリースするよう、パイ・レコーズ（イギリスのレーベル）に手紙で訴えていた」。

パイ・レコーズの方々が私の名前を覚えているかわかりませんが、きっと覚えていることでしょう。私にカタログを送り、とても共感してくれました。私たちをぽっと出の何も知らないビート・グルー

(57)　Chris Welch, "Obituary: Ray Coleman," *The Independent* (September 13, 1996).
(58)　Judith Simons, *Daily Express* (February 28, 1964).
(59)　Wyman, *Stone Alone*, 233からの引用。

プだと考えている評論家には、私たちのレコードのコレクションを見に来て頂きたい。コレクションには、ジミー・リード、エルモア・ジェイムズ、（ジョン・リー・）フッカーのレコードがあり、リトル・ウォルターのプライベート・テープも大量にあります。いかがです(60)。

とにかく、ジャガーには言うべきことがあった。六〇年代はじめのイギリスでは、オーセンティックなデルタ・ブルースやテンポの良いシカゴ・スタイルのR&Bに触れることはそう簡単ではなかった。それなりの努力が必要だったのだ。こういったLPレコードは、たいていシカゴのチェスや、ロサンジェルスのスペシャリティといったレーベルから直接入手する必要があった。アメリカのレコードはイギリスのものよりも値が張り、もちろん配送料も支払わなければならなかった。ジャガーは、十代の頃にブルースLPを輸入注文するようになった。「彼は国際小切手を送ってきたよ」と、父とおじが一九五〇年代にチェス・レコーズを創設したマーシャル・チェスは振り返る。「配送室で働いていたときに、レコードをつめた箱をイギリスに送ったのを覚えている。関税関係の書類を書いてね。最初の頃のブルース愛好家は、チェスのアルバムを欲しがった。……珍しかったんだ。イギリスからのオーダーなんて、しょっちゅうあることじゃなかったしね(61)」。

言うまでもなく、ストーンズの名は、マディ・ウォーターズの一九五〇年代の曲、「ローリン・ストーン」へのトリビュートで、初期のファンにはすぐにわかることだった。しかしグループの人気が高まると、ストーンズを聞く若者の多くは、この由来を知っても興奮することはなかった。当初、ストーンズのファンは圧倒的に都会に住む人が多く、自分たちは訳知りで目が利くと考えていた。R&Bを好むだけでなく、ジャズにも詳しい若者たちだった。ケルアック、ギンズバーグ、バロウズといったビートニクのスタイルをまねた。さらに文学志向の強いファンは、本棚にランボー、ドストエフスキー、そしてウィリアム・ブレイクを並べた。追われた「よそ者」としての地位にこだわり、固執した。そしてビートルズを愛するポップな大衆を笑った。オランダのストーンズのファンの一人は、ピンク・エレファントという地元のディスコはビートルズ・ファンは出入り禁止だったと振り返る。入り口ドアには、「ストーンズ・ファン・オンリー」と書いてあった。(62)

親たちが、ストーンズにはぞっとすると言ったり、彼らを悪く言おうものなら、その反抗的アイコンとしての地位はさらに高まった。のちには、史上最大のツアーバンドになって、弁護士やアシスタントに囲まれ、けちないざこざからは免れるようになるが、六〇年代初めのストーンズには、それも難しかった。ホテルでは、夜間の門番に女性客を連れ込むのを拒まれたりもした。またあるときには、ホテルへの宿泊そのものを断られたり、タクシーの乗車拒否にあったり、レストランに入店拒否されたり、地元の田舎者になじられることもあった。「タバコを買いに店に入ったら、一本も売ってもらえないことだってあった」と、ワイマンは回想する。「この店ではあなた方のような人には売りません」、店の人はあざ笑っていた。「どうぞお引き取りください」。ブリストルのグランドホテルでレストランの案内人にそっぽを向かれたときには、タブロイド紙のヘッドラインにこう書かれた。「ローリング・ストーンズ

(60)　Ed Ward, Geoffrey Stokes, and Ken Tucker, *Rock of Ages: The Rolling Stone History of Rock and Roll* (New York: Simon & Shuster, 1986), 283 からの引用。
(61)　Marc Spitz, *Jagger: Rebel, Rock Star, Rambler, Rogue* (New York: Gotham, 2011), 25.
(62)　Hans Oosterbaan, in *Love You Live, Rolling Stones: Fanfare from the Common Fan* (Springfield, PA: Fanfare Publishing, 2002) 29.

昼飯にありつけず[63]」。

生真面目な大人は、ストーンズのファンもとがめた。一九六四年五月に、『デイリー・ミラー』が報じたところでは、コヴェントリーのある校長が、十一人の生徒を「ストーンズの髪型をまねしている」として停学処分にした。生徒たちは「ビートルズのように、髪をきちんと切るまで」学校に来てはならないと言われた[64]。アメリカの音楽評論家アンソニー・デカーティスによると、その年の十月、ストーンズが『エド・サリヴァン・ショー』に出演した翌日、「先生という先生はローリング・ストーンズについて講釈し、いかに彼らが不快か語った。生徒の頭をなでて、ビートルズを好きになりなさいと言った。ビートルズにはしびれたようだが、ストーンズは楽しめなかったようだ[65]」。

ストーンズを禁止した親もいた。あるファンは、成長期の自分はラッキーだったと振り返る。両親は彼女のお気に入りのバンドがビートルズなら良かったと思っていたが、それでもストーンズのLPを家に置いておくことは許してくれた。女の子の友達のほとんどは、「レコードをこっそり手に入れて、親の目の届かないところに隠しておかなければならなかった」。「もちろん、これも楽しみの一つだった。友達のリンダと『イングランズ・ニューエスト・ヒット・メイカーズ』を聞いたのを覚えている。彼女のベッドルームで、レコードプレーヤーの上に枕の山を築いて音を消した。いかに彼女の母親がストーンズを嫌っていたかわかる[66]」。

一九六四年七月四日、ストーンズはBBCの全国放送の音楽パネルショー番組『ジューク・ボックス・ジュリー』に登場したが、評判は悪かった。映像は残っていないが、そのときの写真が彼らのムードをとらえている。これまで聴いたレコードについて聞かれ、愛想よくおしゃべりするどころか、ストーンズは無礼でとげとげしかった。「誰もペラペラしゃべったりしなかった」と、のちにキース・リチャーズは言う。「俺たちは、演奏された曲を全部けなしただけだ(67)」。『デイリー・スケッチ』の評論家は次のように書く。ストーンズは、「聾学校の若者の中で鍛えられた耳でないと聞き取れないような、『えー、ああ、えっと、ぼくは、えっと、えー、それは、ははは、ひどいよね、って、思う』といった、カタル症状の低い声で自分たちの好き嫌いを言った(68)。普段はストーンズに好意的な『ニュー・ミュージカル・エクスプレス』誌でさえ、ストーンズが『ジューク・ボックス・ジュリー』に出演したのは、「まったくの面汚し」だと書いた。のちにストーンズは、謝罪するどころか、自分たちは騒ぎを起こすつもりはなく、番組のプロデューサーがつまらないレコードの束にコメントを求めたせいだと主張した(69)。

十日後、ストーンズはブラックプールにあるエンプレス・ボールルームでのコンサートのトップを飾った。しかし、これも大騒動に発展した。トラブルの発端は、ある若者がステージの前からブライアン・ジョーンズにつばを飛ばし始めたことだった。（目撃者によると、彼はブライアンの「女々しい姿」に抗議したのだと言う(70)。）最初に反応したのはキースだった。その若者の手を踏んで顔を蹴ったのだ。一瞬にしてホール全体が爆発した。ストーンズはすぐに退散したが、警察が秩序を回復するまでに、ファンは、

---

(63) "Rolling Stones Gather No Lunch," *Daily Express* (May 11, 1964).
(64) "Beatle Your Rolling Stone Hair," *Daily Mirror* (May 27, 1964).
(65) Fornatale, *Fifty Licks*, 25.
(66) Oldham, *Stoned*, 284 からの引用。
(67) Richards, *Life*, 166.
(68) Mark Paytress, ed., *The Rolling Stones: Off the Record* (London: Omnibus Press, 2003), 62 からの引用。
(69) Wyman, *Stone Alone*, 238 からの引用。
(70) Wyman, *Stone Alone*, 242 からの引用。

靴、ボトル、コインを投げ、シートを引き裂き、カーテンを引きはがし、クリスタル製のシャンデリアを粉々にして、スタインウェイのグランドピアノを破壊した。五十人がけがをして病院で治療を受けることになり、この町の議会はストーンズを出入り禁止にした。

一九六五年三月十八日の深夜にストラトフォードのガソリンスタンドで起こった出来事は、ストーンズにさらに悪い（良い、ともとれる）評判を与えた。その日、ストーンズは上機嫌だった。彼らはフランスで最も人気のレコーディング・アーティストとの仕事が決まったばかりで、ホリーズとの短期間のツアー――十四日連続十四回のコンサート――の最後を成功させて帰るところだった。午後十一時三十分頃、ストーンズはスタンドに立ち寄り、各々身体を伸ばして、ビル・ワイマンはトイレに行くつもりだった。しかし、ボタンダウンを着た四十一歳のチャールズ・キーリーという名の接客係は、彼らにトイレはないと告げた。トイレがあるとわかっていたワイマンは、使わせてくれるようにしつこく頼んだが、再び断られた。その口論に他のストーンズが加わり、ワイマンにトイレを使わせろとせっついた。どちらも譲らず、会話は熱を帯びた。

「俺の庭《フォアコート》から出ていけ！　俺の土地から出ていけ！」キーリーは、そう叫んだと思われる。

「俺のちんぽの皮《フォアスキン》をむけ！」ジョーンズが言い返した。[71]

三人のストーンズ――ジャガー、ジョーンズ、ワイマン――がズボンのジッパーを下ろして歩み寄り、近くの壁に向かって男性自身をさらけだした。

気分を害した目撃者が車のナンバーを書き留めておかなかったら、この出来事は忘れ去られていただろう。しかし、ちゃんと記録されていた。そしてこの事件は「一九六五年の立ちション大騒動」となる。三カ月後、ワイマン、ジャガー、そしてジョーンズは、ロンドンのイースト・ハム治安判事裁判所に出頭を命じられた。宣誓証言によると、あの晩ジャガーは放尿しながら、「どこにでも小便してやるぜ！」と叫んだ。すると他のメンバーも、一斉にはやし立てたらしい。「どこにでも小便してやるぜ！　どこにでも小便してやるぜ！」うち一人は、おかしな踊りまでしたことになっている。サーヴィス・ステーションに小便をまき散らして、数人は運転手付きのダイムラーのツーリングカーの窓から手を突き出し、接客係に向かって「よく知られるジェスチャー」をした。

キーリー氏がストーンズを「長髪のモンスター」と呼んだことを指摘したうえで、ストーンズの弁護人は彼がたんに腹いせで告発したのではないかと尋ねた。

「『長髪のモンスター』という理解が、私の申し立てに影響を与えたことはありません」と、キーリーは証言した。「しかし、それがことの始まりだったかもしれません。決して彼らに従業員用のトイレは使わせないと心に決めたからです」。

ストーンズの三人は、「侮辱行為」で五ポンドの罰金と裁判費用の支払いを命じられた。治安判事裁判長は、次のように結審した。「ローリング・ストーンズであっても、ビートルズでもあっても、たとえ誰であっても、こうした行為を容認することはできません。その分野の高みにあるとしても、こうした行為をしてもいいということにはなりません。むしろ、あなた方は大勢の支援者の道徳的規範となる行動基準を定めておかなくてはならない。あなた方は、若いジェントルマンにふさわしくない振る舞いという罪を犯したのです」。(72)

(71)　庭（forecourt）とは、この場合建物入り口前の開けた空間を指す、イギリスではよく使われる表現。
(72)　Wyman, *Stone Alone*, 306 からの引用。

裁判は、ロンドンのタブロイド紙が盛んに報道した。ロック評論家のマーク・スピッツが言うように、それは大きくなるストーンズ伝説に刻まれた。「信頼できるアベルとしてのビートルズに対して、危険なカインとして自分たちを確立すべく行動するというアイディアは、ストーンズの頭の中にすでにあったが、このとき、この事件がその分水嶺となった。ビートルズは決められたところに小便をする。ストーンズは気が向いたところに小便をしたのだ[73]」。

ストーンズは、大人たちから受ける扱いがひどいと公言することがあった。髪が長いだけで意味もなく非難されていると主張したり、不衛生でだらしないという報道は正確ではないと抗議したりしたこともある。[74]「たんに俺たちが他人と違う恰好をして長髪にしているからといって、俺たちが不潔だとか、ばかばかしい話がでっち上げられる」と、ブライアン・ジョーンズはもらした。「洗濯した清潔な服を着るなんてことに関しては、俺は潔癖なんだ。だから、記者が書く、俺たちが清潔にしているかどうかのくだらない話はでたらめだし、いらない[75]」。そうは言っても、彼らも割に合わないことは知っていた。どんなに抗議したところで、ストーンズは頭からノミをまき散らしていると信じたい人は、そう信じるのだ。

そういうわけでストーンズは、口うるさい相手には尊大な態度をとることが多かった。「親たちが俺たちのことを嫌いかどうかなんて、どうでもいい」、ジャガーはインタビュアーに答えた[76]。また別の機会には、「俺たちがだらしなくて不潔だと言って、嫌う人間がたくさんいるのは知っている[77]」。「だからなんだ？　わざわざ俺たちを見に来る必要もないだろう」。「この髪型はギミックじゃないぜ」、ジョーンズは言う、「正直、かっこいいと思っているよ。髪が長い方が俺はまともに見えるんだ。嫌いなら、それはお気の毒だったね[78]」。

もちろんファンはそこが好きだった。長髪に加えて、スキニーな骨格にまとった色とりどりの雑多な服の組み合わせが、彼らの魅力の大切な要素でもあった。一九六四年のあるティーンエイジャーから編集部への手紙が、この点を物語る。

ストーンズが髪の毛の横と後ろを短くするべきと言うのは、間違っているばかりか的外れな提案です。ジャッキー・ケネディにエレガントに着こなすべきではないとか、フィデル・カストロに口ひげはふさわしくないと言うのとおなじです。……ストーンズが人気なのは、私たちでも買えるスウェット・

（73）Marc Spitz, *Jagger*, 75-76.
（74）一九六四年六月号の『ローリング・ストーンズ・ブック』（特別号）で、ビル・ワイマンは、なぜストーンズに出会う前に小売店店主の仕事を辞めなければならなかったのか、インタビューで尋ねられた。
「ああ、辞めざるをえなかった」、と彼は言った。「髪型のせいだよ。ほら、俺は髪を伸び放題にしているだろ、皆は俺を奇妙な眼で見始めたのさ。……髪を切りに行くか、会社を辞めるしかなかった。それで辞めたのさ」。
この話は、真実ではない。自身の回顧録においてワイマンは、ストーンズに会う前は普通の市民の格好だったと話している。実際、一九六二年十二月に、チェルシーのパブでジャガー、ジョーンズ、リチャーズを紹介されたとき、ワイマンは彼らの姿に驚いている。彼らは「髪を耳より長くして、とてもむさ苦しく——ボヘミアンか芸術家気取りに——見えた」と言う。ポップな世界から来た自分にとって、スマートさは当たり前だった。仕事にはきちんとした服装をして、髪型はトニー・カーティス風でまとめた。自分の振る舞いすべてが、彼らのだらしない格好とぶつかった。カジュアルで着古されたジャケットとズボンをまとった人間とは、普段交わることがなかったのだ」（強調は筆者）。
（75）Keith Altham, "The Rolling Stones: This Is a Stone Age!" *NME Summer Special*（1966）.
（76）"The Hair Stays Long So Hard Luck!" *Melody Maker*（March 28, 1964）.
（77）Massimo Bonanno, ed., *The Rolling Stones Chronicle: The First Thirty Years*（New York: Henry Holt, 1990）, 24 からの引用。
（78）"The Hair Stays Long So Hard Luck!" *Melody Maker*（March 28, 1964）.

シャツやコーディロイ・パンツを身につけているからです。長髪は、戦時中の軍隊の短髪規則に対する抵抗の兆しです。男性が派手でカジュアルな服を着るのは、戦時中の灰色がかった黄褐色の「復員兵服《ディーモブ・スーツ》」への反発で、ファッショナブルなのです(79)。

「髪型を理由に、ローリング・ストーンズが嫌いだと言う人にはうんざり」と、他のファンも書いている。「イングランドは彼らをもっと誇るべきです。誰もがリヴァプールの才能が南部地方を圧倒したと嘆いてばかりいます。しかし、いまや誇るべきグループがいるのに、半分くらいは彼らに不満なのです(80)」。

社会規範に従うことを嫌う十代はみな、ストーンズのライヴ・パフォーマンスに惹かれた。それは危険な雰囲気をはらんで轟いたばかりでない。重要だったのは、マージーサイド出身アーティストのステージとはまったく異なっていたことだった。ジャガーはのちに、「キースとは、ビートルズのようなグループのバックグラウンドにある、音楽ホールやヴォードヴィルの影響についてよく話をした」と語っている。彼が言うのは、ビートルズのハンブルク以降のプロ意識――こなれたステージトークや、演出されたおじぎ、そして不自然な快活さ――のことだった。ジャガーは次のように言う。「イングランドより北は、当時、文化的にロンドンからずっと遅れていた。それ自体はべつに悪いことではなく、ただそうだったということだ。それで、こうした若いグループはみな、親に連れられて行った音楽ホールを見ながら育った。だから、ホリーズみたいなバンドは、ステージに上がるとヴォードヴィル芸人のように振る舞う。クールじゃない(81)」。

対照的に、ステージ上のストーンズは怒り狂う激しさを前面に出した。ビートルズとおなじように、警察の警戒線がファンから彼らを守ったが、よほど手に負えない観客と向かい合わなければならなかった。聴衆はしばしばホールの前方に押し寄せ、大勢で波のようにゆれた（「まるでハリケーンに吹かれる椰子の木みたいだ」と、ジョーンズは言った）。(82)「そんな観客の中に入っていくと、まるでクリミアの戦いのようだった」と、リチャーズは言う。「誰もがあえいで、胸をさらけ出して。小娘たちは呼吸困難になって、看護師、そして救急車だ」。(83)これこそがストーンズが望むものだった。ジャガーは群衆を煽る方法を学んだ。バンプし、まるで狂犬病にかかった兵隊のように足を上げてステップした。ジョーンズもおなじように、ステージの際まで進んで身を乗り出しては、女子をいやらしい目つきで見た。少女がボーイフレンドと一緒だとさらに都合がよかった。男の顔の目の前でタンバリンを打ち鳴らし、いたずらっぽく笑った。ファンはあらゆる角度からプレゼントや何やらををストーンズめがけて投げた。腹を立てた警官がストップをかけて、彼らのパフォーマンスがわずか数分で終わることもあった。カーテンが降りるやいなや、警備係がバンドに駆け寄り、会場からストーンズを連れ出し、通りに止めた車に乗せるのだ。彼らをそれ以上そこに置いておくと大惨事になりかねなかった。

ストーンズは、どのバンドよりも複雑な性的反応《セクシャル・レスポンス》を誘発した。それは、ミック・ジャガーが持つ、中性的な魅力に依るところが大きかった。何より長髪と細い骨格、そしてカラヴァッジオのような大き

（79）Wyman, *Stone Alone*, 170からの引用。「復員兵服《ディーモブ・スーツ》」は、昔ながらの平凡な服装を軽蔑した俗語で、第二次世界大戦後に復員兵が市民生活に戻るのを助けるために支給された、大量生産の安価な復員兵服に由来する。
（80）*Rolling Stones Monthly Book*, Issue 1 (June 1964), 2.
（81）*According to the Rolling Stones*, 68からの引用。
（82）*Rave* magazine（1964）からの引用。
（83）Davis, *Old Gods*, 83からの引用。

な口がフェミニンな印象を与えた。そして、おどけるような、からかうようなしぐさ――腰を激しく振り、身振り手振りをし、飛びはね、小刻みにゆれる様子――がその魅力に拍車をかけた。（のちに「ロック界のキング・ビッチ」と彼が呼ばれたのも無理もない。）プリティ・シングスのリードボーカルだったフィル・メイは、ストーンズの聴衆に他より男性客が多く混ざっている理由の一つは、これだと考えた。「ああいう風にパフォーマンスして、彼は少女たちには性的アピールを、男子には同性愛的魅力を振りまいたんだ」と、メイは言う。「ホモセクシャルな男子たちのことを言ってるんじゃない。ミックはヘテロセクシャルなやつらも刺激した」。こうしたメイの見立ては、一九四〇年代にアルフレッド・キンジーが初めて説いた有名な理論に共鳴する。性的魅力は同性愛＝異性愛の連続性のうえに成り立つのだ。「実際、誰しも自分の中に同性愛的要素を持っている」と、メイは推論する。そしてジャガーは、男性ファンの潜在的な、あるいは抑圧された感情を誘い出す独特の能力を持っていた。「そんなことを彼らに聞いても、きっと否定するだろう。しかし、二面性というものがあって、とくにストーンズの場合は、それが顕著だった」。

いずれにせよ、ストーンズが登場するまでは、ポップ・グループの最も熱狂的なファンは十代の少女たちだった。メイは言う、「彼女たちはジェリー＆ザ・ペースメイカーズとか、ポール・マッカートニーの写真を壁に貼っていた。男子はそんなことはしない」。それに、ロック・コンサートに男子がいるとしたら、たいていはデートでの付き添いだった。おおかた会場の後ろに固まって、薄ら笑いしたり、ぽかんと突っ立っていたものだ。しかしストーンズはまったく違う反応を引き出した。男子がステージ正面にいい場所を確保するために、女子の中に強引に割り込んだのだ。「体力的に圧倒された小娘たちはどんどん後ろに追いやられ、その結果、前から二十五列は男子ばっかりになった」。それは以前には

ないことだった。(84)

言うまでもなく、イギリス社会における性への態度は、六〇年代初めにビートルズやストーンズが現れるよりも前に緩みはじめていた。十代の乱れた性関係は社会的心配事となり、検閲は弱まり、年上世代の考えの古さは、伝説的な『プライベート・アイ』誌や、ピーター・クック、ダドリー・ムーア、アラン・ベネット、ジョナサン・ミラーが演じた人気ステージ・コメディ「ビヨンド・ザ・フリンジ」などに巧みに風刺された。それでも、スリム・ハーポの「キング・ビー」が十代に受けると考えたのは、ストーンズだけだった。(「蜂蜜だってつくれるさ、こっちへおいで。」) ストーンズがウィリー・ディクスンの「リトル・レッド・ルースター」——表向きにはニワトリを歌った歌——をカヴァーしたとき、ジャガーは卑猥な意味合いを歌に込め、アメリカのラジオ局は放送を拒んだ。そしてもちろん、一九六五年にイギリスでもアメリカでもナンバーワンとなったストーンズのモンスター・ヒット「(アイ・キャント・ゲット・ノー・) サティスファクション」は、それまで商業ラジオ放送では流されたことがないような、直接的に性を歌った曲だった。歌詞の第三節では、抱きたいと思っていた彼女が生理中だったことをぼやいている。(「ベイビー、またおいで、たぶん来週あたりに。」)(85)

---

(84) 一九六五年にストーンズの最初の(ほとんど観られることがなかった) ドキュメンタリー『チャーリー・イズ・マイ・ダーリン』を撮ったピーター・ホワイトヘッドもおなじようなことを言っている。「ミックはちょうど正面に立って、観客の一人一人に自分の身体をすり寄せて、接触し、性的に刺激していく。男性客もだ。普通じゃない……女性客だけじゃないのだ。男性客は、最前列に立ち、泣いて叫んでいる、ミーック!」一九六四年に、ローリング・ストーンズが『ザ・マイク・ダグラス・ショー』に出演したとき、司会者は尋ねた。「五人の中で、一番女性に人気があるのは?」ブライアン・ジョーンズが割って入って、「ミックはむしろ男子に人気がある」と言った。「からかってるんですよ」と、ジャガーは切り返した。

(85) "baby better come back, maybe next week" あるいは、「ベイビー、またおいで、来週おわりくらいに (baby better ↖

そのうちに、多くの若者が、私的な関係における率直さ《キャンディネス》と真正さ《オーセンティシティ》という新しいエトスを唱えるようになった。明らかにこれは、表向きは親しげだが中身は不誠実という、同調主義的な五〇年代の人間関係に対する反応だった。パンク詩人パティ・スミスは、ベビーブーマーの中でも最も「孤独な群衆」の文化的抑制に敏感だった。一九六四年、スミスは、『エド・サリヴァン・ショー』で演奏するストーンズを自宅のリビングルームで初めて観た。エホヴァの証人で工場労働者だった父も、ストーンズの演奏がすべて終わるまでずっと「画面に釘付けになって、やたらと罵しりながら」観ていた。もしまさにその瞬間、自分の娘が性的、世代的めざめを経験していたと知ったなら、父親はおそらくもっと怒り狂っていただろう。数年後、彼女はそのことを奇妙なモダニスト的散文に書いた。「私は熱いドットが散らばるフィールドに閉じ込められていた」。

ギタープレイヤーにはニキビがあった。ひざまずくブロンドは目の下にクマがあった。一人は油っぽい髪だった。もう一人はぼさぼさだった。シンガーは汗でぬれて肌が透けて見えて、それはミルクのようにも見えた。私は彼のパンツから放たれるX線を感じた。硬い肉だった。ひどくふしだらだ。五人の白い男たちは黒人《スペード》に劣らずセクシーだった。彼らの神経は高ぶって、三つ目の脚は大きくなっていた。六分もしないうちに、五人のセクシャルな映像は、処女だった私の下着に初めて粘りけのあるものをもたらした。(86)

ミック・ジャガーは、後年、パティ・スミスにとても冷酷だった。一九七七年に行われたイギリスの雑誌『サウンズ』のインタビューで、ジャガーはスミスについて、「クズ」、「ひどい」、「ばかばかしい」、

「戯れ言ばかり」、「最悪の気取り屋」、「使いようのないギタープレイヤー」、「下手な歌手」、「ちっとも魅力的じゃない」、「音楽的に一緒じゃない」などとこきおろし、ようやく最後に（おかしな具合に）「彼女はオッケーさ」と締めくくった[87]。一九六五年の時点では、彼女はたしかにローリング・ストーンズとつながっていたファンの典型だった。けっして追っかけ少女ではなかった。当時パティ・スミスはニュージャージーのおもちゃ工場で働いていた。経済的に無理だったが、アートスクールに行きたいと思っていた。クリエイティブで、意識が高く、教養があった。中古ショップを漁り、難解な本を万引きした。賢い性格だったので、ストーンズ・ファンが言うように、何も考えずビートルズについて回る類いの若い十代の娘ではなかった。

パティ・スミスのようなファンを獲得する一方で、ストーンズはイギリス上流階級の浪費生活にもぐり込もうとしていた。とくにジャガーは誰よりも社交的なつきあいを望んだ。一九六三年秋にクリッシー・シュリンプトンとつきあい始めたのも（ジャガーは二十歳で、シュリンプトンは十八歳だった）、おそらくは、ジャガーが彼女を自分が望む場へ登るための足がかりと見ていたからだろう。クリッシーは、世界で最初と言われるスーパーモデル、ジーン・シュリンプトン（「ザ・シュリンプ」）の妹で、とても裕福だった。新しいロンドンのセクシー・フェイスとして知られたジーンは、イギリスで一番ヒップな写真家デイヴィッド・ベイリーと婚約していた。（後には、国内で最も人気が高かった俳優テレンス・スタンプと交際した。）クリッシーは、目の大きな姉ほどの美人というわけではなかったが、たしかにかわいらし

↙come back, *later* next week）」と歌っているようにも聞こえる。
（86）　Patti Smith, "Rise of the Sacred Monsters," *Creem* (1973).
（87）　*Sounds* (October 29, 1977) からの引用。

く、年齢を超した自信に満ちあふれていた。演奏後のジャガーに大胆に近づいて「キスして」とせがんだのが二人の出会いであったことは、伝説になっている。

二人はスーパーカップルで、当初はクリッシーが主導権を握っていた。彼女はジャガーより世慣れし、人脈も広かった。イギリス社交界で有名だったインテリア・デザイナー、ニッキー・ハスラムは、クリッシーがミックを連れてくるようになった頃のことを覚えている。クリッシーは、きらびやかな友人に恥ずかしそうに冗談を言った。「彼はお掃除の方。新聞に広告を出したら来たの」(88)。

しかし間もなくして、彼女はこの新しいボーイフレンドを、ロンドンの有名人たちにのろけて回るようになった。「とっても素敵なの」、ベイリーはクリッシーが言ったのを覚えている。「ビートルズよりビッグになるのよ」(89)。

唯一の問題は、二人がまったく仲良さそうに見えなかったことだった。当時ストーンズの周囲の誰もが、いかに激しく、頻繁に、ミックとクリッシーが言い争っていたか記憶する。アンドリュー・オールダムは、回顧録『ストーンド』の中で、一九六三年四月に初めてストーンズに会いに行ったとき——ジャガーが何者でどんな風貌なのかまだよく知る前に——、クロウダディ・クラブの外の路地で、ミックとクリッシーが激しく口論していたのを見たと書いている。マリアンヌ・フェイスフルも、一九六四年三月にエイドリアン・ポスタのレコード発売パーティの場でジャガーに出会った夜について、おなじような回想をしている。クリッシーは、「泣きながらジャガーにむかって叫んでいた。あまりに白熱して、彼女のつけまつげがはがれてしまった」(90)。二人の友人だったモルドウィン・トーマスも、「有名な皿の投げ合いや、ハリウッドまがいの口論」を覚えている(91)。ときに、クリッシーはボクシングのような勢いでミックに襲いかかって家から追い出したり、あるいはジャガーにかまわれないように、数日間姿をくら

ますことがあった。「ミックはよく泣いた」と、シュリンプトンはのちに語っている。「私たちはどちらもよく泣いた」。(92)

オールダムが考えるには、問題は二人の力関係の変化から生じた。ミックの「成長するカリスマ性と、……それを楽しむミックのあからさまな態度」がそこにあった。(93) クリッシーもおなじように考えた。「一緒に通りを歩いていたとき、ミックはふとストーンズのファンを見つけた。突然私の手は振り払われ、彼は一人で私の前を歩きはじめた」。(94)

終いには、ジャガーはフラストレーションを音楽にぶちまけた。「アンダー・マイ・サム」、「ストゥピッド・ガール」、「ナインティーンス・ナーバス・ブレイクダウン」――これら容赦なく罵倒する歌は、すべてクリッシー・シュリンプトンについて書かれたものだと言われる。ジャガーが最も残酷に彼女をこき下ろした曲は、「アウト・オブ・タイム」だろう。ストーンズがこの曲をレコーディングしたのは、ミックがクリッシーとの関係を終わらせようとしながら、同時に、新たな恋人マリアンヌ・フェイスフルに熱を上げているときだった。(「君はもう必要ないよ、ベイビー、僕に捨てられた可哀想なベイビー、……もうお別れさ。」)

---

(88) Nicky Haslam, *Redeeming Features: A Memoir* (New York: Knopf, 2009), 142 からの引用。
(89) Spitz, *Jagger*, 40 からの引用。
(90) Marianne Faithfull, *Faithfull: An Autobiography* (New York: Cooper Square Press, 2012), 20.
(91) Carey Schofield, *Jagger* (London: Methuen, 1983), 100 からの引用。
(92) Norman, *Mick Jagger* (New York: Ecco, 2012), 105 からの引用。
(93) Oldham, *Stoned*, 47.
(94) Norman, *Mick Jagger*, 105 からの引用。

反対に、クリッシーは若いミックのために多くのことをした。ロンドンの著名な知識人に紹介し、バス・ストップやビバといった最先端のブティックに連れて行った。アド・リブ、クロムウェリアン、スコッチ・オブ・セント・ジェイムズといった会員制のクラブにミックを連れて行ったのも彼女だった。ミックはそこで、ポップ・カルチャーの著名人の仲間入りを果たした。「ミックは自分たちのロマンスを新聞のゴシップ記事のネタだと考えたがった」と、ある伝記作家は言う。「ツアー中の地方の記者とのインタビューでは、ストーンズは北部ゴーモンのＡＢＣ局の寒い裏階段に座って、全員が患っていた軽いインフルエンザで鼻をすすり、ペプシのボトルに唇に当てて傾けながら、こう言った。『……俺とクリッシー・シュリンプトンについての嘘がいろいろ書かれている』[95]」。ストーンズがアメリカで人気者になった後で、クリッシーは『モッド』誌に「ロンドンより愛を込めて」というコラムを書き始めた。彼女はアメリカの少女たちに二人の素敵な出来事を伝えた。

「ミックと私は、先週、ジョージとパティ・ハリスンを訪ねたの」、という具合に文章は始まる。

土曜の晩、私たちが着いたとき、彼らはちょうど映画に出かけるところだった。それで私たちも一緒に行かないかって。映画はジョン・レノンのプライベートなホームシネマだったのよ。そんなところで映画なんて素敵。オーソン・ウェルズの『市民ケーン』という映画を観たの。ボーンヴィルのチョコレートにコーヒーを飲みながら。……先日、私の二十一歳の誕生日だった。……ミックは大きな揺り木馬をくれた。それにはペチュニアって名前をつけたの。それにアンティークな真鍮でできた小鳥の入った鳥かごもくれた。お金を入れると、小鳥が鳴くの[96]。

言うまでもなく、ミックとクリッシーが出会ったとき、ジャガーはまったく無名だった。彼は、しゃれたレストランでチップを置くという習慣も知らなかった。ベイリーは、ジャガーをキングス・ロードのキャセロールという店に贅沢なディナーを食べに連れて行ったことを振り返る。「チップを置くように言うと、彼は、『チップを置く？　何のために？』と言う。それで、当たり前のことだから十シリング札、あの昔の紙幣を、置いて行くように言った。ミックは皿のうえに十シリング札を置いたよ。でも、コートを着ているときに、彼の手が伸びて十シリングをこっそりポケットに戻してしまった」。

ベイリーは他にもエピソードを語っている。「のちにミックを、アンディ・ウォーホルに紹介した。最初にミックをウォーホルに会わせたのは、ベイビー・ジェーン・ホルツァーのところだった」。ホルツァーは、派手な人脈のある若いモデルで、裕福な資産家と結婚したばかりだった。夫婦でパーク・アヴェニューの莫大な不動産を共同所有していた。「ミックは座るやいなや、彼女のお気に入りの中国風の格子テーブルにどかっと脚を載せた」。ベイリーは言う、「『なんてこった、彼女が喜ぶはずがない』と思った。ふつう、そんなことはしない。でもミックはどんなことをしても許された。ストーンズはクールなグループだったからね[97]」。

ストーンズはクールなグループだった。それは、ビートルズとは違うやり方で、若者に価値を提供し

(95)　Norman, *The Stones*, 99.

(96)　*Mod*, insert in *Tiger Beat* (August 1966). シュリンプトンの真鍮の小鳥は、レノンの楽曲「アンド・ユア・バード・キャン・シング」のもとになっていると推測するブロガーがいる。それ以外にも、興味深い可能性としては、ジャガーがマリアンヌ・フェイスフルとの新たな関係を自慢するのにうんざりしたレノンが、ジャガーに向けて作ったとも言われる。「バード」はイギリスのスラングで魅力的な女性を指し、そして、じっさい、フェイスフルは歌った。

(97)　*According to the Stones*, 79 からの引用［強調は著者］。

たからだ。その証しとして、猥雑なアメリカン・ブルースへのこだわりあった。礼儀正しい大人の世界とは距離を置いた。ブルースは野心的で、粗野で、真の生活に迫っていた。もちろん苦難や搾取を扱う。しかし、幻滅や放浪、セックスといった、ボヘミアンな若者たちの心につねにあるテーマを歌う。上の世代が認めた商業的なポップ音楽からすると、嫌悪の対象でしかない。

そうこうするうちに、ストーンズは自分たちに染みついていた傲慢さを誇張するだけで、上の世代をひどく狼狽させていることに気がついた。自己を強調するだけでよかった。親たちが彼らを気にするほど——髪型や、服や、不潔さや、素行の悪さに文句を言えば言うほど——反抗的な十代に人気が高まるのだ。ストーンズは、そのまま行儀悪くしておこうというインセンティヴを得た。「アンドリューからは、とくに、実際より大げさに怒っているように言われた」と、キース・リチャーズはのちに打ち明ける。「それからずっと、皆が知っているように演じてきた[98]」。

対照的に、ビートルズはイギリス社会の最上層からの称賛を得た。ビートルマニアは「世代を超えた精神病」だと言った人もいる[99]。『ロイヤル・バラエティ・ショー』での大成功のパフォーマンス（ジョンが、「宝石をならして」と言ったコンサート）の後に、『デイリー・ミラー』に掲載された論説は朗らかだ。この全国版のタブロイド紙は、「派手で、ハッピーで、ハンサムなビートルズを好きじゃないとすると、あなたは相当なくそまじめだ」と、書いた。ビートルズが「中年」の観衆からあれほどの熱狂を引き出すのは、「爽快」ですらある。『デイリー・ミラー』はつづける。

ビートルズ好きは至る所にいる、それは事実だ。ワッピング地区からからウィンザーに至るまで。七歳から七十歳まで。なぜリヴァプール出身の活発で生意気な四人の若者が、これほどまでに大物になったかは明らかだ。彼らは若くて、斬新だ。元気で、楽しげだ。……髪型をモップのようにしている。しかし、ちゃんと洗っている。とても清潔だ。演奏もフレッシュで若々しい。ビートルズのような若者は、ショー・ビジネスに――そして私たちに――新しいサウンドとスタイルをもたらし、良い転換をもたらしている。ビートルズに幸あれ！(100)

・　・　・

一九六三年の終わりに、ロンドンの『イヴニング・スタンダード』紙は「ビートルズの年」という特別付録をつけた。紙面には、「この瞬間、国民の心には、BEATLESという文字が刻まれた」とあった。(101)

こうした賛辞のおかげで、特定の反抗的ティーンエイジャーは、ビートルズに懐疑的になった。ストーンズの初期のファンは、自分たちはカルチャーに精通していると思っていた。「真正《オーセンティック》」で「偶像破壊的」とされるローリング・ストーンズに惚れるとともに、彼らはなんらかの審美的尺度を作り上げた。ストーンズのようなグループ――型破りで、スタイリッシュで、最先端だと思える唯一のグループ――だけが、ファンにとって本当に価値があると。エリートたちの甘やかしに屈するビートルズは間違っている。「裏切り者」だ、と。もちろん、そうはっきりと言う者はなかったが、皆そう思っていた。

---

(98) Pritchard and Lysaght, *Oral History*, 170–171 からの引用。
(99) Norman, *Mick Jagger*, 107 からの引用。
(100) "Yeah, Yeah, Yeah!" *Daily Mirror*, November 6, 1963.
(101) Braun, *Love Me Do*, 65 からの引用。

ビートルズは真剣に聞いてはだめだ。彼らは思春期の少女にナイーブでロマンティックなファンタジーを与えているだけだから。

たしかに薄っぺらな批判ではあった。ビートルズは自分たちのキャリアを高めてファンを喜ばすために、できる限りのことをした。それでも違う態度は取らなかった。「裏切り」は、実際のところ、ショー・ビジネスのプロたちがビートルズが向かうべきと考えた方向性だった。もう少し歳をとって熱狂が収まれば、ビートルズは十代のアイドルという評判を捨てて、せいぜいショー・ビジネスでもっと伝統的な役割、つまり感傷的で控えめなオールラウンドなエンターテイナーになると思われていた。エルヴィスのように、気の抜けた陳腐な映画シリーズに登場することになるだろう。あるいは寸劇やコメディを扱うテレビやラジオのバラエティ番組の司会者になるだろう。レノンとマッカートニーはデンマーク・ストリート（NYのティン・パン通り《アレィ》のイギリス版）の音楽家に転身するかもしれない。引退しないなら、これらが彼らに与えられた選択だ。それまでポップ・スターに、これ以外の前例がなかったのだ。

もちろん、ビートルズもわかっていた。ニューヨークのエキセントリックで早口のDJ、マレー・（ザ・K・）カウフマン――ビートルズがアメリカにやって来たとき、彼らを売り出すために尽力した人物――は、一九六五年二月のナッソーでのことを振り返る。ビートルズは、映画『ヘルプ！』の撮影の合間の休暇で、このとき、誰もがとても酔っていた。とつぜん、ポールがビートルズの最新レコードから数曲弾いた。

マレーはそのときの会話をこんな風に記憶している。

ポール：これから十年くらい経って、誰かがビートルズの名前を出したら、若者は言うだろうさ。

「もはや過ぎ去ったよ。ビートルズはこうさ（両手の親指を下に向けて）。そんな古いグループは忘れな」。なあマレー、僕らは一時的なんだ。ほんのいっとき。
ジョージ：（微笑みながら）ああ、ほんとだ。
ジョン：まあ、な。
リンゴ：だれかタバコ持ってないか？(102)

しかし、ビートルズはそれほど悲観的でもなかった。先細るどころか、何もかも上回っていった。萎えるどころか、ますます野心的になっていった。彼らは、耳慣れない方向感覚を失うような言葉、音、態度、イメージで曲をレコーディングし始め、オーディエンスに挑戦した。その過程で、彼らはポップからアートへと変化した。彼らはポップ・ミュージックの新しい未来を目指し、同時代の人びとみなに衝撃を与えた。もちろん、ローリング・ストーンズも影響を受けていた。

(102) Murray Kaufman, *Murray the K Tells It Like It Is, Baby* (New York: Holt, Rinehart and Winston, 1966), 97.

第四章　アメリカかぶれ《ヤンコフィリア》

ビートルズの初期のアメリカ訪問がどのような感じだったか、思い出せる人は年々減っている。それでも初めてビートルズを知ったときのことを覚えているアメリカ人は、それがいかに楽しくて興奮に満ちていたか熱く語ることだろう。聖人化された六〇年代の象徴的な人物――マーティン・ルーサー・キング・ジュニアとモハメド・アリがまず浮かぶ――と並んで、ビートルズはベビーブーム世代からの批判を完全に免れた存在である。だが当時、ビートルズは数々の不快な騒ぎを起こしていた。彼らがニューヨークのホテルに滞在すると、いったいどういうことになったのだろうか。

一九六四年二月、ビートルズは初めてのアメリカ訪問でプラザ・ホテルに滞在した。安全確保のためだけに一〇〇人のNY市警と、騎馬警官隊、そして私立探偵の一団が動員された。十代の群れが外に集まり、歌ったり、叫んだり、プラカードを振ったりした。ファンからの手紙が大きな袋いっぱいに寄せられ、普段は落ち着いてきらびやかなホテルのロビーは前線基地の様相だった。ビートルズは建物から出入りする際に、キッチンをすり抜け業務用のエレベーターを使った。そしてビートルズが去った後、プラザ・ホテルの支配人は彼らを宿泊させたことを謝罪した。部屋は一カ月前に予約され、そのときにはアメリカでは誰もファブ・フォーのことを知らなかったのだと弁解した。

その年の八月、ビートルズはデルモニコ・ホテルに滞在した。彼らの居場所は秘密のはずだったが、未明にホテルに到着したときには、すでに数百人のファンがパーク・アヴェニューと五十九番通りの角に立って待っていた。夜が明けると、さらに数千人のティーンエイジャーがそこに加わった。警察のバリケード柵の向こう側で、彼らはラジオが流すビートルズの最新情報に聴き入り、セキュリティをこっそり通り抜けようと試み、ホテルの中の誰かが窓のそばを通るだけで狂ったように叫び声を上げた。ついには、警察の責任者は、ビートルズに部屋の中でじっとして明かりを落としておくように要請した。それでもビートルズ狂《ビートルマニアック》は朝方の四時まで外で大声を上げていた。

一年後、ビートルズは三度目のニューヨーク訪問を果たした。このときはワーウィック・ホテルの三十三階フロア全体を貸し切って四晩過ごした。しかし、状況はむしろ悪かった。「モップ頭の歌手が一〇〇〇人の警官を立腹させた。警官は丸一日、約一五〇〇人の思春期のファンをチェックしていた」と、『ニューヨーク・タイムズ』は報じた(1)。警察は近くの通りに柵を張り巡らし、ホテルから半マイルの範囲に立ち入ろうとする者にゲストであることを証明するか、近所のビルに仕事の用事があることの説明を求めた。ビートルズはマンハッタンのまばゆさに感動して、もっと見て回りたいと切望したが、滞在中は二度の重要な仕事を除いて、終始部屋から出ることが許されなかった。

最初に街に出たのは、三度目（で最後）の『エド・サリヴァン・ショー』の収録のためだった。彼らは朝の十一時にCBSのスタジオ50に向かった。そしてそこで丸一日かけて、わずか六曲のリハーサルを行った。最後の収録は夜の八時半で、レノンが「ヘルプ！」の歌詞を若干とちったように見えた以外は最高の演奏だった。

翌日、ビートルズはクイーンズのフラッシングにあるシェイ・スタジアムに向かい、そこで歴史的なパフォーマンスをした。五万五六〇〇人の観衆を集める、歴史上例のない巨大なコンサートだ。プロモーターのシド・バーンスタインは、「何週間もかけてプランを練って、たとえ誰かが戦争を企てようとも、ビートルズの安全を守れるようにとした」と言う(2)。まず、ビートルズをリムジンでホテルからすばやく連れ出す。市当局が彼らのルート沿いの主要な通りを完全に封鎖し、リムジンはすべての交差点や赤信号を猛スピードで走り抜けた。一マイルほど走ってパンナム・ビルに到着したら、屋上に上がって大きな二連プロペラのヘリコプター、ボーイング・バートル107-Ⅱに乗り換えた。ヘリの操縦士はちょっとしたニューヨーク上空ツアーをサーヴィスし（とくにビートルズが望んだわけでもない）、シェイ・スタジアムに向きを変えた。ヘリコプターが駐車場の上空でいったん止まると、ディスク・ジョッキーはスタジアムのマイクを握った。「聞こえるかい？　耳を澄まして……ビートルズだ！　やって来るぞ！(3)」驚くほどたくさんのフラッシュが一斉にたかれ、ビートルズの乗ったヘリが白熱光の中に現れた。

ビートルズは近くのヘリポートに着陸し、ウェルズ・ファーゴ銀行の装甲車に乗り込んで最終目的地のスタジアムに向かった。エド・サリヴァンが彼らをステージに呼んだとき、シェイ・スタジアムに轟く声はさらに大きくなった。何千人ものティーンエイジャーが叫び、卒倒し、気を失い、泣きじゃくり、苦痛にも似た熱狂の中で、ビートルズがフィールドを駆けるのを見守った。いまとなっても、ポップ・

(1)　Murray Schumach, "Teen-Agers (Mostly Female) and Police Greet Beatles," *New York Times* (August 14, 1965).
(2)　Danny Somach, Kathleen Somach, Kevin Gunn, eds., *Ticket to Ride* (New York: HarperCollins, 1991), 63からの引用。
(3)　Spitz, *The Beatles*, 577.

ミュージック史上最も息を飲むシーンだ(4)。

反対側のダグアウトでは、この様子をみつめる四人の特別ゲストの姿があった。ミック・ジャガー、キース・リチャーズ、そしてストーンズのマネージャー、アンドリュー・オールダムに、『NME』誌のためにこのショーを取材していたジャーナリストのクリス・ハッチンスだった。皆、ビートルズがつくりだしたこの熱狂に仰天していた。

「恐いくらいだ」と、ジャガーが言うと、

「耳がつんざかれる」と、リチャーズが応えた。

ハッチンスは次のように書く。「疑いようもなく、それは誰も経験したことのない、最高の、畏怖の念さえ感じる夜だった」。

当日、コンサートの少し前に、ジャガーはビートルズのような空前の人気など望んでいないと語っていた。「ビートルズがうらやましいとは思わない」。ジャガーがそう言い放ったのは、ハドソン川のドックに停泊するヨットの中だった。プリンセスという名のその豪華なヨットは、のちにストーンズのマネージャーとなるアメリカの音楽業界の大物、アレン・クラインのものだった。「俺たちがいかに自由か考えてみるといい。彼らはホテルのベッドルームに閉じ込められていて、ドライヴしたり、こんなことだってできない(5)」。

たしかにそのとおりだった。ビートルズは閉じ込められ、取り囲まれて、ストレスで疲弊していた。そして、ときおり周囲で起こる騒々しい混乱に怯えていた。スキャンダル、暴動、事故、暗殺。不安を感じないときには退屈でたまらなかった。もちろん、シェイ・スタジアムのようなショーはスリリングかもしれない――実際スリリングだった――、しかしそれが終わったらすぐに、ビートルズはまたホテルの部屋に隔離されるのだ。その翌日は彼らのスケジュールは完全に「オープン」だった（めずらしいことだ）、しかし窓を開けることさえできなかった。彼らはその辺に座ってタバコを吸ったり、テレビを観ていた。たしかに、ロネッツやボブ・ディランといった訪問者と時間を過ごすことは楽しかったかもしれない。しかしシュープリームスのメアリー・ウィルソンは、グループのダイアナ・ロスとフロー・バラードと一緒にビートルズを訪ねたとき、彼らはそれはそれは無愛想で、到着するやいなや皆そこから出て行きたそうだったと振り返る。

しかし、ビートルズとストーンズのライバル関係は、たんにどちらがより魅力的なライフスタイルを持っているかとか、自由に動き回れるかといったことではなかった。才能、技術、そして影響力がしだいに問われるようになった。一九六〇年代半ば、ビートルズは作品づくりにより野心的になった。このとき彼らは、周りの羨望を集め、多くの模倣者を引き連れる世代的な「ハーメルンの笛吹き」となったのだった。

ジャガーは結局のところビートルズを羨んでいたと、誰もが考えるだろう。アメリカのポップ誌『ハラバルー』の記者も、一九六六年の夏におなじ印象を抱いた。その匿名の記者は、ストーンズの五度目のアメリカ・ツアーの直前に、ストーンズと三日間をともに過ごす機会を得た。当初、メンバーは彼を冷ややかに迎えた。しかし翌日、七十九丁目に係留されたＳＳシーパンサー号という名のヨット上で予

（4）この様子は、一九六六年にＢＢＣが初めて放送した五十分間のドキュメンタリー『ザ・ビートルズ・アット・シェイ・スタジアム』で観ることができる。映像は、最初は違法コピーで出回り、次にビートルズのアンソロジーＤＶＤシリーズに収録され、そしていまではYouTubeで閲覧できるようになった。

（5）Hutchins, "Prisoners on Floor 33 While Two Stones Went Free," *NME* (August 20, 1965).

定された記者会見に向かう車内で、ジャガーと一緒になった。(6) 途中で、奇妙な広告看板の前を通り過ぎた。レンタカー会社の看板で、その会社は国内で二番目の会社だと謳っていた。自分たちよりランクが高いのは、他のたった一つの会社だけだと。ジャガーはその広告に気づき、思いがけず振り向いて「あれは、俺たちだ。……俺たちはもっと良くならないと。二番手にすぎないんだから」と言った。

この率直でわびしげな告白はジャガーらしくない。この記者は、後ろのミックを見ながら、彼は広告の冗談を言ったのだと思った。しかし、そうではなかった。彼は「あくまでも真剣そのもの」だった。(7)

・・・

イギリスの十代がビートルズとストーンズは根っからのライバルだと見なしても、アメリカでもおなじように——あるいは似たように——受け入れられるとはかぎらなかった。ビートルズが登場するまで、イギリスのポピュラー・カルチャーがアメリカの文化に大きな影響を与えたことはそれほどなかった。また、それぞれの国のメディア環境は大きく異なっていた。イギリス人は昔から安っぽいタブロイド紙が好きで、『デイリー・ミラー』や『デイリー・スケッチ』のような人気紙は、ビートルズには熱狂的な敬意を表しつつ、ストーンズを厳しく批判した。またイギリスには影響力のある音楽誌があったが、アメリカにはなかった。『メロディ・メイカー』や『NME』のような週刊誌は、今週は誰が上がってきて次の週には誰が下がって、最新の読者投票では誰が誰を打ち負かした、といった見出しであふれていた。

この手の最新情報はファンにとってはスリリングだったが、二つのグループはおなじようなものだという誤った印象を与えることにもなった。実際は、売り上げにおいてビートルズはつねにストーンズを大きく上回った。二〇〇五年になって、ミック・ジャガーはおそらく一九六四年のことと思われるエピソードを振り返っている。「皆でどこかのクラブに行ったときだ。ジョージはビートルズがいかに俺たちよりたくさんのレコードを売ったか大げさに話した。言い争いじゃない。ジョージは、とにかく一生懸命にその点を強調した(8)」。

多くのアメリカ人記者は、まったく事情がわかっていなかった。高学歴で、ジャーナリストとしての職業的な訓練を受けた記者たちで「洗練されていた《ソフィスティケイティッド》」(と自分たちで思いたがった)。彼らは当たり障りのない慎重なジャーナリズムを心がけた。そうしたやり方は内容によっては上手くいったが、最新の若者文化を報道することには不慣れだった。そのため、イギリスから聞こえてきたことを、そのまま受け売りで流す傾向があった。つまり、ビートルズとストーンズは「ライバル」だと。一九六四年五月、ロンドンの広告会社がアメリカ人リポーターに単純な筋書きを提供した。そのプレス・リリースにはこう書かれていた。「ストーンズがビートルズの進む道に侵入しようとしている。シープドッグのような風貌で、怒り狂ったように振る舞う、ギターを抱えたブリトン人が前進する。……ローリング・ストーンズを中傷する人びとは、『彼らはビートルズよりも汚く、むさ苦しく気で、だらしがない。しかし場所によってはビートルズよりも人気だ』と言う」。

---

(6) オールダムによると、マンハッタンの豪華なホテルにはストーンズの会見を開いてくれる場所が一つもなかったので、船上で行う以外になかった。しかしこれも、ストーンズが実際よりも危険な存在であると見せるしかけだった。
(7) "The Rolling Stones." *Hullabaloo* (November 1966).
(8) Ono. *Memories of John Lennon*, 107 からの引用。

そういうわけで、ストーンズがアメリカで最初に開いた記者会見では、質問のほとんどがビートルズについてだった。「ビートルズ撲滅」協会に入りたいかと聞かれ、キース・リチャーズは「ノー」と答えた。しかし、「ビートルズのファンか」と問われると、「ファンではない」と言葉を濁した。「彼らの楽曲は好きだ。彼らも好きだ、すばらしいと思う」。チャーリー・ワッツもおなじ質問を受けたが、やはり答えは曖昧だった。「リンゴがアメリカから戻ってきたときに会ったよ。とても疲れてたね。ああ、えっと、そうだね。彼らはとても才能がある。レノン&マッカートニーなんかね。もしそう呼びたいなら、俺はビートルズ・ファンだ」。
執拗にビートルズにこだわる質問が、ジャガーに向けられた。

記者：自分たちとビートルズをどう比べますか。
ミック（タバコを吸い、ほくそ笑み、カメラに向かって大げさな表情を浮かべながら）：さあ、あなたならどう比べますか。とくに比べないな。意味がない。
リポーター：核心を尋ねます。ストーンズはビートルズより優れていると思いますか。
ミック：どの部分で？　俺たちと彼らはおなじグループではないから、やりたいことをやっているだけだし、彼らだってそうさ。だから比べても意味はない。俺たちの方が好きか、彼らの方が好きかってことだけだよ。いやらしい質問だね。
記者：そうですね、なので繰り返したくはありませんが、ご自分方が自分たちでやりたくてやっていることは、彼らが彼らがやりたくてやっていることよりも優れていると思いますか。
ミック：えっと……

カメラの外の誰かの声：イエス。
ミック：おそらく。でもわからないな。彼らが何をしたいかなんてわからないし。ほんとにいやな質問だ。(9)

ビートルズについての質問を受けつつ、ストーンズは苛立ちはじめた。無理もない。一九六四年にストーンズが大西洋を飛び越えたとき、先にアメリカに渡っていたのは、ビートルズはもちろんとして、他にはジェリー＆ザ・ペースメイカーズ、サーチャーズ、そして（かろうじて）デイブ・クラーク・ファイブくらいしかいなかった。彼らは皆十代に熱狂的に受け入れられ、ストーンズもおなじように扱われることを願っていたし、それは隠さなかった。ツアーの直前、ジョーンズは『ローリング・ストーンズ・ブック』に、「もちろん成功を願っている。少なくともアメリカに渡った他のイギリスのバンドくらいには」と、語っている。

当初は前途洋々に見えた。ロンドン・レコーズがいくらか前宣伝していたおかげで、五〇〇人ほどの熱心なファンが空港でストーンズを出迎えた。到着後、記者会見を開き、写真撮影にポーズを取り、（予算はきつかったが）これ見よがしに派手に護衛されたリムジン――一人一台だった――に乗ってその場を後にした。その晩、彼らは『マレー・ザ・Ｋのスウィングの夕べ』に出演した。ホストのマレー・カウフマンはＷＩＮＳ-ＡＭの「ハプニング」ＤＪで、ストーンズはビートルズを介してロンドンで会っていた。紹介されて少し経って、ビートルズのように熱狂的に売れるよう自分たちをプロモートして

（9）　YouTube video: http://www.youtube.com/watch?v=j3p2-LkN7EM&feature=watch_response.

くれと、ストーンズから頼まれたのだと、カウフマンは言う。

ところが、ストーンズがアメリカにやって来たとき、マレー・ザ・Kが彼らのためにできることはほとんどなかった。イギリスでの人気にもかかわらず、この顔色の悪い五人組はアメリカでヒットソングを持っていなかった（「ノット・フェイド・アウェイ」は人気チャートで八十八位にすぎなかった）。デビューアルバムを出したばかりだったのだ（アメリカでのサブタイトルは、「イギリスの最新ヒットメイカー」だった）。アルバムには雰囲気のあるビートニクにインスパイアされたカバー写真を使い（ビートルズがセカンド・アルバムで使った写真とほとんど一緒だった）、最初のレコードとしてはよくできていた。ストーンズのスタイルは、まだマーケットには存在しなかった。ビートルズがアメリカに来るときにキャピトル・レコーズは四万ドルを費やしてプロモートしたが、ストーンズはそうしたサポートを得ることはなかった。おどけたＤＪたちが、「さあ朝の六時三十分だ、ローリング・ストーンズの時間だ！　ちょうどいまロンドンを発ったところだ。大西洋を飛んでいるぜ。現在四十九ローリング・ストーン度《ディグリー》だ！」などと言っていたわけでもない。

ストーンズは、ビートルズにとって良い結果をもたらしたマレー・ザ・Kは、自分たちにもそうしてくれるだろうと思っていた。ＤＪがいつもの調子でストーンズを紹介するあいだ、彼らは力なく微笑んでいた。「ビートルズはどう思うんだい？　やつらは友達か、ライバルか？」「最後に髪を切ったのはいつだい？　冗談だよ、マレーは君たちがだーい好きだぜ！」「リスナーに保証する。ストーンズは清潔《クリーン》だ。ちゃんと洗ってるよ。だろ、みんな？」(10)

（「さっさとレコードをかけて、コンサートの日付を伝えてくれ、そしたら帰れる」、オールダムはそんなことを考えていた。）

次の日の晩、ローカル放送の『レス・クレーン・ショー』という番組で、ストーンズはテレビ初出演を果たしたが、それは、彼らのアメリカでの置かれた位置をあらためて考えさせるものだった。その日は水曜日で、番組は夜中の一時に放送された。ストーンズがターゲットとする視聴者は間違いなく寝ている時間だった。さらに、クレーンはストーンズを、まったく、よそよそしくさえも「取り合わ」なかった。けんか腰で、（さらにわるいことに）いかさまめいていた。ストーンズに音楽について聞くどころか、彼らの評判や外見についてばかげた質問を繰り返した。オールダムは、静かに憤慨していた。「なんて馬鹿なんだ！　そんな冷やかしはモップ頭やハーマンズ・ハーミッツにやっとけ」。さらにオールダムは、アメリカでのストーンズが弱々しく見えて驚いた。彼らの面の皮は、彼ら自身が思っていたほど厚くなかったようだ[11]。

翌朝、ストーンズは早起きして、ＡＢＣ放送の『ハリウッド・パレス』に出演するため、大陸横断のフライトに乗った。しかし、その番組は、彼らにはあまりに古くさいバラエティだった。ライバル番組の『エド・サリヴァン・ショー』と違って、複数のゲストが登場する。ストーンズが出演したときの主役は、いまや伝説的なラット・パックのディーン・マーティンだった。彼はまったくの時代遅れというわけでもなかった。しかし、ヘアクリームで固めた髪とタキシード、ラスベガススタイルのギャグを思い浮かべれば、彼もストーンズを「取り合い」そうにないのは明らかだった。その晩の他の出演者が、ふんわり頭のモルモン教徒の歌手キング・シスターズに、芸をする像とトランポリン曲芸師だと知って、

(10)　Pritchard and Lysaght, *An Oral History*, 157 からの引用。

(11)　Oldham, *2Stoned*, 12.

ストーンズはよけいに気持ちが萎えた。番組ホストのディノはその日酔っ払っていたのか、酔っ払いのふりをしていたのかわからないが、ストーンズへのからかい方は、とてもフレンドリーとは言いがたかった。

「そーして、次は」、彼は不安な表情を浮かべて言った。「若者向けです。イギリスからやってきた五人の歌う男たち、これまでにたくさんアルビーアム、いやアルバムを売った、その名もローリング・ストーンズ！　酔っ払って《ストーンド》いるあいだに転がされて《ロール》しまったもので、……彼らが何を歌うのかわかりませんが、さあ出番だ」。

ストーンズは、ファースト・アルバムからウィリー・ディクスンのカヴァー、「アイ・ジャスト・ウォント・トゥー・メイク・ラヴ・トゥー・ユー」を歌った。当時の多くのアメリカ白人にとって（またテレビネットワークの検閲官にとっても）、「メイク・ラヴ」は現在とは異なった含意を持っていた。一九五六年の映画『ハイ・ソサイエティ』でフランク・シナトラが、「マインド・イフ・アイ・メイク・ラヴ・トゥー・ユー」をグレース・ケリーに歌ったとき、彼は彼女に優しく愛をささやいているのであって、必ずしもベッドに誘っているわけではなかった。しかし、ローリング・ストーンズは違った。(12) 彼らはあふれんばかりのエネルギーで演奏した。ところがABCはこれを一分程度しか流さなかった。曲が終わるやいなや、ディノはまくし立てた。

「ローリング・ストーンズ、すばらしいじゃありませんか」、ディノは目をうえに反らして皮肉った。「彼らのようなグループについてご存じですか」、ホストは続けた。「髪が長いなって思うでしょう。いえ、それは違います。目の錯覚《イリュージョン》ですよ。彼らはおでこが下の方にあって、眉毛がうえの方に付いているだけでなんです」。

「番組が終わったら、彼らはすぐにロンドンに帰ります。ビートルズと髪の引っ張り合いっこをするんです」。

そしてマーティンはトランポリン曲芸師を紹介するときにこう言った。「彼はローリング・ストーンズのお父さんたちです。ずっと自殺しようとがんばってる」[13]。

本国イギリスでのストーンズは、心の狭い淑女気取りや、古臭い過去の栄光に生きるお偉いさんを怒らせることなど気にも留めなかった。少なくとも、彼らはまともに取り上げられていたからだ。ところが、アメリカのネットワーク・テレビにデビューするにあたって、揶揄されたり、あざけりの対象になったりするとは思ってもみなかった。まるで、「まぬけなサーカス出演者」のように笑いものにされるとは（リチャーズの弁）[14]。

さらには、彼らのツアーがうまく練られていないことがわかってきた。共同マネージャーのエリック・イーストンがストーンズのツアー責任者で、彼は北米の予約会社ＧＡＣ（ジェネラル・アーティスツ・コーポレーション）に頼った。しかしその会社がしたことは、ストーンズにとっては害悪以外の何ものでもなかった。ストーンズに手配されたものの大半は、流行に乗る十代向けではなく、みるからに家族向けで、多くの共演者と一緒に大きな講堂で演奏するものだった。ストーンズは、ばかげたバラエティ豊かな演目に組み込まれることが屈辱だった。さらに悪いことに、スケジュールはオフだらけで、何

（12）セックスの後で「君にメイク・ラヴしたい」ばかりでなく、特定の相手がいる女性をものにしたいとも願った。彼は、彼女がセックスがうまいと「その扱い方でわかるのさ」。

（13）Wyman, 222.

（14）Richards, *Life*, 151.

かいやなことが起きそうなムードさえあった。ささいな口論や、誰かをからかうような会話になったとき、さらに状況は悪くなった。

サン・バーナーディーノのスウィング劇場での最初の公開パフォーマンスを終えると、彼らの態度は一瞬落ち着いた。カリフォルニア州のインランド・エンパイア地域から数千人の若者が、ストーンズを一目見ようと集まったのだ。なんと彼らはすべての曲の歌詞を覚えていた。LA近郊にマイナーな熱狂的ファンがいることを知り、ストーンズは思わず微笑んだ。そして、彼らがバンドに向かって物——ゼリー菓子、サイン本、ファンレター、等々——を投げ込むと、まるでロンドンにいるかのような気分になった。さらに、ロンドンにはない南カリフォルニアらしさも嬉しかった。まぶしい太陽、椰子の木、派手派手しい巨大な車、そして神秘的なビーチ。

しかし翌日、テキサスに到着したストーンズは、また違ったカルチャーショックを受けることになった。ニューヨークとロサンジェルスというアメリカの最も魅力的な街を見たばかりだったストーンズは、今度はサン・アントニオに送り込まれた。オールダムにすれば、それは「間抜けな大失態」だった(15)。ストーンズは屋外音楽祭で演奏することになっていたが、そのメイン・アトラクションはロデオで、演目には猿芸も含まれていた。ストーンズは午後と夕方の合計二回のセッションを行ったが、おそらくそれは彼らのキャリアの中でアルタモントに次ぐ最悪のライヴだった。観客は、くすくす笑ったり鼻であしらうような態度を取り、ストーンズをまじめに受け取っていいものか、あるいはコメディとして観るべきなのかわかりかねた。ビールをがぶ飲みする屈強な体のカウボーイが冷酷な目つきでストーンズを睨みつけ、おびえさせた。それは彼らが経験したことのない敵意だった。「当時のアメリカでは、長髪はホモの変人だと思われていた」、とリチャーズは言う。「道の反対側から叫ぶんだ、『ヘイ、ホモ野郎《フェアリーズ》』って(16)」。

次の目的地はチェス・レコーズのあるシカゴのサウス・ミシガン・アヴェニュー二一二〇番地だった。のちのリチャーズの回顧によると、ビルに入って廊下を歩いていると、しみだらけのオーバーオールを着た、すこし太鼓腹の中年の黒人男性が梯子にのっているのに出くわした。それは、彼の長年のヒーロー、マッキンリー〝マディ・ウォーターズ〟モーガンフィールドだった。「俺はその人に会ったんだ――なんてことだ――しかも彼には、仕事がなかったんだ」、とリチャーズは興奮して言う。「混乱してしまったよ。キング・オブ・ザ・ブルースが壁を塗ってるんだ」[17]。

それは、自分たちの稼ぎがアイロニーに満ちていることを、リチャーズなりに認めたかたちだ。五〇年代から六〇年代は、その先駆者のアフリカ系アメリカ人よりも、派生的にでてきた白人ロックンローラーのほうがはるかに職業機会に恵まれていた。ひどく不公平な状況で、この点を認めるのはリチャーズなりの正直さだった。しかし、マディがチェス・レコーズの内装のペンキ塗りをしていたなどということはない。もしそうなら、ストーンズはきっとそのときに話題にしていただろう。マディーがこの世を去って六年後の一九八九年までは、リチャーズはそんな話はしていなかった。また、チェスで働いていた人にも、そんな話は信じがたかった。マディ・ウォーターズは、堂々たる大物で、彼を長年知る人は、カスタム・メイドのスーツにシルクのシャツ、そしてカフリンクスを着けた姿しか思い浮かばないのだ[18]。

(15) Oldham, *2Stoned*, 9.
(16) Richards, *Life*, 121.
(17) Sanford, *Keith Richards*, 66 からの引用。
(18) マーシャル・チェスは、インタビューでこのことを聞かれ、「まったくありえない。しかし、キースは今日まで、本当に↖

とはいえ、マディ・ウォーターズが「アイム・ユア・フーチー・クーチー・マン」を、ハウリン・ウルフが「モーニン・アット・ミッドナイト」をレコーディングした、ロックンロールの殿堂とも言える伝説のスタジオで二日間の仕事をするのはスリリングな体験だった。雰囲気を楽しむばかりではなかった。ストーンズは、イギリスよりもずっと熟練したスタジオ・テクニシャンに感嘆した。最初のセッションの時、ウィリー・ディクスンが現れて自分の歌をいくつか売り込んだ。バディ・ガイもやって来て、こんなタフなエリアでスキニーなイギリスの若者が何をしているのか知りたがった。翌日、マディがやって来た（これがペンキ塗りの話の起源だ）。チャック・ベリーも現れた。自分ではあまりフレンドリーではないと考えていたベリーも、スタジオをのぞき込んで言った、「スウィングしな、ジェントルメン！」

これほど嬉しいことはない。ストーンズは、これらのブルースやR&Bのパイオニアを感心させた。彼らはストーンズの勢いのあるアーシーなサウンドが気に入った。度量の大きな彼らは、この五人のイギリスからやって来た白人の若者が、かつては「人種音楽《レイス・ミュージック》」として端にやられていた音楽に、熱狂的な敬意を表現していることを喜んだことだろう。そればかりか、チャック・ベリーやウィリー・ディクスンはストーンズのおかげで少なからず儲けていたのだ。

アメリカ滞在中には楽しいことがあったぶん、残念なこともあった。シカゴのラジオ局の司会者、ジャック・アイゲンとのインタビューは、ディーン・マーティンのときに匹敵する失態だった。アイゲンのいやらしい質問攻めにいらだち、ストーンズは口数が少なかった。そしてストーンズがスタジオを後にすると、アイゲンは仕返しとばかりに、彼ら全員がシラミ持ちだとにおわせる発言をした。ミネアポリスでの急ごしらえのステージでは、四〇〇人ほどの観客しか集まらなかった。また別のコンサートの前には、キースは生まれて初めてリボルバーの銃身を間近で見ることになった。公共の場で、プラスチック・カップの中身を捨てるよう言われリチャーズが拒否すると、マッチョな警官は銃を取り出したのだ。またある晩には、彼らはホッケーチーム、レッドウィングスの愛すべき本拠地デトロイト・オリンピア（ザ・オールド・レッド・バーン）で演奏した。もしスタジアムが満員だったら、さぞ興奮に満ちていただろう。しかし、わずか一〇〇〇人ほど、収容人員の十パーセントしか客は入らなかった。

ニューヨークに戻ったストーンズがほっとしたのも無理はない。一九六四年六月二十日の最後二回のステージは他とは異なる趣があった。何より、会場はカーネギー・ホールだった。間違いなく、世界で最もプレステージの高い会場だ。ビートルズが最初のアメリカ・ツアーでカーネギー・ホールで演奏して大きく報じられたことは決して偶然ではなかった。そしていま、そのわずか四カ月後に、何かと論争的なストーンズが、おなじ輝かしいステージにその騒がしいパフォーマンスを持ち込んだのだ(19)。ショーは白熱した。ファンがステージ前に殺到し、大混雑した。その他のファンも席の上に立ち、叫んだ。不意を突かれた警察はまず援軍を呼び、暴動を恐れて二回目のステージを短く打ち切らせた。「こんなことは見たことがなかった」、とブライアンは言う。「すばらしかったんだが、同時に少し恐くもあった(20)」。

↙そんなことがあったと主張している。マディがペイントブラシを手に梯子に上っていたなんて言い張るから、なんども面と向かって笑い飛ばしてやったよ」と、答えている。

(19)　のちにマディ・ウォーターズは「ローリング・ストーンズは、我々の音楽の地平を開いた」とコメントしている。そして、他のアーティストと違って、彼らがマディに対して相応の敬意をはらったことに感謝した。「彼らは、その音楽を最初にやったのは誰で、それを知ったことで、自分たちがここにいるんだと客に告げた。私は帽子を取って挨拶したよ。音楽がイギリスから彼らを連れてきて、この国の人びと――白人たち――に、黒人の音楽をこの殿堂に持ち込むことは罪でも何でもないと気づかせたのだ」。

それは分裂症気味《スキゾフレニック》なツアーの尻上がりな終わり方だった。五人のアメリカかぶれ《ヤンコフィリア》は、皆それぞれ良い思い出を持ち帰った。テキサス滞在中、ビルは自分で見つけたアメリカらしい安バーの下品な雰囲気を大いに楽しんだ。かたやチャーリーとツアー・マネージャーのイアン・スチュワートはピストルを購入して、試し撃ちのために片田舎をうろついてガラガラヘビを探した。キースも銃を買った。イギリスに帰ったとき、驚くジャーナリストに、「銃なんて綿菓子を買うくらい簡単に手に入るよ」と語った(21)。デトロイトでは、ミックとブライアンはボクシング・マネージャーのジャッキー・カレンと彼女の六四年式マスタング・コンバーチブルに乗って、代わる代わる「道の反対方向を」運転してベル島へとドライヴした。カリフォルニアの太陽は、誰ものお気に入りだった。言うまでもなく、全員がレコードの束を持ち帰った。そして初めてのアメリカ・ツアーは彼らをうぬぼれから救った。アメリカでの人気を勝ち取らなければならない。このツアーによって彼らがよりシャープなバンドになったのは彼ら自身ものちに認めるところだ。

しかし、結局、自分たちがどの程度アメリカで首尾良くやったのか不安になった。ロンドンでは、タブロイド紙がストーンズが受けた屈辱をおもしろおかしく書き立てていた。例えば、『ロンドン・ミラー』の特電は、「昨晩、サン・アントニオのショーでブリテンのローリング・ストーンズを迎えたのは『やじ』だった」と伝えた。地元の出演者は歓声や拍手を受け、芸を仕込まれた猿でさえアンコールに呼び戻されたが、ストーンズは「ブーイングされた」。ときに、男性客は、いい女を見たときにやる下品な口笛を吹いた。そして、ストーンズは女装趣味の人のように口紅や化粧入れを持ち歩いているのかと尋ねる少女の言葉が引用された(22)。

カーネギーでの大成功の後、ストーンズはニューヨーク滞在を延長すべきだとの声もあった。オールダムはそれは無理だと言った。まだストーンズがそれほど有名でなかった一年前に結んだ契約を果たすため、ヒースロー空港へ飛んで戻らなくてはならないのだ。オックスフォードのマグダレン・カレッジでのステージで、たった一〇〇ポンドの約束だった。彼らは（不機嫌ながら）そのライヴをこなした。しかし実際は、笑えないことにストーンズ一行は無一文になっていたのだ。「オールダムはこれ以上彼らを、自分自身も、一分たりともニューヨークにとどめておく余裕がなかった[23]」。

　ストーンズのオフィシャル・ライターとなっていたジャーナリストのピーター・ジョーンズでさえ、『ローリング・ストーンズ・ブック』にツアーについて書くときには、あまりポジティブな色を加えようとはしなかった。それどころか、ストーンズがアメリカに合っているかどうか悩んでいた。アメリカでのヒットもないうちに大陸を縦横に駆け回るのは「ガッツ」のいることだったが、その結果は良くも悪くもあったと、彼は言う。ニューヨークや南カリフォルニアでは上手くいった。しかしそれ以外の場所では、嘲笑やしのび笑いを買った。彼らにできることは、自分たちがヒップなロンドン子であるというアイデンティティを持ちこたえるよう努めることだった。ストーンズは「おかしな顔やら、赤鼻やら、普通のバラエティにつきもののお笑いには興味がなかった」と、ジョーンズは言う。「ただ、一つ真実なのは、ストーンズは、我々のボーイズであり、我々のグループだった。本質的にブリティッシュであり、彼らを受け入れる数万人ものファンに徹底的に愛されるべきなのだ[24]」。

---

(20) Wyman, *Stone Alone*, 232 からの引用。
(21) Dalton, *The First Twenty Years*, 41 からの引用。
(22) Jack Hutton, *Daily Mirror* (June 6, 1964).
(23) Norman, *The Stones*, 136.

・
・
・

「（アイ・キャント・ゲット・ノー・）サティスファクション」が世界的大ヒットとなる一年ほど前に、ストーンズはようやくアメリカでも売れはじめた。ストーンズが急に上り詰めたこの時期、皮肉にもビートルズは、あまりにも人気者であることからくる負の面を感じるようになっていた。

ビートルズのような若いグループが、なぜ莫大な富を手にしながらも、不幸を感じる時間が長くなるのか、近年の社会心理学が示唆するところがある。大方の人とおなじように、彼らも最初は自分たちがどうやったら幸せになるのかあまり予測できていなかった。キャリアが拓け始めたとき、もちろんビートルズは有頂天になっていた。（ジョーン・バエズが、比較的早い時期にビートルズと会ったときの、かわいらしい話を語っている。「彼らは、滞在するホテルのリビングに設置されたコークの自販機がタダだと気づいた。大興奮していた」(25)。）そして、節目節目において――ラジオで自分たちの音楽が初めて流れたとき、初めてナンバー・ワン・ヒットを出したとき、『サンデー・ナイト・アット・ザ・パラディアム』に出演したときなど――、彼らは、当然、誇らしげに微笑んだ。

しかし、ビートルマニアがそこら中に現れて、彼らの生活を奪う巨大な勢力となるまでに時間はかからなかった。それは毎日のことで、ほとんど当たり前のようにも見えた。この時点で彼らは、もともと馴れきった満足と不満足の最低限のレベル内で世界を感じるようになったのだ。よくある現象だ(26)。

ビートルズは、巨大な重圧にさらされていた。周囲は彼らから何かしら得ることを期待した。インタビュー、サイン、写真、一緒にいるところや彼らの耳を傾けさせる様子を見られることを。音楽産業の大物は、つねに新しいレコード、映画、ツアーを要求した。彼らのスケジュールが緩むことはなかった。一九六二年の六月から六六年の八月までのあいだ、ビートルズがとった長期休暇は一度きりだった。「誰もがビートルズが生む効果に見入ったが、僕らを個人としてまともに案じる者はいなかったし、『あいつらは、いったい、どうやって全部こなしているんだ』などと考える人もいなかった」と、のちにジョージ・ハリスンは嘆いた。「まさに一方通行の恋愛のようなものだった。人びとは金を払い絶叫する。しかしビートルズは、自らの神経をすり減らしていた。他人に提供することが最も難しいものだ」[27]。

ビートルズが体験したツアー時の騒動は有名だ。中でも一九六六年の夏に無理強いされた体験は、最もつらかっただろう。七月、マニラにいたビートルズは、大統領夫人イメルダ・マルコスが大統領官邸で用意した豪華な歓迎会への招待を丁寧に断った。フィリピンの政治文化を少しでもわかっていれば、そんな馬鹿げた過ちは犯さなかっただろう。マルコスは報復にでた。まずビートルズの警護を撤収させた。そして、銃を持ったチンピラのようなセキュリティをつかってビートルズを暴力的に脅した。当局はビートルズの二つのコンサート（八万人が動員された）からの収益を没収した。ようやくマニラから出たとき、ビートルズは命からがら逃げ出したように感じた。

同月には、レノンの、ビートルズは「キリストより人気者だ」という発言が、アメリカ南部の熱狂的

（24）　Jones, "The Stones on America," *Rolling Stones Monthly Book*, No. 2（July 1964）, 27.
（25）　Ono, *Memories of John Lennon*, 11 からの引用。
（26）　Daniel Gilbert, *Stumbling on Happiness*（New York: Vintage, 2007）参照。ハリスンは、「ビートルマニアが大いに我々を損なった」、その後ビートルズは「もはや名声や成功に酔ってもいられなくなった」。
（27）　*The Beatles Anthology*, 354.

なキリスト教信者の激しい怒りを買った。一九六六年三月にその言葉が初めてロンドンの新聞に掲載されたとき、イギリスではほとんど誰も気に留めなかった。しかしアメリカのティーン向けの雑誌『デートブック』に転載されると、非難の嵐が巻き起こった。ラジオ局はビートルズのレコードを焼く集団イベントを開催し、クー・クラックス・クランは反ビートルズ運動を組織し、ビートルズのロンドン事務所には殺人の脅迫が寄せられた。彼らは危うく一〇〇万ドルのツアーをキャンセルせざるを得ない状況におちいった。メンフィスのショーでは、何者かがステージに火をつけた爆竹を投げ入れ、ビートルズは一瞬銃撃かと身構えた。他にもがれきや腐った果物が投げ入れられ、ステージ中に散らばった。

あまり触れられないさらなる悩みの種は、屋外ステージを見舞う悪天候だった。ビートルズは、メンフィスの惨劇の後、シンシナティで演奏するはずだった。しかし、その日のイベント前に降った激しい豪雨で危険な状態となっていた。ステージはまだびしょ濡れで、感電する恐れがあった。しかし、もし演奏しなかったら暴動が起こると彼らは思った。結局、ステージを翌日の午後まで延期することにした。そして演奏を終えるやいなや、機材をまとめて三五〇マイル離れたセントルイスへ飛んだ。しかしそこでも雨が待ち構えていた。あきらめずに、なんとか薄っぺらの防水シートの下で演奏した。「ステージが終わったあと、引っ越しトラックのような大きな空っぽの鉄板張りのワゴンに乗せられた」と、マッカートニーは振り返る。「中には何もあつらえられていなかった。まったく何も。僕らは滑って転がって、何かにしがみついていた。そのとき、誰もが言った。『こんな悲惨なツアーはばかげている、もうたくさんだ』って」。

「僕もしまいにはそう思うようになった。それまでは、『いや、ツアーはすばらしいし、僕らをシャープにする。ツアーは必要だし、ミュージシャンは演奏しないと。音楽を生きたものに保とう』と。疑問を感じながらも、そうした態度をとり続けていた。しかし、ついにみんなが言うことに同意した」[28]。

一九六六年八月二十九日、ビートルズはサンフランシスコのキャンドルスティック・パークで演奏した。それが最後のレギュラー・コンサートになるとは誰も思っていなかった。しかし当人たちはしっかりそれを感じ取っていた。マッカートニーは、広報担当のトニー・バーロウに後世のためにステージを記録するよう頼んだ。そして曲の合間にはアンプの上に置いたカメラのセルフタイマーを使って、自分たちを撮った。ロンドンに帰るためにロサンジェルス行きの飛行機に乗ったとき、ハリスンは皆に言った。「おわった。僕はもうビートルじゃない[29]」。

その後の数年間、なぜツアーをやめたのかと尋ねられると、ビートルズはいつもおなじ答えを返した。あまりにストレスが多かったからだと。もしツアーがそれほど苦しくて骨が折れる茶番劇ではなかったら続けたかったと言いたかったのだ。彼らがいかに仕事をまじめにとらえていたかを知るには、ショートクリップ『ビートルズ・アット・シェイ・スタジアム』を観るといい。ビッグ・ステージの前の舞台裏で、ポールとジョージが、プロのミュージシャンなら誰もがやるように、フレット板で練習して指を温めている姿が映っている。しかし、いったい何のために？　聴衆の甲高い叫び声の中では、彼らの音すべてがかき消されてしまうことくらい、彼らも知っていた[30]。

---

(28)　*The Beatles Anthology*, 227.
(29)　Miles, *The Beatles Diary*, 244 からの引用。
(30)　ちなみに、ストーンズも自分たちの演奏が聞こえないことがあると言ったが、それは本当だろうか。初めてのシェイ・スタジアムでのコンサートの二日後、ビートルズは、トロントで三万五〇〇〇人の観衆の前で演奏した。そのあと、ジョージは、自分とジョンは音が外れたが、どうしようもなかったと不満げに語った。「ステージに上がると、すごいノイズだ」、それで↖

ツアーに耐えられなくなると、ビートルズはアビイ・ロード・スタジオで過ごすことに満足を覚えるようになった。プロデューサーのジョージ・マーティンは、レコーディングの最初の三年くらいは、教え子を前にした教師の心境だったと言う。ビートルズはマーティンが言ったことは何でもやった。彼がとくに偉そうだったからではなく、当時はそんな関係だったというだけのことだ。何しろ、ビートルズはレコーディングのことをまったく知らなかった。その一方で、マーティンは彼らの作品に、自分のクリエイティブな刻印を大きく刻もうとはしなかった。「彼らは四人のミュージシャンだった――三人のギタリストと一人のドラマー――、そして私の役割は彼らが確実に無駄のない、金になる楽曲を作るようにすることだった」と、マーティンは説明する。「曲はだいたい二分から二分半で、キーが彼らの声に合っていて、正しいバランスと形式を持った、ちゃんとした曲を作る」(31)。マーティンはすばらしい仕事をした。しかし、彼でなくとも、おなじような結果を残したかもしれない。

ビートルズとマーティンの関係は、一九六〇年代半ばに変わり始めた。アルバム『ヘルプ!』の何曲かは、ビートルズの斬新さをよく表している。ポール・マッカートニーの最も有名な曲、「イエスタデイ」は、あきらかにその先駆けだった。ポールが言うには、まだ二十二歳の頃のある朝、頭の中で奏でられるメロディで目が覚めた。眠気で頭がぼんやりする中、そばのピアノでコードを書き起こした。とてもラヴリーで完璧に思えた。しかし、無意識に、どこからともなくその曲を失ってしまうのではないかと恐くなり、長いあいだ手を着けなかった。そして一九六五年六月、ようやく思いを改めてその曲をレコーディングすることにした。しかし、また新たな心配に襲われた。ビートルズの歌に聞こえないのだ。他のメンバーの役割は何もなかった。だからといって、ポールが一人でギターを鳴らすと、それはそれですこし物足りなかった。

マーティンは、これに弦楽器のカルテットを加えることを提案した。それはまったく新しい発想というわけではなかったが（当時ポップ・ソングに弦楽器を取り入れたものはいくつかあった）、思い切った案ではあった。当初ポールは、曲が台無しになってしまうのではないかと警戒した。しかしマーティンは、控えめで味のある感じに編曲できると言った。若いポールをなだめるため、マーティンは曲をアレンジする過程をポールに終始監督させることにした。「（ポールは）言った、『チェロはもうちょっとこうできないかな』。私は応えた、『もちろんさ』とか、『それは楽器の音域を越えている』とか。……いわゆる共同作業《コラボ》体験だった。ポールは多重録音《オーバーダブ》をとってそれをモノ音源にミックスするときもスタジオにいた。完成版を聞いた他のメンバーは、全員が、すばらしい曲ができたと認めた(32)」。

ビートルズが、さらに新しいより洗練された音楽性を試し始めると、マーティンの役割はいっそう高まった。彼の編曲、技術的ノウハウ、そして有益なアドバイスはビートルズのすばらしい曲に深く刻み込まれている。しかし、ある意味では、マーティンの役割はグループの芸術性が高まるにつれ小さくなっていった。間もなくビートルズは、自分たちの曲がどんな風に聞こえるようにしたいか――ポールが

弦のピッチを調整しようとしても悪くなる一方だった。「キース・リチャーズをツアーに連れてきて、全部チューンしてもらった方がいいんじゃないかと真剣に考えていた」と、冗談を言った。「彼のは、いつも正しいチューンに聞こえるしね」。ビートルズは、ファンによって自分たちの音楽がかき消されることを話題にするとき、少ししょげていた。まるで、「がっかりだよ、そのせいで最高の演奏ができなかった」とでも言わんばかりに。一方で、ストーンズが、ファンの叫び声で音楽がかき消されたといっても、ただ自慢しているようにしか聞こえなかった。

（31）George Martin, *All You Need is Ears: Inside the Personal Story of the Genius Who Created the Beatles* (New York: St. Martin's Griffin, 1994), 132.

（32）Pritchard and Lysaght, *An Oral History*, 192からの引用。

「イエスタデイ」を録音したときのように――マーティンに告げるようになり、彼もそれを受け入れた。幸いなことに、この新たな関係はうまくいった。「彼らの才能が伸びるのを目の当たりにして、彼らから出てくる発想の方が僕のものよりいいと思えた」と、寛大にもマーティンは認める。「ある意味、僕は彼らの才能の方が優れていると認め、いわば戦略的に退いたのだ(33)」。

その数カ月後、ビートルズはアビイ・ロードに再結集し、彼らの変化を示すアルバム、『ラバー・ソウル』を録音した。批評家はそれが、ビートルズのこれまでの試みよりもテーマにおいて豊かで音においてより冒険心にあふれていると評した。ジョンとポールもこれに同意する。アルバムがリリースされた直後に、ジョンは若いインタビュアーに「『ラバー・ソウル』を知らずに俺たちはわからない」と言っている。ポールも、「いまや僕らの発想はすべて違ったものになっている」と合わせた。「もし誰かが君の二年前の写真を見てそれが君だと言ったら、君はそんなものはただの紙くずだと答えて、新しい写真を見せるだろう。『ラバー・ソウル』とくらべると、初期の作品はそんなものだ。……皆は我々にいつもおなじでいてほしいと思うけど、僕らはおなじ型にはまってはいられない。二十三歳でピークを迎えてその後成長しない人なんていない。僕らも一緒だ。『ラバー・ソウル』は僕にとって大人の人生の始まりだ(34)」。

実は、このアルバム・タイトルは、ローリング・ストーンズに懐疑的なあるアフリカ系アメリカ人ミュージシャンから聞いた言葉を、洒落で援用したものだった。その人物は、ローリング・ストーンズは「偽物《プラスチック》ソウル」を演奏しているだけだと――ストーンズは、まあOKだと言わんばかりに――批判した。つまり興味深くはあるが、物足りないと。本物を安っぽくまねただけだと(35)。そして今度はビートルズが、偽物と言われないように、メンフィス・ソウルを正しく評価しいかにその要素を楽曲に取り入れるのかやってみせのだ。

レコードの一曲目、「ドライヴ・マイ・カー」を進行させるリフは、おそらくオーティス・レディングの「リスペクト」からインスパイアされたものだ。しかしこの曲はビートルズの歌詞の斬新さが出ている。それ以前の曲では、ジョンとポールはほぼ男性目線から女性を物語っていた。さらに言うなら、その焦点はどのように彼女が彼を感じさせるかにあった（しかも、彼女に幸せにされるのか、悲しませられるのかと、そう複雑ではない）[36]。「ドライヴ・マイ・カー」は、女性を代弁していた。のっけから彼女は有名になりたい、「スクリーンのスター」になりたいと宣言する。そしてより直接にセックスを求める（彼女は誰かに運転手の仕事をオファーしているわけではない）[37]。また彼女はモダンで、ボヘミアンで、初期の

（33）Martin, *All You Need Is Ears*, 167.

（34）Michael Lydon, *Flashbacks: Eyewitness Accounts of the Rock Revolution, 1964–1974* (New York: Routledge, 2003), 12からの引用。

（35）コンピレーション・アルバム、『ビートルズ・アンソロジー2』で、ポールがこのフレーズを使っている。一九六五年七月十四日に録音された、「アイム・ダウン」の一回目のテイクの後で、おそらくリトル・リチャードの影響だろう。「プラスチック・ソウル、プラスチック・ソウルだよ」と、ポールは口にする。このアルバムのタイトルについては、ビートルズは他にもいくつか考えていたが、写真家のロバート・フリーマンが、十二インチ四方の厚紙に彼らの写真を現像したときに、意図せず画像を伸び縮みさせてしまったのを見て決定した。

（36）しかし「アイ・フィール・ファイン」では、語り手はいかに彼が彼女に感じさせることができるかを熱烈に語っている。「彼女は嬉しさのあまり、世界中に伝えて回った（She's so glad, she's telling all the world）。」また、「イット・ウォント・ビー・ロング」では、（男性目線からの）思いもよらない逆転がみられる。「僕が君のものになるのは、そう先ではない（It won't be long *till I belong to you*）」。ストーンズならば、「おまえが俺のものになる（till you belong to me）」と歌うところだ。

（37）ビートルズが、ロバート・ジョンソンの一九三六年の歌「テラプレイン・ブルース」を知っていたかどうかはわからない。その曲の中で、テラプレイン（ハドソン・モーター・カンパニーが作った車のモデル）は、女性の身体を表すメタファー↖

ビートルズの歌のメインとなっているクリーシェにそそのかされるようなタイプではない。彼女の性的な誘いは、本物のロマンスの可能性とは無関係なことは歌を聴けばわかる（「好きになるかもね（and *maybe* I love you）」と、彼女は言う）。しかし、多くの人は、間違いなく、この重要な歌詞を聞き損なっている。ポールが「ベイビー、好きだよ（and *baby* I'll love you）」と歌っているのと勘違いするのは、聞く側が六〇年代半ばのポップを支配する陳腐な男女関係の理想像にはまってしまっているからだろう。いまやビートルズは反対方向へ動き始めていた。「ドライヴ・マイ・カー」は、特別に詩的ではなく深みがあるわけではないが、既存の価値を転覆する《サブヴァーシヴ》ものだった。

次の曲「ノーウェジアン・ウッド（ディス・バード・ハズ・フロウン）」はさらに思わせぶりだ。この曲の主な作者だったレノンはのちに、自身が経験した情事を歌ったもので、妻の気分を害さないように意図的に間接的なスタイル（本人の言葉では「難解な表現《ゴブルディーグック》」）で書いたという。物語は、語り手がある女性のアパートにやって来るところから始まる。彼は「彼女のラグに座り」、そのときを待ちながらワインを飲むうちに、部屋に溶け込む。居心地の良い木板がはめ込まれた壁。間もなく自分たちは愛し合うだろうと期待する。しかし思いもよらない展開になる。彼女は彼をはねつけるのだ。語り手は、セックスはなしだと気づき（彼女は、朝、仕事があると言う）、がっかりしてなんとかバスタブの中にもぐり込んで寝る。そして朝起きると、彼女はいなくなっている。その後何が起こったのかは明らかではない。もしその後を深読みするなら、彼はアパートに火を放って仕返しするのだろう。

ビートルズのファンが噂したもう一つの解釈としては、実はこの歌は深夜の関係がうまくいった例だった。その成り行きは疑いようもない。語り部は明らかにその女性をものにしたのだから（「あるとき、僕は彼女を抱いた、あるいは、彼女が僕を抱いたと言うべきか（I once had a girl, or should I say, she once had me)」)。レノンのいたずらな言葉遊びは有名だった。「ノーウェジアン・ウッド」というフレーズも「彼女ならそうするとわかっている（knowing she would）」と聞こえなくもなく、「彼女が誰とでもセックスをすることは知っていたさ、悪くないだろ（Isn't it good, knowing she would [put out]?）」となる。詞の最後で、彼が「火をつけた（I lit the fire）」のは、おそらく（ジェイムズ・ボンドばりのきざな自己満足で吸った）タバコかマリファナだろう（レノンは『ラバー・ソウル』を「大麻《ポット》アルバム」と呼んだことがある）(38)。この歌はレノンがジャーナリストのモーリーン・クリーヴとの出会いを暗に歌ったものだと信じる人もあるが、おそらくはドイツ人モデルのソニー・フリーマンだろう。フリーマンはビートルズお気に入りの写真家と結婚していた。いずれにせよ、ファンはあれこれ思いをめぐらすことになる。本当のところ何なのか、と。それはビートルズがその後の六〇年代を通じてリスナーに送り続けた謎かけだった。

『ラバー・ソウル』には大人びた自伝的なテーマがあふれている。他にもレノンは、絶望的なロマンスへの強迫観念に意識を向け（「ガール」）、感傷的に自分自身の過去を書き（「イン・マイ・ライフ」）、その内面をじっと見つめる（「ノーホエア・マン」は、彼のウェーブリッジの邸宅での、麻薬でもうろうとした孤独感を映している）。そしてビートルズはカウンターカルチャーの普遍的原理としての「愛《love》」の賛歌を先取りし（「ザ・ワード」）、マッカートニーはフランスのキャバレー音楽を茶化し（「ミッシェル」）、ジェー

↙だった。（ストーンズは知っていた。）とは言え、これらの二曲は異なる精神を歌っている。ビートルズの曲は陽気だが、ジョンソンのは暗い。しかし、ビートルズはチャック・ベリーの一九六五年のシングル、「アイ・ウォント・トゥ・ビー・ユア・ドライバー」は知っていただろう。（「君に乗りたい（I would love to ride you）」、とベリーはいたずらっぽく歌う。「君を乗り回したいんだ（I would love to ride you... around）」。）

(38) Norman, *John Lennon*, 432からの引用。

ン・アッシャーとのいざこざを物語る（「アイム・ルッキング・スルー・ユー」、「ユー・ウォント・シー・ミー」）。また、ビートルズは、『ラバー・ソウル』で、その後発展させていく音源の折衷主義を披露している。「ノーウェジアン・ウッド」は、ポップ・ソングとしては初めてシタールを使った。シタールは指でつま弾く弦楽器で八〇〇年の歴史を持つ。当時ジョージ・ハリスンが夢中になっていた。「ガール」の最後のギターは、ギリシャの弦楽器ブズーキのようだ。「イン・マイ・ライフ」では、ジョージ・マーティンがバロックピアノでソロを提供した。半分の速度でキーボードを弾き、プレイバック時に元の速さに戻して音が震えるようなハープシコード効果を出している。

もちろん、ポップ音楽の詩的なフロンティアを押し広げたり、エキゾチックな音を実験したのはビートルズだけではなかった。ボブ・ディランは、メンバー全員がそのすばらしさを認める存在で、みな畏れ入っていた。とくに、レノンへの影響は大きかった。ビートルズはヤードバーズのヒット（「ハート・フル・オブ・ソウル」）やキンクス（「シー・マイ・フレンズ」）にインド的な音の味付けを聞いて、とくにハリスンはバーズの大ヒットしたジャングル・ポップ・サウンド（「ザ・ベルズ・オブ・リムニー」）に感心した。また、アニマルズが他のポップ・シンガーの誰よりもティーンエイジャーの情念《パトス》よく捉えていたのを見ていたし（「ウィ・ガッタ・ゲット・アウト・オブ・ディス・プレイス」）、ビーチボーイズが型にはまったサーフ音楽から離れ、より巧妙なサウンドスケープへと入っていくのを見ていた（「カリフォルニア・ガール」）。それでも、ビートルズが「キュート」であることをやめたとき――つまり、自分たちのアルバムが成熟した芸術的表現の手段だと考え、十代の女の子を振り向かせることに腐心しなくなったとき――、彼らはポップ・シーン全体に衝撃的な影響を与えたのだ。とくにローリング・ストーンズには、そのインパクトが大きかった。

ミック・ジャガーとキース・リチャーズは、初めて一緒に作曲した「アズ・ティアーズ・ゴー・バイ」は、ストーンズに合っていないと、とっくに結論づけていた。この点は固く信じていたようだ。もし二人がそのメランコリーなアコースティック・バラッドで他のメンバーの関心を惹こうとしていたら、「大笑いされて部屋から追い出されていた」だろうと、リチャーズは言う。「出ていけ、戻ってくるな」と。[39]その曲を書いたのは、オールダムが強く言い張ったからだった。伝えられているのは、オールダムはどんな曲が欲しいかかなり特定していた。「煉瓦の壁に囲まれ、高いところに窓があって、セックスがでてこない」曲だった。[40]それは純真で美しいマリアンヌ・フェイスフルには見事に合っていた。しかし、ストーンズのナンバーではなかった。

しかしなんと、ビートルズが「イエスタデイ」をリリースした四カ月後、ストーンズは「アズ・ティアーズ・ゴー・バイ」を売り出した。どちらも、ボーカルと静かにつま弾かれるギター、そして弦楽器による編成だった。そしてビートルズが「イエスタデイ」を（イギリスではなく）アメリカでシングル・リリースしたように、ストーンズは「アズ・ティアーズ・ゴー・バイ」を（イギリスではなく）アメリカでシングル・リリースした。ストーンズの曲は、アメリカで「クリスマス・ディスク」となり、イージーリスニングのラジオでヘビー・ローテーションされたおかげでビルボートのチャートで六位まで上がった。ではなぜストーンズは、イギリスではこの曲をA面にしなかったのか。「ここでは、ビートルズの『イエスタデイ』をコピーしたと、いやな批判を受けるだろうから」と、ジャガーはあるイギリス

（39）Richards, *Life*, 143, 172.
（40）Spitz, *Jagger*, 66からの引用。

人記者にこぼしている[41]。

　ビートルズが『ラバー・ソウル』をリリースした数カ月後、ストーンズは次のレコードの収録のためにハリウッドに向かった。このアルバムは当初『クッド・ユー・ウォーク・オン・ザ・ウォーター？』というタイトルが予定されたが、最終的には『アフターマス』になった。それまでストーンズは、スタジオ滞在時間が短かかった。しかしオールダムは、ストーンズがビートルズ並みの熱心さで収録に励んでいることを喧伝した。わざわざロンドンまで電話して、『ディスク』誌の記者に誇らしげに語った。ストーンズは、スタジオの中に「自分たちだけで閉じこもっていた」と、彼は言う。午前十一時から午前四時まで十七時間ぶっ通しの、マラソンのように長いセッションもあった。翌日にはまた戻ってきて、重ね録りをした。オールダムは、ストーンズがフィル・スペクターの才能あふれる弟子、ジャック・ニッチェを雇ってレコーディングをアシストしてもらっていることに触れただけでなく、ストーンズがいかに革命的な新しい楽器、ニッチェフォンを使いこなしているかを楽しげに話した。「これは実は子どものおもちゃピアノで、二つの別個のアンプを通して音を出すんだ」と。「ジャックはそれでどんな楽器の音でも出せる。何曲かに、それを使ってトロンボーンの音を入れた[42]」。

　オールダムがこのように誇大宣伝したのは、イギリスのポップ界で、ビートルズのスタジオ収録が高度化していることが高く評価されていたからだった。突如として、誰もが「制作価値《プロダクション・ヴァリュー》」を語り出した。それまでストーンズが考えたこともなかったことだ。彼らがスタジオで目指していたのは、クラブで演奏しているのとおなじラフなムードとファンキーな音を可能な限り再現することだった。しかし、ストーンズは悟った。もし最先端でいたいなら、ポップ界全体が体現しようとしている、ある程度の独自性と巧妙さを示さなければならない。そんなものが自分たちにあるのかと、メンバーは考えた。

「これまでのローリング・ストーンズの作品はどれもすばらしい」。一九六六年一月、『メロディ・メイカー』誌の記者は書いた。「ただ、アピールの強さはあっても、ビートルズが持つ安定感は獲得していない。ポップ・ミュージックのテイストが変化しつつある中で、ストーンズがいつまでも変わらない人気を保てるのか望むべくもない。彼らの音楽は、その性質からして、ドラスティックな変化を拒んでいる。……彼らが向かう方向を見定めたり発見したりするのは難しい。彼らはここからどこへ行くのだろうか(43)」。

『アフターマス』は、この疑問にこたえた。ストーンズの適応力を疑問視に思っていた人は、自分の愚かさを感じた。『アフターマス』は、それまでのベストトラックの何曲かをA面に入れ、完全にストーンズのオリジナル曲だけで構成された。一九六六年の春にリリースされたとき、誰もが『ラバー・ソウル』と似ていると感じた。ビートルズの『ラバー・ソウル』は、それまでで最も「成熟した」冒険的で詩的に洗練されたアルバムで、発売されたばかりだった。そして今度はストーンズが、ビートルズと似たかたちで表現し、張り合っているのだ。

しかし、二つのアルバムの雰囲気はだいぶ異なる。『ラバー・ソウル』がセンチメンタルで陽気なのに対して、『アフターマス』は暗くて不安をかき立てる。すでにジャガーは、辛辣で社会的な視線を歌詞にのせる能力を示していたが、このアルバムのストーンズは、さらに進んで、気取った文化を串刺しにし、フラストレーションを爆発させ、自分たちの無礼で居丈高でマッチョなイメージを強めた。イギ

(41)　Keith Altham, "The Rolling Stones: Neurotic Bird Song," *NME* (February 11, 1966).
(42)　Oldham, *2Stoned*, 224.
(43)　Wyman, *Stone Alone*, 352 からの引用。

リス版の一曲目「マザーズ・リトル・ヘルパー」は、ミドルクラスのドラッグ依存という、それまでポップ・ミュージックでは歌われたこともないトピックを扱った。デリケートで神経質な女性にとって「人生はあまりに過酷」で、彼女はインスタント・ケーキを焼き冷凍ディナーを温め、そして小さな黄色いピル（バリウム）を一度に四錠飲む。彼女は医師からその精神安定剤を貰っているので社会的には問題がない。彼女は明らかに精神的に参っているが、ジャガーはわずかばかりの同情も示さずに彼女の苦痛を歌う。「歳をとるのはうんざりだ」。

『アフターマス』の米国版のオープニング・トラックは「ペイント・イット、ブラック」だった。この曲でストーンズは、ビートルズに次いで世界で二番目にシタールを使ったポップ・グループとなった。『レコード・ミラー』誌でアルバム評を書いたピーター・ジョーンズは、「ブライアンはあたかもリズム・ギターを演奏するかのようにシタールを弾いている。あまりに見事で、ジョージ・ハリスンは身がすくむ思いだろう」と評した。ストーンズはありそうもないテーマ領域へと舵を切った。それまでとても多くのポップ・ソングが、メランコリーで片思いの主人公に焦点を当てていた。しかし、この曲は、明らかに病的に鬱状態で自殺しかねない主人公が語り部という、おそらく最初の曲だった。（「おまえの世界が真っ黒なら、顔を上げるのも容易ではない」。主人公は言う、「空から太陽が消し去られるのを見たい」。）この曲はさまざまな解釈を生んだ。ある者は、ＬＳＤが切れるときにたまに訪れる惨めな気分を連想し、ある者はベトナム戦争を連想し、そしてある者はタイトルにある説明のつかないカンマ（人種的な何か？）や、歌の中の「赤いドア」（売春宿の入り口か何か？）をあれこれ思案した。恋人が突然亡くなった男のことを歌った曲というもっともらしい見方もあった。一九六六年、その意味を問われたジャガーは激怒して答えた。「ペイント・イット、ブラック、ってことだ」。「『アイ・キャント・ゲット・ノー・サティスファクション』はアイ・キャント・ゲット・ノー・サティスファクションってことで、歌の残りはそれを広げたものだ[44]」。

このレコードのどれをとっても、歌い手（ジャガー）と語り手を区別することはほとんど不可能だ。「ストゥピッド・ガール」では、ジャガーは、虚栄心が強くシニカルなガールフレンドに不満や毒舌を浴びせる。彼は歌う、「彼女は世界一うんざりなやつだ！」彼女は彼の神経を果てしなく逆なでし、そのうえ、（彼女の「掴み方、握り方を」を引き合いに）性的にも不十分だ。「アンダー・マイ・サム」もおなじ調子だ。それは復讐のファンタジーで、まるでレノンの「ガール」を、びっくりハウスのゆがんだ鏡に移して反転したかのようだ。この歌でジャガーは、かつて自分を見下していた彼女を言いなりにさせて喜ぶ。いまや彼女は「身をよじる犬」のように「言われたことは何でもする」。もはや「声をかけられたときの話し方」も彼しだいだ。これらは否定しようもなくキャッチーで魅力的な曲だが、その女性嫌悪の強烈な悪臭は、四十年を経たいまでも消えない。

意外にも、『アフターマス』に表れたストーンズの男性優位主義はすぐには非難されなかった（それはもう少し後になってからだった）。それどころかこのレコードは、ビートルズとおなじように、芸術的な躍進として歓迎された。『ローリング・ストーンズ・ブック』は、同時代のアーティストがその二つのレコードに収録された曲の多くをすぐさまカヴァーしたこと（つねに作曲家の自慢だ）を挙げて、『アフターマス』は「『ラバー・ソウル』に匹敵する」と誇らしげに伝えた。レノンとマッカートニーが、『ラバー・ソウル』はバンドが新しい方向に向かっていることを示したのだと自慢したように、ジャガーは、

（44）Caroline Silver, *The Pop Makers* (New York: Scholastic Book Services, 1966), 117からの引用。

「レコード全曲を作曲したのは初めてのことだった」という理由から、『アフターマス』を「画期的作品」であり「真の記念碑」だとみなした[45]。『ディスク』誌の評論家は、「ジャガー＝リチャーズの作曲チームを、ジョンとポールのランクに上げるときがきた」と述べている[46]。

とはいえ、こうしたことでビートルズとストーンズの社会的な関係が緊張することはなかった。のちにマッカートニーは、「少しばかりの競争は当たり前にあったけど、とてもフレンドリーだったよ」と語っている[47]。実際、二つのグループは、直接的な競合でレコード売り上げが減らないように、可能な限り、それぞれが何をやっているのか互いに通じ合っていた。「とてもうまいことといった」と、リチャーズは言う。「とにかく当時はシングルを、六週とか八週おきに出していた。ぶつからないようにタイミングを計っていた。ジョン・レノンが俺に電話してきて、『えっと、まだミキシングが終わっていないんだ』『一曲出す準備ができた』『ＯＫ、そっちが先に出してくれ』といった感じだった」[48]。

この二つのグループが最もよく連れ立っていた時期が、二度ある。最初は彼らが出会った少し後の一九六三年のはじめだった。ビートルズがまだロンドンに慣れようとしていた頃で、ストーンズはプロとしてのキャリアを開始したばかりだった。次は、ビートルズがツアーをやめた後の一九六六年からで一九六七年終わりまで続いた。この頃、スウィンギング・ロンドンは終わりにさしかかっていた。「すばらしい時期だった」と、レノンは言う。「俺たちは当時ジャングルの王様みたいで、ストーンズとも親しかった」[49]。スモークガラスの車で遊び回り、アド・リブ、スコッチ・オブ・セント・ジェイムズ、バッグ・オー・ネイルズといった値の張るクラブの暗闇に居座っていた。マッカートニーは、「僕らはキャリアの絶頂にいたんだ」と言う。「若くて、見た目もとても良くて、力も名声も何もかも持っていた。それを使って遊ばないわけがない」[50]。

ビートルズとストーンズは、タブロイド紙が煽る自分たちのライバル関係を抑え込もうとすることもあった。例えば一九六五年のある晩、クリッシー・シュリンプトンは、リンゴ・スターの家を張り込んでいた十代の少女たちと口論になった。ブライアンストン・ミューズ・イーストにあったリンゴの住まいは、ミックのアパートから角を曲がった所だった。十五歳の少女は、「クリッシーはビートルズをけなしていた。ただでは済まさない」と、訴えた。ジャガーは、その馬鹿な少女の尻をしたたかに蹴り上げた（とはいえ、スニーカーを履いていたので「それほど痛くはなかったはずだ」と彼は言う(51)）。ただし、この騒ぎはビートルズとは何も関係なかったと主張する。「その女は俺の彼女をなじり、汚い言葉を使った」とジャガーは言う。「あいつらはビートルズのファンじゃない。ありもしないストーンズ対ビートルズの闘いとやらを煽り立てる新聞がいまだにある(52)」。

一九六六年の春に、エンパイア・プール（現在のウェンブリー・アリーナ）で開催された『ＮＭＥ』誌の年間人気投票授賞式の場で、彼らのマネージャーのエプスタインとオールダムのあいだでおこった激しい口論については、どちらのグループも口をつぐんだ。『ＮＭＥ』はショーを「世紀のラインナップ」

(45) Davis, *Old Gods*, 163 からの引用。
(46) Mike Ledgerwood, *Disc*（April 9, 1966）.
(47) *The Beatles Anthology*, 203.
(48) Richards, *Life*, 141.
(49) Jann Wenner, ed., *Lennon Remembers*（New York: Fawcett Popular Library, 1972）, 88 からの引用。
(50) Miles, *Paul McCartney*, 142 からの引用。
(51) Wyman, *Stone Alone*, 331 からの引用。
(52) Keith Altham, "The Rolling Stones: The Stones Hit Back," *NME*（August 6, 1965）.

と宣伝した。ビートルズとストーンズを主役に据え、ザ・フー、ヤードバーズ、スモール・フェイセス、ロイ・オービソン他大勢の出演者全員が、幸運な一万人の観衆の前で短いセットを披露した。

誰もがビートルズがトリをつとめることを期待したが、そこには心配の種があった。もしビートルズが最後の出演となったら、演奏が終わる頃には大勢のファンがバックステージの出口に殺到して出演者はアリーナに閉じ込められることになる。それは絶対に避けたい展開だった。長らく『NME』の編集者を務めたデレク・ジョンソンは、次のように振り返る。コンサートの一週間ほど前、臭そうな恰好をしたホームレスがよろよろとオフィスに入ってきた。それは、着崩して変装したレノンで、ショーについて話したいと言った。二人は奇妙な合意に達した。ビートルズは人気上位者のコンサートで最優秀賞をとらないと言うのだ。

ほぼおなじ頃、『NME』の創設者モーリス・キンは、アンドリュー・オールダムからの予期せぬ電話を受けた。先にストーンズは演奏を断っていたのだが、今度は出たがっていると言うのだ。報酬もいらないとまで言う。しかし、一つだけ重要な条件があった。ストーンズをビートルズの直前に持ってこないというものだった。見た目が良くない。彼らはイギリスでナンバー・ツーのバンドという地位に甘んじたくはなく、ファブ・フォーの前のウォーミング・アップのようにファンの前に現れたくはなかった。キン氏は喜んでその合意に応じ、そのために自ら計らうことを文書にした。（この時点では、レノンとジョンソンのあいだの取り決めについては知らなかったと思われる。）

コンサートは五月一日に開催された。ストーンズがステージに現れると会場は熱狂した。ストーンズは、「ザ・ラスト・タイム」、「プレイ・ウィズ・ファイア」、そして「サティスファクション」を演奏した。あるコンサート評によると、観衆の叫び声が短い演奏の間中「轟き」つづけ、さらに「激しく大きくなって、ぴたっと止んだ[53]」。

スケジュールでは、ストーンズが演奏を終えた後に『ＮＭＥ』が出演者に賞を贈り、それからビートルズが四曲演奏することになっていた。しかし、ストーンズが演奏を半分ほど終えたところでビートルズがギターを抱えて舞台下に現れ、レノンが次に演奏すると告げた。

「レノンに言った、『レノン、来るのが早すぎる』と」、キンは回顧する。「ストーンズがあと十分演奏して、次は授賞式だ。戻りなさい、君たちの演奏までまだ三十分はある[54]」。しかし、レノンはビートルズが次に演奏すると言って聞かなかった。「私がそれは無理だと言うと、ジョンは、『最初に言ったとおりだ。俺たちはいまからやる。じゃなかったら演奏はなしだ』と叫んだ[55]」。

エプスタインとキンは、互いに顔を寄せてそれぞれの主張を狂ったように叫び合った。エプスタインは、自分にはどうしようもない、レノンがビートルズはストーンズの直後に出ると言っているのだと訴えた。ビートルズが次に演奏するか、さもなくば演奏はなしだと。これに対しキンは、オールダムへの面目に加えて、法的にもビートルズをストーンズの直後にステージに上げることはできないと応えた。

「私は命がけだった」とキンは回顧する。「そして、ブライアンに言った」。

「私の見解を言おう。ビートルズは次には演奏しない。［司会の］ジミー・サビルには、ビートルズは来ているが出演を拒否していると、観客に伝えさせる。暴動が起きるだろう。この会場はむちゃくち

(53) Alan Smith, "Second Half," *NME* (May 6, 1966).
(54) Oldham, *2Stoned*, 320 からの引用。
(55) Badman, *The Beatles: Off the Record*, 202 からの引用。

ゃになって、ブライアン、君は数千ポンドの損害の責任を負うばかりか、私の新聞の名誉を取り返しようもなく傷つけたとして、『NME』から訴えられることになるだろう」。エプスタインは大声で私を非難した。「あんたが生きているかぎり二度とここには来ないぞ。そんなことを我々にできるものか」。私は返答した、「王様だろうが、ジーザス・クライストだろうがかまわん。変更はできない。私は文書でアンドリューと約束したんだ。以上だ(56)」。

キンによると、エプスタインがレノンに状況を説明すると、「ジョンは完全にキレた。彼は、私が生まれてこのかた言われたこともないような暴言をあびせてきた。その声はバックステージ全体に響き渡った。『今後二度とおまえのためなんかに演奏しないぞ』、と(57)」。

そして実際そのとおりになった。ビートルズはたった四曲――「アイ・フィール・ファイン」、「ノーホエア・マン」、「イフ・アイ・ニーディッド・サムワン」、そして「アイム・ダウン」――を演奏したが、これがビートルズがイギリスであらかじめスケジュールされた演奏を行う最後の機会になった(58)。(報酬はほんのしるしの七十ポンドだった。)驚くことに、この顚末は長いこと秘密にされていた。タブロイド紙が飛びつくような話だったが、明らかにされたのは何年も経ってからだった。

とは言っても、ビートルズとストーンズのライバル関係を煽る報道をいつも止めることができたわけではない。一九六六年のある日、ビートルズが熱心に仕事をしていたところに、友人でありツアー・マネージャーだったマル・エヴァンズが、出たばかりの『アフターマス』を手に入れて戻ってきた。その日、ある写真家がスタジオでジョンとジョージを撮影していた。二人ともサングラスとヘッドフォンを身につけ、ストーンズのレコードを手にしていた。ジョージはストーンズのシングル「ナインティーンス・ナーヴァス・ブレイクダウン」で顔を隠し、ジョンは胸の前に『アフターマス』を持って、不可思議な微笑みを浮かべてポーズをとった。おそらく、二人にとっては、たんに好意的な仕草だっただろう。あたかも、「友達が出したんだ、聴いてくれ」とばかりに。[59] しかしその写真が『シックスティーン』誌に掲載されたとき、つけられたキャプションには辛辣な響きがあった。そこには、「ちょっと待てポーリー、ジョージと俺はオリジナルのアイディアを思いついたよ」とあった。[60]

もちろんビートルズがキャプションを書いたわけではない。けれどもストーンズがこれを見たら、ビートルズに比べて自分たちがオリジナルではないとからかわれていると思っただろう。

振り返ってみると、それより二年とすこし前、ビートルズはセカンド・アルバムのジャケットに雰囲気のあるモノクロ写真を掲載した。明らかにポップ・ミュージックの写真にありがちだったマンガっぽさからの方向転換だった。その少し後、ストーンズは、デビューLPのジャケットに、おなじような雰囲気の写真を使った。そして、ビートルズがポール作曲で弦楽四重奏を採り入れた感傷的な失恋バラッド「イエスタデイ」をリリースした数カ月後に、ストーンズは、やはり弦楽器を使ったジャガーのソウルフルなバラッド「アズ・ティアーズ・ゴー・バイ」を出した。同年、ビートルズは、オリジナル曲だけの、スタイルにおいても多様なアルバム『ラバー・ソウル』をリリースし、アーティストとしての成

---

(56) Oldham, *2Stoned*, 320 からの引用。
(57) Badman, *The Beatles: Off the Record*, 202 からの引用。
(58) ビートルズは、あと一回だけ、イングランドでパフォーマンスをしている。一九六九年一月三十日、ロンドンのアップル・ビルの屋上でのことだった。もちろん、このライヴは事前に予告されなかった。
(59) 写真は、http://johnlennonbeatles.com/201002/john-and-george-go-vinyl-crazy/.
(60) Dalton, *The First Twenty Years*, 65 からの引用。

熟度を示した。翌年の春、ストーンズは『アフターマス』でほとんどおなじことをした。レノンにとって、これらのケースは明らかにアートの盗用だった。「俺たちが何をしようと、四カ月後にはストーンズがまねをする」とでも言ったかもしれない。(61)

もちろん、ストーンズはたんにビートルズのものまねをしていたわけではない。じっさい彼らはとても独創的で、アメリカのリズム・アンド・ブルースを巧妙に取り込んだ点は、プリティ・シングス、トロッグス、ダウンライナーズ・セクトなどの他のイギリスのバンドばかりか、(カリフォルニア州サンノゼのバンド)チョコレート・ウォッチバンド、(ウルグアイ、モンテビデオ出身の)ロス・モッカーズのような世界中の模倣者に影響を与えた。(62)ブルース純粋主義を撤回し、大勢のポップのファンにも受けるようなレコードを作り始めてからも、ストーンズはビートルズよりも粋でブルース寄りの音を保ち続けた。さらに、彼らは変わった楽器――シタール、ダルシマー、ハプシコード、マリンバ、ベルなど――をあれこれいじって、ビートルズよりもうまく革新的に使った。そして、一九六〇年代半ばの彼らのオリジナル曲はそれぞれの私的な体験から生まれたもので、さらに冷めた感じに映えていた。ビートルズにも言えることかもしれないが、そこには程度の違いがあった。とはいえ、一九六〇年代半ば、ビートルズが新しいスリリングな音楽の可能性を切り開いて、ストーンズがそれに惹きつけられたことは否めない。

言い換えると、ある時期、ビートルズはストーンズにとっての創造の女神だった。いまでも、ストーンズのいくつかの回顧録を読むと、彼らがいつもどれだけビートルズに心を奪われていたか、いかに自分たちの成功をビートルズの偉業と比べていたかは明らかだ。ときには辛いことだったろう。(63)

一九六六年三月、『NME』の記者、キース・アルサムはブライアン・ジョーンズについての短い記事を書いた。今日この記事を読むと、悲しくもある。一九六九年六月にストーンズがブライアンをついに解雇し、それから一月も経たないうちにブライアンは二十七歳の若さでプールの底から引き揚げられた。彼の肺は炎症を起こし、心臓は肥大化し、肝臓は病に冒されていた。記事は、ジョーンズがアメリカからイギリスに帰ってきた様子を描いていた。ジョーンズは他のバンド・メンバーから四日遅れで帰国したが、それは「二十四時間営業のニューヨークのクラブで、『ハリ・ハリ』と呼ばれるおかしなウエールズ人のハープ奏者と閉店を待っていたためだった」（おそらく実際に起こったことと、さして違わないだろう）。ブライアンはアールズ・コートの家に到着すると、鍵がないことに気づいて一階の窓を割って中に入った。そして友達を呼んでパーティをした。彼はその日が何曜日かもわかっていなかった。ブ

（61）この引用は、Silver, *The Pop Makers* にあるものとされるが、テキストを見つけることはできなかった。しかし、レノンは、他の場で似たような発言をしている。一九七〇年の『ローリング・ストーン』誌でのヤン・ウェナーとのインタビューで、レノンは、「僕らがやってきたことと、その二カ月後にストーンズがアルバム上でやってきたことを逐一リストにしてみたいよ」と語っている。

（62）ストーンズの音とスタイルは、一九六〇年代半ばから終わりにかけてアメリカで広まったガレージ・サウンド現象にも大きな影響を与えた。この現象は、のちのUSパンク（例えば、ニューヨーク・ドールズ、ザ・ストゥージズなど）につながるプロトパンクの種をまいた。ストーンズは、当時の最も代表的な大物アーティストにも影響を与えた。ボブ・ディランがスタジオで弾いた「アイ・ウォナ・ビー・ユア・マン」（一九八〇年代になって「アイ・ウォナ・ビー・ユア・ラヴァー」としてリリースされた）の他、ヴェルヴェット・アンダーグラウンドによる「ゼア・シー・ゴーズ・アゲイン」は、ストーンズによるマーヴィン・ゲイの「ヒッチハイク」のカヴァーから取られた（イントロ部分は、ゲイの曲にもある）。

（63）対照的に、ハンター・デイヴィスによるビートルズの公認バイオグラフィーや、マッカートニーが公認する伝記『メニー・イヤーズ・フロム・ナウ』、ビートルズの『ビートルズ・アンソロジー』、そしてドキュメンタリー・フィルムなどにおいてストーンズに言及する場面は少ない。あるインタビューでレノンは、ビル・ワイマンの名前を失念している（忘れたふりかもしれない）。「チャーリー［ワッツ］は、とても良いドラマーだと思う。他にもいいベース弾きがいる。けど、どんなロック・ミュージシャンより、ポールとリンゴの方が飛び抜けている」。

ライアンが誇らしげにストーンズの成功を語っているあいだに、皆は騒がしく酔っ払った。その後彼らはビーフカレーと仔牛の蒸し焼きをデリバリーした。

「いま、アメリカは俺たちにとってすばらしい場所だ」と、ブライアンは言った。「俺たちはアメリカではものすごくパワフルなんだ。……「ナインティーンス・ナーヴァス・ブレイクダウン」は、ビートルズの「ノーホエア・マン」をチャートで打ち負かした。ビートルズよりビッグになっているなんて幻想はしてない。……でもちょっとしたものだろう」。

アルサムは書いた。「ローリング・ストーンズが、アメリカでビートルズよりも人気者になるというのは興味深い。それで私は、ブライアンに今後どうなっていくのか尋ねてみた」。

ブライアンは「笑った」（おそらく硬い表情で）。「ビートルズは大きな現象だってことは理解しなくちゃいけない」。そして言った、「シェイ・スタジアムのコンサートみたいなことをやらないと、ビートルズとおなじだけビッグになったとは言えないさ。もちろん、ビートルズだって、そんなことをもう一度できるとは思わないけどね」[64]。

(64) Keith Altham, "Rolling Stones Have Reached Peak at Home," *NME* (March 25, 1966).

第五章　政治《ポリティクス》とイメージ

前回ミック・ジャガーが法廷に現れたときには、モッズ・ファッションに身を包んだ彼を誰もが粋だと評した。キングス・ロードで調達したダブルのブレザー、オリーブ色のズボン、フリルの着いたシャツにストライプのネクタイを着こなし、彼はきらびやかだが無頓着な若者そのものだった。しかし今回、ジャガーは、ロンドンの王立裁判所での上告審で、ウォディントン出身の裁判長ハーバート・パーカー卿の前に普通のスリムなスーツを着て現れた。その保守的な装いは、彼の粛々とした態度にふさわしかった。少し長い髪さえなければ、型にはまった若いビジネスマンか弁護士のようにも見えただろう。一九六七年七月三十一日のことだった。

ミックがナーバスになるには理由があった。一月ほど前に、処方箋無しでアンフェタミンのタブレットをたった四錠所持していたことで、三カ月の服役を言い渡されていたのだ。キース・リチャーズはさらに厳しい判決を受けていた。所有する建物内で友人にマリファナを吸わせただけで一年間の懲役だった。マネージャーのアンドリュー・オールダムは、つねづね、「ローリング・ストーンズにとって、悪いニュースはいいニュースだ」と言っていたが、今回ばかりはこれも怪しかった。ジャガーはルイス拘置所で二晩、さらにブリクストンの拘置所で一晩を過ごし、七〇〇〇〇ポンドの保釈金を払って出所した。再び送り返されることは絶対に避けたかった。

幸運なことにストーンズの公判はうまくいった。キースの判決は、判事が陪審員に出した指示に「誤り」があったという理由で覆され、ミックの刑は一年間の執行猶予付きに減じられた。「つまり」、パーカー卿は彼に言った。「これからの十二カ月間、あなたがトラブルを起こしたら、これまでのことは有罪判決としてあなたの記録には残ることはありません。もしまた何か犯罪を犯したら、その罪で罰せられるだけでなく、この件についても差し戻され罰を受けることになります[1]」。

判事は厳しく警告した。「好き嫌いはともかく、あなたはこの国の多くの若者にとってアイドルです。その地位にあることは、とても重大な責任を伴う。もし処罰されるようなことになれば、その責任によってさらに大きな罪を負うことになります[2]」。

ミックは、判事が最後に付け加えた部分には同意しなかったが、そんなことはどうでもよかった。刑務所送りを免れて大喜びだったのだ。その日は、エキサイティングな予定もあった。弁護士と簡単に祝った後、ソーホーで手短な記者会見を開き、ミックはマリアンヌ・フェイスフルとジョン・バートとともに小さなヘリコプターに乗り込んだ。ジョン・バートは、グラナダ・テレビの痛烈な社会派番組『ワールド・イン・アクション』の調査員だった。のちに、バートはBBCの会長に就任するが、一九六七年当時は彼はまだ二十二歳で、放送界では駆け出しだった。けれども、彼はすばらしいアイディアを持っていた。『ワールド・イン・アクション』で、「世代間の出会い」という企画をたて、ミックを「新しい若者《ニュー・ユース》」の代表として担ぎ上げるのだ。そして、「エスタブリッシュメント」世代の新聞編集者や貴族、聖職者、修道士などとまじめに意見交換させるのだ。なんとミックは企画にのった。それで三人は、会談を行うテレビ映りのよい美しい郊外邸宅へと、パイロットのうしろの小さなベンチ席にぎゅうぎゅう詰めに腰掛けて飛んで行った。「雲一つないすばらしい夏の日に、心を躍らせて緑豊かな郊外へと降り立った」と、バートは振り返る。「フェイスフルは、ミックが牢屋に閉じ込められなかったことに安心して、激しく彼に抱擁しキスをしたが、そうする度に私に尻をぐいぐいと押しつけることになった。シャイな私はそっぽを向いていた」[3]。

イングランドでは若者と親世代のあいだの亀裂が広がりつつあったとはいえ、ミックの出演は大いに話題を呼んだ。番組のオープニングでは、ヘリコプターが草地に舞い降り、ミックが飛び出すシーンが流された。彼は法廷で着ていた服と一緒に憂鬱なムードも脱ぎ去った。襟に刺繍の入った腿までの長さのシャツを着て、堂々と大股で芝生を歩いた。その先には育ちの良い対話相手が、イングリッシュ・ガーデンに腰掛けて彼を待っていた。すべての設定がとても奇妙に映った。あるイギリスのテレビ評論家は、それは「まるでルイス・キャロルが迷子になった場面のようだ」と語った[4]。

『タイムズ』紙の新任編集者、ウィリアム・リース゠モグが番組の司会を務めた。「しばしばあなたは反抗の象徴としてとりあげられ、世の母親たちはローリング・ストーンズの影響を嘆いています」。彼はミックに、とくに意地悪くもなく尋ねた。「あなたは自身が住む社会は反抗の対象だと思いますか、あるいは、あなた自身は社会に反抗していますか」。

（1）*World in Action* television program, July 31, 1967.
（2）Simon Wells, *Butterfly on a Wheel: The Great Rolling Stones Drug Bust*（London: Omnibus, 2112）, 218 からの引用。
（3）John Birt, MacTaggart Lecture, 2005. http://www.guardian.co.uk/media/2005/aug/26/broadcasting.uknews.
（4）*Esquire*, Vol. 71（1969）からの引用。

「ええ、間違いなく反抗しています」と、ミックは答えた。しかし、その反抗のスポークスマンになることには気乗りしない様子だった。そして言った、「しかし、このような議論をするようになったのはつい最近です。このような話題を偉そうに話すほど、自分の知識は十分とも思えず、向いてないと思っています」。彼は誰も見たことのない能力を発揮した。地方の記者に見せるような冷淡な無愛想さはどこにも見当たらなかった。ミックは積極的に答え、いつものロンドン子の気取った訛りではなく正しいロンドン・アクセントを使った。もちろん、注意深い視聴者は、彼の発話の若干の不明瞭さに気がついたかもしれない。

それは、かなりの量の精神安定剤《バリウム》を飲んでいたからだった。多少おかしくもみえた。口ごもったり、脈絡を失ったり、椅子に落ち着いてゆったりと座っていることができなかった。修道士がミックに、現代イギリス社会の「腐敗」を心配するかと尋ねると、彼はとんちんかんな話を始めた。

ええ、いつも目を光らせておかないといけません。腐敗とおっしゃった。ここであなたがどのようなものを想定しているかわかりませんが、えっと、ええ、現代の人間は過去数世紀とはまったく異なった状況に直面しています。例えば、おそらく、コミュニケーションのせいかもしれない。それは、誰も、誰であっても、前世紀では経験しなかった意思疎通——即時のコミュニケーション——、私たちがいまやっているようなものです。そしてこれは、ええと、ずっと多くの人に影響を与える。そして今日、じ、じ、自由に許されてさえいる教育がほんの少し、ほんの少しあれば、これはまたこれを——この、この世代と、すべての——戦後を形作って影響を与えます。そして金が、それから他のすべてが、他とは異なるのです。そしてまた、この世代には、前の世紀にはあったような、アメリカのような行き場所が、ない。ないのです。ここで本当に嫌気がさしたら、アメリカへ行って新たに始めることができたのです。

ミックは自身のパフォーマンスに困惑した。『ワールド・イン・アクション』の中年視聴者に、自分は本当はドラッグ依存者ではないと確信させることはできなかっただろう。しかし四十数年も後になって、リース＝モグは、ジャガーの発言は当時人びとが感じたよりもずっとしっかりしていたと言う。その日のミックの主張の一つは、他人に危害を与えない限りにおいて、何でも自由にすることが許されるべきというものだった。ドラッグを使うのは賢明ではないと譲ったものの、しかしそれは「窓から飛び降りるのとおなじで」社会に対する犯罪ではないと論じた。いかに不器用な表現でも、彼はロンドン・スクール・オブ・エコノミクスで聞きかじった社会倫理の理論を唱えていた。それは、ジョン・スチュワート・ミルに依るところが大きく、後年、サッチャリズムの重要な要素となる。リース＝モグは言う、「ビートルズのソフトなリベラリズムではなく、リバタリアンのローリング・ストーンズが一九八〇年代のアングロ＝アメリカのイデオロギーを先取りしていた[5]」。

リース＝モグは、ジャガーの若者的思考を過大に評価しているようだ。とはいえ、重要な点を指摘している。母親たちはローリング・ストーンズの影響を嘆いたかもしれないが、エスタブリッシュメントたちが心配する理由はあまりなかった。ミックは社会に不満を表明したが、それがなぜかを説明しよう

（5） William Rees-Mogg, *Memoirs* (New York: Harper Press, 2011), 159. ジャガーの主張は明確だった。しかし、たとえがお粗末だった（窓から身を投げて自殺する行為は、ほとんどの状況下で、社会に対する罪とみなされるだろう）。

とはせず、いかなる変革を起こすこともなかった。じっさい彼は、「いかなる種類のどんな責任からも逃れ、できる限りの楽しい時間」を過ごしたいのだと言っている。彼の親世代の禁欲主義や抑制とは対照的に、ミックは単純で純真な快楽主義を唱えた。彼はヒッピーの文化的ラディカリズムに自分が関わっているとは言わず、新左翼《ニューレフト》の戦略的な政治を支持することもなかった。人種主義を終わらせたり、ベトナム戦争を止めたり、富を再分配するための正しい方策を探すことには関心がなかったのだ。『ワールド・イン・アクション』では、次のように語った。「私は熱意あふれる抵抗者《プロテスター》ではないので、行進《マーチ》なんかには行きません」(6)。

ところが、どういうわけか、六〇年代終わりの若者がもたらした激震のさなかの透明感あふれる理想主義とユートピア的抵抗運動にあって、ローリング・ストーンズは、民衆の英雄《フォーク・ヒーロー》とみなされた。この点はビートルズもおなじだった。彼らはふだん政治的な論争を避ける傾向にあったが、若者は、ビートルズに政治的な見識と指針を求めた。ほんの少し前までは、この二つのバンドは若いファンのファンタジーに迎合するものと思われていた。しかしいまや、政治に熱心な何百万人という若者は、ビートルズとストーンズ――世界で最大のロック・スター――は、現代の重要な問題について、協調精神を持って真正《オーセンティック》な立場から、直接、はっきりと語るべきだと考えていた。若いファンは、ロック文化は自分たちが創り、共有し、謳歌している若者文化と切り離せないものだと信じていた。根本の部分で、自分たちは、ジョンやポール、ミックやキースとおなじ共同体《コミュニティ》に属するのだと考えていた。そして皆おなじ敵と闘っていると信じていた。

・
・
・

ビートルズは、ポップ・ミュージックの表現可能性を広げた——そしてアートにした——と言われることがあるが、一九六四年にファブ・フォーがアメリカに上陸したとき、音楽評論家たちは彼らを歓迎しなかった。名のある評論家たちは、ビートルズのむさくるしいヘアスタイルと、十代の少女たちのヒステリックな反応に気分を害し、ビートルズの音楽について論じることはまずなかった。もし何か語ったとしても、上から目線で疑わしげに蔑むのだった。一九六四年、『ニューズウィーク』誌の評論家は、ビートルズについて次のように書いた。「彼らの音楽は大惨事そのものだ。むやみにかきならされるギターのビートが、セカンダリー・リズムや、ハーモニー、そしてメロディを台無しにする。そして歌詞(「ヤー、ヤー、ヤー!」という、いかれたシャウトで中断される)は破滅的だ。バレンタイン・カードに書くようなロマンティックな感傷を、寄せ集めたばかばかしさだ(7)」。

ビートルズが『ラバー・ソウル』や『リボルバー』を発表して、音響的、感情的な表現の幅を広げてもなお、主流メディアの評論家は困った社会現象だと言った。『ニューヨーク・タイムズ』にビートルズのレコードのレビューが初めて掲載されたのは、一九六七年六月のことで、『サージェント・ペパーズ・ロンリー・ハーツ・クラブ・バンド』がリリースされたときだ。同紙の若いポップ・ミュージック評論家リチャード・ゴールドスタインは、これを酷評した。

対照的に、アングラ・メディアはつねにビートルズを褒め称えた。たんに彼らの創造力だけでなく、明らかな知性、反体制的なカリスマ、そしてドラッグへの実験的態度を称賛したのだ。『ラバー・ソウ

(6) Paytress, *Rolling Stones: Off the Record*, 140.
(7) *Newsweek* (February 24, 1964).

ル』以後のビートルズは、新しく出現する若者文化をバイパスしたと評価された。『サンディエゴ・ドアー』紙は、ビートルズは「新しい美意識を画定し、新しいライフスタイルを伝える若い世代の教祖《グールー》の地位に今後もとどまる」だろうと評した(8)。さらには、アングラ・ジャーナリズムとロックンロールは、(意志の固い活動家からなる)ニューレフトの政治的ラディカリズムと、(やる気のないドロップアウトたちからなる)対抗文化《カウンターカルチャー》の美的ラディカリズムのあいだの「緊張をかなり解消」したと論じる者もあった。社会学者ディック・フラックスは、「ヒッピーの深い文化的疎外観を共有しない者でも、ビートルズを好み、ヒッピーの集合的な存在感に敬意を払い、マリファナぐらいは試してみたいという願望を共有した」と言う(9)。

ビートルズは六〇年代の大半はあまり政治的ではなかったのだが、不思議とこうしたリスペクトを得ていた。たしかに、スノッブさをあばいたり、上流気取りを風刺したりといったことがあった。しかし、核兵器廃絶運動や公民権運動に参加することはまずなかった。実際、マネージャーのブライアン・エプスタインは、一部のオーディエンスを遠ざけることを恐れ、いかなる論争的なコメントも控えるように指示していた。ビートルズはこうした制限が嫌だったかもしれないが、たいてい黙って従っていた。

ビートルズの態度はアメリカの人種関係への対応によく表れている。現在も残る一九六五年から六六年の彼らの演奏契約にはどれにも、人種的に隔離された観客の前では演奏しないという付帯条項が記されていた。それ以前の契約にはこの条項は入っていなかったようだが、それは誰もそんなことを考えなかったからにすぎない。ビートルズがこうした条項を盛り込むようになったのは、一九六四年九月十一日のゲイター・ボウルでのコンサートがきっかけだと言われる。公演の一週間ほど前、ジャクソンヴィルに拠点を持つプロモーターが、人種で分けた席を用意することがわかった。ラジオ記者のラリー・ケインがマッカートニーに質問した。

ケイン：ポール、いろんなコンサートでの人種統合についてコメントしてますが、それについては？

マッカートニー：人種隔離とかそういったものがあるのは、ううん、僕らは慣れていないから好きになれないよ。たんに馬鹿げている。ある人たちにとっては正しいことかもしれないけれど、僕らにとっては、ちょっとおかしなことだよ。

ケイン：今度フロリダのジャクソンヴィルで演奏しますね。考え方の違いのようなことを懸念していませんか。

マッカートニー：いや、よくわからないね。だって僕は、アメリカ人がどう考えるのかよく知らないから。人を隔離するなんてちょっと愚かだと思うよ。……だってほら……黒人がどこか違うなんて思わないし、他と何にも変わらないだろう。しかし、ここでは黒人が動物か何かだと考えているような人がいる。まったくばかげてるよ。

ケイン：そうですねえ……

マッカートニー：他人を動物みたいに扱っちゃだめだよ。だから僕は、彼らが隣に座ったって平気だよ。僕らの親友には黒人もいるしね。[10]

(8) Vince Aletti, "Beatles' Albums Divert Course of Pop Music," *San Diego Door* (Jan. 25–Feb. 7, 1968), 4.
(9) Richard Flacks, *Youth and Social Change* (Chicago: Markham Pub. Co., 1971), 70.
(10) Kane, *Ticket to Ride*, 38–39.

若者の直感的な（「子どもっぽい」とも言えそうな）人種差別への反対表明だった。ポールがまだ二十二歳であったことを考えると、多少びくっとするような切り返しもしかたないだろう。しかし、その思いは立派だ。だが、この発言は活動家《アクティヴィスト》のものではない。公民権運動のさなか、人種隔離の撤廃に活動的に従事した人びとは、つねに道徳に裏打ちされた言葉でこの問題を語った。人種隔離は重大な悪であり、たんに「ばかげている」とか「ちょっとおかしなこと」ではなかった。ビートルズは、アメリカを訪れたときに人種差別に同調しない方針をとったが、その根絶のために闘ったわけではない。（結局、ゲイター・ボウルでのコンサートでは人種隔離は行われなかった。）

ビートルズは、ベトナム戦争にも反対した。彼らは長らくこの話題を避けていたが、一九六六年には質問に答えるようになった。しかし、彼らが反戦運動のデモに加わるそぶりはなかった。「僕らは賛成しない」、とレノンは記者に答えたことがある。「でも、そのために僕らにできることはあまりない。言えるのは、それが嫌いだってことだけだ」(11)。『ニューヨーク・タイムズ』が報じたところでは、記者会見でベトナムについて聞かれたビートルズは、「戦争は嫌いだよ、間違っている」と答えた。しかし、その声は普段ないくらいに「低く」、「ほとんど聞き取れない」ほどだった(12)。トロントでは、記者がビートルズに、もし戦争に反対ならばなぜそれを止めるための行動を取らないのかと、尋ねようとした。しかしレノンが遮って、記者は質問を最後まで言うことができなかった。「なぜって、誰かが俺たちを撃つかもしれないからさ」と、レノンは強く言い返した。ベトナム連帯運動のリーダーだったタリク・アリが言うには、「ビートルズには戦争に反対しているメンバーがいるという噂があったが、彼らに接触することはできなかった」(13)。ビートルズが反戦イベントに姿を現すことはなかった。

その翌年、ビートルズはマリファナ合法化への賛成を表明した。ポールの提案で、「マリファナ禁止法は原理的、現実的にうまくいかない」と訴える広告を『タイムズ』紙に掲載するために寄付し、署名した。（この広告は、ドラッグ推進協会のＳＯＭＡが主導し、彼らの他十五人の医者と二人の下院議員を含む六十一名が署名した。）悪い評判が立つのをおそれ、ビートルズは広告に出資したことを隠しておきたかったが、表に出てしまった。しかし、ビートルズは、マリファナ合法化運動については、請願書に署名すること以上のことはしなかった。議論の余地はあるが、ビートルズがレコーディングした中で表だったプロテスト・ソングは、ジョージ・ハリスンの「タックスマン」だけだ。ビートルズの莫大な稼ぎがイギリス内国歳入庁に入っていくことに対する強い不満を歌った曲だった。

それでも一九六〇年代半ばにあって、ニューレフトのほとんどはビートルズに熱狂した。当時のことをよく覚えているジェフリー・オブライエンは、ビートルズの新しいアルバムが出ることは「ちょっとした事件」だったと言う。「友人と集まって、一度とは味わえない、最初に聞く新鮮さを楽しむのだ」[14]。ビートルズの楽曲には、活動家を引きつけるものがあった。アメリカのニューレフト最大の組織「民主社会を求める学生」（ＳＤＳ）の委員長だったトッド・ギトリンは、次のように回顧する。一九六六年、長い会合が終わったあとで、バークレーの学生たちが手を取り合い、古い労働者の歌「連帯を永遠に」を不器用にも歌おうとした。しかし、ほとんど誰もその歌詞を知らなかった。ところがその後で彼らは「イエロー・サブマリン」を歌って喜びを爆発させた。自分たちの文化から生まれた新しい歌だ。「どう

（11）“Bach Backs Beatles vs. Viet War,” *Berkeley Barb*（August 5, 1966）, 2 からの引用。
（12）“Beatles Strike Serious Note in Press Talk,” *New York Times*（August 23, 1966）.
（13）Leo Burley, “Jagger vs. Lennon,” *The Independent*（March 9, 2008）からの引用。
（14）Geoffrey O'Brien, *Dream Time*（London: Secker & Warburg, 1988）, 54.

かすれば、この歌は、ヒッピーと活動家、学生とそれ以外の人びとが共有するシンボルになり得た。ようやく、愛すべき一つの心を持ったコミュニティを表現できると感じた」[15]。また別の回想では、目まぐるしい一九六八年の春、コロンビア大学の建物占拠《ストライキ》で、数百人の学生が逮捕される直前にビートルズを歌って一つになった。私たちは、「もはや赤の他人ではなく、儀式のようなダンスに揺れる兄弟姉妹だった。ビートルズを歌いながら、輪になってぐるぐると踊った」[16]。

ビートルズのアルバムには、深く隠された意味があると詮索されることがあった。中には、グループに超人性や神秘性を付与する人もいた。一九六七年、ミルウォーキーの『カレイドスコープ』紙の若いライターは書いた。歴史上、どのアーティストも「ビートルズほどの支配力とオーディエンスを」持ったことはなかった。「その魅力、興奮、ビートルマニアという栄光は、かつての魔術師たちには届かなかった高みにある」[17]。『ウィラミット・ブリッジ』紙の記者は、ビートルズが政治について語ることはほとんどないが、若者は「ビートルズという神話」に飛びついたと書いた。つまり、ビートルズは隠された洞察力、シャーマン的な影響力、さらに知られざる力を秘めていると考え、ベトナム戦争、原子力爆弾、公民権闘争、大学動乱などのさまざまな手に負えない問題の解決の糸口を彼らに求めていると言うのだ。活動家マーヴィン・ギャロンは、一九六七年初頭に『バークレー・バーブ』紙に書いた。「政府内部の想像力ある人物は、ふと、執拗な悪夢にとりつかれるに違いない。レノンとマッカートニーが、ペンタゴンでの反戦のすわりこみ《シットイン》を率いているという悪夢だ」[18]。

もちろん、ローリング・ストーンズのほうが自分たちに近いと考える左翼《レフト》の若者たちもいた。エメット・グローガンは、のちにヘイト・アシュベリーのヒッピー集団、ディッガースの立ち上げに貢献した人物だが、一九六五年に配布したガリ版チラシには次のように書いている。「私たちが表現するすべて、サイキックな進化、……そして古い価値の打破を体現する」(19)。ストーンズは、「私たちの魅力であることは疑いようもなかった。多くの反抗的若者は、危ういほどクールだという理由だけでストーンズを愛した。「彼らが『アンダー・マイ・サム』や『サティスファクション』といった曲を書いて以来、私はストーンズ派だ」と、文化批評家のジョン・ストロースボーは回顧する。「これらの曲がいったい何を歌っているのかまったくわからなかった。けれど、彼らはなんだか悪《ワル》で、それは私がなりたいと願った悪さだった(20)」。

ストーンズのほうが近づきやすいと考えるラディカルもいた。一九六五年五月十六日、ケン・キージーの陽気ないたずら者たち《メリー・プランクスターズ》——当時、西海岸に出現した最初のＬＳＤ布教集団——は、サンフランシスコからロングビーチまでドライヴし、そこでストーンズと盛り上がって、ブライアン・ジョーンズに手にいっぱいのアシッドを勧めた。対照的に、一九六五年、ビートルズがサンフランシスコのカウ・パレスでＵＳツアーを完了したとき、プランクスターズはビートルズのためのパーティを開こうとしたが、

(15)　Todd Gitlin, *The Sixties: Years of Hope, Days of Rage* (New York: Bantam, 1987), 210–211.
(16)　Jonah Raskin, *Out of the Whale: Growing Up in the American Left* (New York: Link Books, 1974), 109.
(17)　Gene Youngblood, (*Milwaukee*) *Kaleidoscope* (Dec. 22, 1967–Jan. 4, 1968), 2.
(18)　Marvin Garon, "And Now, a Word from Our Sponsor," *Berkeley Barb* (February 25, 1967).
(19)　Davis, 124からの引用。
(20)　Straυsbaugh, *Rock Till You Drop*, 16.

もちろん彼らは現れなかった(21)。

一九六六年、イギリスで新しく創刊されたアングラ新聞『インターナショナル・タイムズ』がパーティを開催したとき、ジャガーとマリアンヌ・フェイスフルが姿を現し祝福した。一方でマッカートニーは、変装してこそこそと人目を避けていた。また、俳優のピーター・コヨーテによると、彼が政治熱心な二十数名の「ロッカー、バイカー、路上生活者」とロンドンのアップル本社にビートルズを訪ねたとき、ビートルズとそのスタッフは「我々に怯えているようだった」と言う(22)。

ストーンズは、一九六七年にも、意図せずに本物のラディカルという称号を勝ち取っている。サセックスのリチャーズの別荘で、ジャガーとキース・リチャーズは、ドラッグ使用をめぐって警察の手入れを受けた。強制捜査とその後続いた一連の長い騒動によって、ストーンズは、ドラッグ政策、若者文化、裁判所、メディアをめぐる、国を二分する論争の中心に置かれた。究極的には、ストーンズの試練は彼らの反エスタブリッシュメントとしての偶像性を強化したにすぎない。ミックをよく知る人は次のように語る。「ミックはこの件で、若者世代の殉教者、英雄、あるいはスポークスマンになった。彼はこの新しいパワーを大いに楽しんだ(23)」。

この件は、『ニューズ・オブ・ザ・ワールド』という大衆紙に属する二人の野心的な記者による取材に端を発した。彼らは、ザ・ムーディ・ブルースが、共同住宅で羽目を外したLSDパーティ（「ローハンプトン・レイブ」と呼ばれた）を開いているとの噂をつかんだ。調べを進め、ポップ界の有名人がときおり訪れるケンジントンのプライベート地下クラブ、ブレイジーズを張り込むことにした。ある晩、ブライアン・ジョーンズが入ってきた。すでに饒舌なムードにあったのか、それともドラッグの抑制を解いていたのかはわからない。しかし、記者は、ジョーンズがその場で六錠の中枢神経刺激剤《ベニー》を飲むのを見た。「これがないと、こんな場所では起きていられないのさ」と、ジョーンズは言った。ＬＳＤの話題になると、「ファンはやってるが、俺はいまはやらないよ。名前を汚すことになる」と言った[24]。そしてついに、まだ記者がその場にいるにもかかわらず、ハシシの塊を取り出し、「一服」しないかと何人かの友達を自身のアパートへ誘ったのだ。ことの次第は、すぐさま日曜日のタブロイド紙に特集「ポップ・スターとドラッグ——驚愕の事実」第二話として掲載された[25]。

問題は、この記事が、大きな事実誤認を含んでいたことだった。記者は、ミ、ッ、ク・ジ、ャ、ガ、ーと話していたと思い込んでいた。彼らは、ローリング・ストーンズの細身の口の大きな歌い手と、放蕩なブロンドのギタリストの区別がつかなかった。（ジョーンズが彼らを混乱させてもいた。知らない人には、いつも自分がストーンズの「リーダー」だというのだ。）もちろん、ジャガーは怒り狂った。『ニューズ・オブ・ザ・ワールド』のリポーターが証言を集めていた頃、ミックはイタリアのリビエラで休暇中だった。さらにミックはドラッグ利用についてとても用心深く、キースやブライアンに比べるとずっと控えめだった。

（21）　もちろん、ビートルズがきちんと招待を受けていたかは疑わしい。道路脇に設置された五メートルほどの看板に「メリー・プランクスターズは、ビートルズを歓迎する」と書いて掲げていただけだ。

（22）　Peter Coyote, *Sleeping Where I Fall* (Washington, DC: Counterpoint, 1998), 163; *Fresh Air* interview with Terri Gross, NPR (April 28, 1998).

（23）　Sanchez, *Up and Down*, 85-86.

（24）　ジョーンズはまた、「初めて［ＬＳＤを］やったのは、ボ・ディドリー、リトル・リチャードと一緒のツアーのときだった」とも語っている。これはおそらくちょっとした嘘か、あるいは記者の勘違いだろう。たしかにストーンズは、ボ・ディドリー、リトル・リチャードとツアーをしているが、それは一九六三年秋のことで、ＬＳＤが出回っていたとはとうてい考えられない。おそらく、ブライアン・ジョーンズは、このとき初めて大麻を吸ったのだろう。

（25）　*News of the World* (February 5, 1967).

特集記事が載った新聞がニューススタンドに並んだ日、ストーンズはイギリスのテレビ番組『エイモン・アンドリュー・ショー』の収録を行っていた。『ビットゥイーン・ザ・ボタンズ』から「シー・スマイルド・スウィートリー」を演奏した。その後、ジャガーはインタビューに応じ、そこで「オスカー・ワイルド的過ち」を冒した。彼は『ニューズ・オブ・ザ・ワールド』を名誉毀損で訴えると、自信満々に明言した。十九世紀の不敵の作家、詩人であったワイルドよろしく、怒りを装うことすらなかった。[26]結局のところ、ミックはときおりドラッグをやっていたし、それは多くの人が知っていた。『ニューズ・オブ・ザ・ワールド』としては、ジャガーによる強力な訴訟を避けるため、それを証明する必要がでてきたのだ。

新聞社は、ストーンズの内輪に情報提供者《インフォーマント》を得たようだ。（のちにキースはそれが、当時の彼の運転手で、「パトリック」という、名前しか知らないベルギー人だろうと勘ぐった。）情報源が誰だったかはともかく、『ニューズ・オブ・ザ・ワールド』は、リチャーズが、新しい別荘レッドランズで週末にパーティを開き、そこにミックとマリアンヌがやって来ることをつかんだ。その他のゲストは内輪の仲間だった。中には、メイフェアにギャラリーを持つロバート・フレイザーと、彼のモロッコ出身の「使用人」（実のところの愛人）モハメド・ジャジャジ、チェルシーのインテリア・デザイナー、クリストファー・ギブス、ロック歌手専門の写真家マイケル・クーパーがいた。[27]ジョージ・ハリスンと、その妻パティ・ボイドも、パーティに立ち寄った。

他に、部外者にはあまり知られていないゲストが二人いた。一人はニッキー・クレイマーと言う、いつもめかし込んでいるキングス・ロードの取り巻きだった。そもそも誰が彼を招待したのかわからなかった。彼はストーンズについて回り、キースは寛大にもそれを許していた。もう一人の謎の人物は、デイヴィッド・スナイダーマン（Snydermanとも Schneidermanともつづった）で、別名「デイヴィッド・ブリトン」、またの名を「デイヴィッド・ジョーヴ」、さらにまたの名を「ザ・アシッド・キング」と言う、カナダ生まれのカリフォルニアンだった。キースは、その約一年前に、ニューヨークで彼に会っていた。最近になってロンドンに現れ、ドラッグのサプライヤーになろうとしていた。偽IDを持ち歩き、ブランド物のバックにDMT、ホワイト・ライトニング、オレンジ・サンシャイン、パープル・ヘイズといったさまざまな麻薬《アシッド》を一杯に詰めて運んでいた。

日曜日の朝、アシッド・キング・デイヴは、皆の部屋をめぐって、朝の紅茶とアシッドを配って回った。グループの中には、彼のいかれたLSD布教活動を煙たがる者もいた。「これはリゼルグ酸ジエチルアミドの道《タオ》だ。そいつに語らせるんだ。どうやって宇宙《コスモス》を旅すればいいのかを」。しかし、マリアンヌは言う、「彼にもいいところはあった」[28]。その後、彼らは全員でウェスト・ウィッタリング・ビーチにでかけた。砂地でたわむれ、冬の日差しを楽しみ、波が海岸の砂浜にしみこむのを眺めた。そして彼

（26）Wells, *Butterfly on a Wheel*, 86 からの引用。

（27）「マイケル［・クーパー］」と、ロバート［・フレイザー］」は、どちらも友人だ」と、のちにジャガーは語っている。フレイザーは、ビートルズとストーンズの両方にとって、ちょっとした「教祖《グールー》」的存在だったと言う。しかし、ミックは、フレイザーとより親密だったのは自分で、ビートルズはスウィンギング・ロンドンにはあまり馴染まなかったとも言う。「ビートルズは同世代で最も金持ちだった。金には分別がなく、気にもしていないようだった。『サージェント・ペパーズ』のようなすばらしい仕事をしたし、皆を魅了した。しかし、皆は彼らをペテンにかけようとした。ロバートは、俺がそうではないと知ったとき、彼らをあぶく銭とみるようになった」。Harriet Vyner, ed., *Groovy Bob: The Life and Times of Robert Fraser* (London: Faber and Faber, 1999), 130 からの引用。

（28）Faithfull, *Faithfull*, 99-100.

らは、日曜の田舎道をドライヴし、エドワード・ジェイムズという人物が所有するグルーヴィーな邸宅を探した。ジェイムズは、シュルレアリスト・ムーヴメントの裕福なパトロンで、自身のコレクションをときおり公開していた。残念なことに道に迷ってしまい、到着した頃には屋敷は門が閉ざされていた。それでも彼らはとてもよい一日をすごしたのだった。

レッドランズに戻ると、ジョージ・ハリスンとその妻がやってきた。その日二人はLSDをやっていなかったので、他の連中と絡むのはむずかしかった。わずか一、二時間ほどいただけで、ジョージの特別仕様のミニ・クーパーに乗って帰って行った。彼らが去って間もなく、麻薬捜査隊がやって来た。後になって、このとき奇襲部隊はしばらくレッドランズの外で張り込んで、ハリスンが去るのを待っていたことがわかった。リチャーズは、警察はストーンズをガサ入れするにあたって、のぞき見をするという悪意のある方法をとったと言う。ビートルズのメンバーを逮捕することは、あえてしなかったのだ。ハリスンも「ポップ界には、ある種の社会的順番のようなものがあった」と認める。警察は、一番はじめに「ドノヴァンをガサ入れし（一九六六年半ば）、……それからローリング・ストーンズを、そして（一九六九年に）ジョンとヨーコと俺のところにやって来た(29)」。

キースは警察のガサ入れを次のように振り返る。「ドアが激しくノックされた。八時だった。皆は丸一日ひたっていた幻覚からゆっくりと戻りつつあり、そろそろ自分の家に帰ろうとしていた。テレビは音を消した状態でついていて、レコードがかかっていた。閃光灯が揺れていた。マリアンヌ・フェイスフルは風呂に湯を張ろうと思ったのか、ラグにくるまってテレビを眺めていた(30)」。

（警察の一群が入ってきたとき、マリアンヌは裸でファーのラグにくるまっていた、という最後の部分は、検察やタブロイド紙の好奇心をかき立てた。チョコレート菓子《マーズ・バー》で遊んでいたという噂がたった(31)。）

キースはつづける。「『バン、バン、バン』、ドアを大きくたたく音がしたので、俺が見に行った。『なんてこった、外に小さな淑女《レディ》や紳士《ジェントルマン》がたくさんいる』……俺たちは十二時間のトリップからようやく戻りつつあった」(32)。のちに言うには、麻薬がしみこんだ頭には、入ってきた警察官は『ホビット』からでてきた極悪な小鬼《ゴブリン》の一団に見えた。マリアンヌは言う、「かわいそうなミック、彼は自分の運命を信じようもない。本当に初めてLSDでトリップした日に、玄関から十八人もの警察官がどっと入ってきたのだから」(33)。

警察はたいした証拠を見つけられなかった。ミックの緑色のベルベットのジャケットには四錠の興奮剤があったが、それはマリアンヌのものだった。彼女はそれを、どの薬局でも簡単に購入できるイタリアで買った。キースは所持品を理由に告発されることはなく、自身の家で大麻《ポット》を吸わせたことが問題に

(29) *The Beatles Anthology* DVD, episode 8 からの引用。しばらくのあいだ、ビートルズはジャーナリストにとって触れてはならない存在だった。『イヴニング・スタンダード』紙のポップ記者ロイ・コロニーは、一九六八年十一月にジョン・レノンを訪ねた。「とつぜん、マイケルXと呼ばれる人物が現れた。本物の悪《ワル》だった」（マイケルXは、トリニダード出身のイギリスのブラック・ナショナリストで、一九七五年にポート・オブ・スペインで殺人を犯したというかどで絞首刑になった。）「彼は巨大なスーツケースを開け、ウェストミンスター全体を焼けそうな量の草《グラス》を取りだした。私は、プレスの一員だ。これを報道すべきか。いや、ジョンはそれを望んでいない。それがこのときの状況だった」。
(30) Dalton, *The First Twenty Years*, 98 からの引用。
(31) キースがのちに言うには、皮肉にもそれは何十匹ものウサギの毛皮で作られた巨大なラグだった。皆それにくるまって、マリアンヌは実際には「このときばかりは清らかな格好をしていた。だいたい、マリアンヌに初めて会う人間は、彼女の胸の谷間に向かって話しはじめる」。
(32) Dalton, *The First Twenty Years*, 98 からの引用。
(33) Norman, *The Stones*, 227 からの引用。

された。警察は彼の家から大麻を使った痕跡がみられるパイプとボウルを押収した。警察は到着したときに不自然なにおいを嗅ぎ取ったが、それが何だったのか意見は一致しなかった――「スウィート」だったと言う警官もいれば、「アシッド」だと言う者もあった。ついには、警察はマリアンヌの振る舞いにはふつうの若い女性としての抑制がなかった――それが大麻中毒の確実なしるしとみなせる――と主張した。ストーンズの友人、ロバート・フレイザーは、もっと運が悪かった。ズボンのポケットに二十四錠のヘロインが見つかったのだ。

　このガサ入れについて書かれたり語られたりしたどの説明においても、スナイダーマンはどういうわけか罪を免れている。警官が彼のアタッシュケースを調べようとしたときに、スナイダーマンは、「開けないでくれ！　撮影済みのフィルムが大量に入っているんだ」と叫んだとされる[34]。なんと、警官はケースを開けなかった。その二日後にスナイダーマンは国外に逃れ、二度と戻らなかった。皆は、スナイダーマンが警察の回し者だったと考えた[35]。

　しかし、事実は異なった。近年になってジャーナリストのサイモン・ウェルズが、著書『車刑の蝶《バタフライ・オン・ザ・ホィール》』の中で、レッドランズのガサ入れについて信頼に足る検証をしている。残された警察記録によると、トーマス・デイヴィスという刑事が、スナイダーマンから証拠となる数々の物品を押収していた。「右の胸ポケットには合わせて六十六グレイン（四・三グラム）の二つの茶色の物質が見つかった。ジャケットの他のポケットには、彼の偽名の一つ『デイヴィッド・ブリトン』と書かれた封筒があり、粉状の物質が入っていた。他にも、刑事は茶色の物質を含んだ吸い殻を三つ、柄に何らかの物質の痕跡のある装飾を施された木製パイプ、茶色の物質のかなり大きな塊、白い錠剤の入った青と白の小瓶、オレンジ色のピルなど、その他多くのものを発見した[36]」。これらすべてが押収され、分析のため警察のラボに送られた。スナイダーマンがすぐさまイギリスを離れたのは事実だったが、それはおそらく自分の身を守るためだったということになる。

二月十九日、ガサ入れから一週間後、『ニューズ・オブ・ザ・ワールド』は「麻薬取り締まり部隊、ポップ・スターの『パーティ』を急襲」というヘッドラインの一面記事を掲載した。法律上、新聞が名前を明かすことは禁じられていたが、『ワールド』紙は、仕返しといわんばかりに、事の次第を詳細かつ正確に報じた。警察に情報を流す見返りとして、同紙は独占的スクープを得た。また記事は、ジャガー、リチャーズ、フレイザーがトニー・サンチェスを通して警察に七〇〇〇ポンド（現在の価値で十万ポンド、あるいは十五万五〇〇〇ドルになる）の賄賂を送ったが、役に立たなかったことが示唆された。「じつに苦々しいのは、それだよ」と、リチャーズは語った。「アメリカでは当たり前のように警察を買収する。ビジネスだ。しかしイギリスでは、たとえ警察に金を払っても、捕まってしまう」[37]。

ジャガーとリチャーズは、当時ロンドンで最も腕利きの弁護士の一人（のちの大法官）マイケル・ヘイヴァースを代理人として雇った。ミックとキースは、ヘイヴァースとの会話の中で、検察と法廷は二人のストーンズを見せしめにしようとしているようだと聞いて驚いた。指名された判事レスリー・ブロ

(34) Norman, *The Stones*, 228 からの引用。
(35) しばらくのあいだ、ニッキー・クレイマーもおなじように疑われた。ガサ入れの後、デイヴィッド・リトヴィノフという名のイーストエンドの昔ながらのギャングが、ストーンズを裏切ったことを告白させようとして、クレイマーを痛い目にあわせた。クレイマーは自らの潔白を主張し続けた（リチャーズによると、膝だけひっかけて窓の外にぶら下げられても、そう主張し続けた）。それでおそらく彼は問題ないということになった。
(36) Wells, *Butterfly on a Wheel*, 118.
(37) Dalton, *The First Twenty Years*, 98 からの引用。

ックは、古いタイプの保守派だった。そして一九六七年五月十日、警察がロンドンのブライアン・ジョーンズのアパートを家宅捜査したことで、さらに皆が不安になった。ジョーンズは、ポット、コカイン、スピードを所持していたことがわかり、逮捕された。

突然の手入れの背景に何があったのか、ストーンズは理解しているつもりだった。「何より、彼らは大金を稼ぐ若者が嫌いだ」と、キースは考えた。「しかし、彼らを不快にさせなければ問題ない。けれども俺たちは、見た目や振る舞いのせいでやっかいな存在になってしまった。それに彼らに敬意など少しも表さなかった。ビートルズは違った。大英勲章をもらって握手したりして、うまくあわせていた。俺たちだったら『くそくらえ！《ファック・イット》 知りたくもない、くだらねえ、いらねえ！』と答えただろう。そんなことが奴らをいらだたせたんだろう」(38)。

ジャガーは、たしかな弁護があると確信していた。薬の正式な処方箋は持っていなかったが、主治医は、ミックがその薬を持っていることを知ると、その使用を口頭で許可した（眠気を抑えて仕事するため）と証言した。さらにヘイヴァースも、ジャガーの罪はあまりに取るに足らないものだと強調した。イギリスでは、ジャガーが所持していたおなじタイプの薬が、食欲抑制、花粉症、乗り物酔いのためにどこでも処方されていたのだ。

しかし判事は、ジャガーの主治医がなんと言おうとそれは法的な処方箋にはあたらないと陪審員に告げた。六分後、ジャガーには有罪が宣告された。それを聞いたジャガーは、頭を抱え必死にむせび泣きをこらえた。手錠をかけられ、ルイス拘置所に送られて量刑手続きを待つことになった。

翌日行われたリチャーズの裁判は、さらに込み入っていた。彼は、警察が嗅いだという匂いはお香で、マリファナの煙をごまかすためではなく、たんに部屋の芳香のためだったと証言した。大麻樹脂がついたパイプについては、もともと自分のものではなく、アメリカ人のコンサート・マネージャーからのギフトだと言った。そして、マリアンヌ・フェイスフルについて尋問された。法廷では「ミスX」と呼ばれた。

検事：私たちが知りえたところでは、ラグだけをまとって長いすに座っていた若い女性がいます。常識的に考えて、八人の男性、うち二人は取り巻きでもう一人はモロッコ人の使用人という中で、ラグしかまとっていない女性は恥ずべきだと思いませんか。
キース：いいえ、まったく。彼女はそんなに恥ずかしいとは思わないでしょう。私もです。
検事：あなたは自分は常識的だと思いますか。
キース：私たちは年寄りではありません。けちなモラルなど気にしません。

ブロック判事は、陪審員に、リチャーズの発言は根拠がないと伝えた。そして、レッドランズにいた、ドラッグ所持を認めた、あるいは起訴中の人びとについて何か聞いたことがあったとしても気にしないように言った。「最後に、警察が服を着ずにそこにいたと主張する女性についての証言は無視するように、それについていかなる偏見も持たないように」と、判事は告げた。およそ一時間の審議のあと、陪審員はリチャーズを有罪とした。そして判事は全員の刑罰を告げた。

（38）　Hotchner, *Blown Away*, 251 からの引用。もちろん、ストーンズが大英勲章を与えられることなどなかった。しかし、二〇〇三年にミック・ジャガーは、イギリス上流階級の究極のお墨付きを得ている。バッキンガム宮殿でナイトの爵位を与えられたのだ。キースはこの件に腹を立てた。「ミックには、ケチな名誉だと言った。……ストーンズらしくないだろう」。

キースは一年間の懲役、ミックは三カ月だった。違う弁護士を雇っていたロバート・フレイザーは、有罪で六カ月の懲役を処された。そして三人とも起訴費用の負担が言い渡された。

ジャガーはブリックストン刑務所に、リチャーズとフレイザーはウォームウッド・スクラブズ刑務所に移送されることになった。傍聴席のファンは、うめき声を上げ、叫び、そして涙を流した。その日の夜には、『ニューズ・オブ・ザ・ワールド』本社の周囲の狭い道に何百人という支持者が集まり、「ストーンズを解放しろ！　ストーンズを解放しろ！」と訴えた。そしてファンはあちこちでチラシを配り、警察、タブロイド紙、そして「怒れる判事」は「正気さ」を示せと訴えた(39)。カウンターカルチャー誌の『オズ』は、判決が「悪意に満ちている」と非難する一面広告を掲載した(40)。ポップ界でストーンズを最も公然とかばったのは、ザ・フーだった。彼らはすぐさま、異議申し立てのためにジャガー＝リチャーズのカヴァーソングをシリーズで出すことを宣言し、ドラマーのキース・ムーンはフリート街に現れ「ポップ界への迫害を止めろ！」と書いたプラカードを掲げた(41)。ちょうどロンドンを訪れていたアレン・ギンズバーグは、「ローリング・ストーンズはイギリスの重要な文化的資産で、刑務所ではなく、イギリス王室によって称えられるべきだ」と語った(42)。

ストーンズへの最も強力な支援は、思いがけないところから寄せられた。一九六七年当時、イギリスのジャーナリズムでも最も尊敬される人物は、先に述べた『タイムズ』紙の編集者ウィリアム・リース＝モグ（のちにリース＝モグ男爵）であった。彼は、高い知性と上流階級的な振る舞いで知られるオックスフォード弁論部の部長をつとめ、いまやエスタブリッシュメントの絶対的支柱だった。その彼が、チチェスターの法廷での出来事に心を乱され、彼の長いキャリアの中でも最も有名な論説を書いたのだ。七月一日付のその記事の見出しは、アレグサンダー・ポープを援用して、「蝶を裂くのに車裂きの刑が必要か（WHO BREAKS A BUTTERFLY ON A WHEEL?）」と大文字で記された。ミックとキースは論説が出る前日にそれぞれ保釈されていたが、上訴審裁判の判事は訴訟の再審理をすることになっていた。リース＝モグは、その優美に書き綴った論説を出すことで、相応のリスクを負った。裁判所がその気になれば、侮辱罪を問うことだってできたのだ。

……イギリスでは、処方箋無しに［アンフェタミン錠剤を］所持することは罪である。ジャガー氏の主治医は、その所持と利用を許可したが、すでに購入済みのものだったので、処方箋は書かなかったと言った。この証言自体が問われることはなかった。つまり、これは手続き上の罪ということになる。

……もしカンタベリー大司教が法王に謁見した後に、ローマの空港で乗り物酔いの錠剤を買って、残った薬をイギリスに持ち帰ったとしたら、大司教はまったくおなじ罪を犯すリスクを負う。

……ブロック判事は陪審員に、医師が証言したことは、処方箋無しで薬を所持することの法的な弁護にはならないと伝え、陪審員は有罪判決を出した。

……つまりジャガー氏は、四錠の興奮剤をイタリアで合法的に購入したが、処方箋がなかったという理由で有罪となったのだ。四錠というのは大きな数字ではない。これは麻薬密売人が売る量でも、中毒になる量でもない。……ブロック判事がジャガー氏に懲役判決を出すことを決めていたことは驚

(39) Paytress, *Off the Record*, 132.
(40) Dalton, *The First Twenty Years*, 101 からの引用。
(41) Wells, *Butterfly on a Wheel*.
(42) Paytress, *Off the Record*, 136 からの引用。

きだ。ジャガー氏はドラッグに関して控えめで、それまで法廷に呼ばれたことが一度もなかった。その点を考えると、なおさら驚きである。

判事の動機を憶測するべきではない。それは知りようもない。しかし、公衆の反応を考えることはできる。この件について、旧態依然とした、いわば法律以前の意見を持つ人は多い。多くの人びとは、ジャガー氏には「起こるべくして起こったこと」と考えている。彼らは、ローリング・ストーンズの無茶なパフォーマンスを不快に思い、その歌を嫌い、ティーンエイジャーへの影響を嫌い、その退廃さを疑う。……

……社会学的観点からは至極まともで、感情的にも理解できる。しかし、それは判決とは関係がない。

もし私たちが、いかなる判決をも、イギリスの健全な伝統的価値と新しい快楽主義の衝突の象徴としようものなら、健全な伝統的価値には寛容さと平等が含まれていることを確認しなければならない。イギリスの正義は、ジャガー氏を、良くもなく悪くもなく、他の誰ともおなじように扱うことを保証するはずだ。今回の判決では、ジャガー氏が、おそらく無名の若者が受けるだろうよりも重い判決を受けたのではないかとの疑問が残る(43)。

リース＝モグの論説が出ると、ストーンズの二人は不公平な扱いを受けたのかという議論がイギリス中で巻き起こった。『サンデー・エクスプレス』紙は、ジャガーへの処罰は、その罪に対して「ひどく不釣り合いだ」と書いた。『サンデー・タイムズ』は、「見せしめ裁判」と呼んだ(44)。『ニューズ・オブ・ザ・ワールド』が、レッドランズ・パーティのことを警察に密告したことを認めると（それは「当たり前の義務」だと主張した[45]、二人の王国議会議員に加え、型破りな劇作家ジョン・オズボーンも非難の声を上げた。「新聞記者が内通者から誰かの家で起こりそうなことを聞いて、それを警察に密告するのは『当たり前の義務』だということを原則的に受け入れろと言うのか」と、オズボーンは問うた[46]。

七月三十一日に、ストーンズの不服申し立てが行われた。キースは水疱瘡にかかっていて出席できなかった。キースの有罪判決は覆され、ミックは一年間の執行猶予を得た。この一連の法廷劇は一九六七年の夏──伝説的なサマー・オブ・ラヴ──に展開したため、ストーンズはこの時代のヒッピーの良き雰囲気を逃してしまった。ドラッグ起訴と闘ってバンドを維持することに忙しかったのだ。エスタブリッシュメントたちが──公共の秩序を維持することとは何ら関係のない理由で、横柄な態度といかがわしい振る舞いに対する対価を払わせようとして──ストーンズをターゲットにしているという見方が広まったことで、政治に敏感な若者のあいだでストーンズ人気はさらに高まることになった。イギリスの若い活動家タリク・アリは、「当時我々はビートルズは少しもラディカルだと思っていなかった」と回顧する。「彼らは心地良い音楽を作っていただけだ。けれどもジャガーの当時の音楽はもっと尖っていて、世の中で起こっていることを──性的にも政治的にも──嫌っている。それが真に明らかになったのだと感じた[47]」。

(43) William Rees-Mogg, "Who Breaks a Butterfly on a Wheel?" *The Times* (London) (July 1, 1967).
(44) Carey Schofield, *Jagger* (London: Methuen, 1983), 134.
(45) "A Monstrous Charge," *News of the World* (July 2, 1967).
(46) Wells, *Butterfly on a Wheel*, 218 からの引用。
(47) Spitz, *Jagger*, 106.

・・・

ビートルズがいなくてもサマー・オブ・ラヴは起こっていただろう。フラワー・パワーの神話を作り出した人びとは、そこから多くの収益を得た。ベイエリアのミュージック・プロモーターのチェット・ヘルムズは、世界の人口の五十パーセント近くがまもなく二十五歳以下になって、「二〇〇億ドルもの金を無責任に消費する」と豪語した(48)。何万人もの若者が、サンフランシスコに群がり、そこではグレイトフル・デッド、ビッグ・ブラザー&ザ・ホールディング・カンパニー、ザ・ジェファーソン・エアプレインなどのサイケデリック・バンドが音楽シーンを支配した。六月の週末には、カラフルな服に身を包んだ五万人もの若者が、カリフォルニア州モントレーの海岸リゾート地で開かれた三日間にわたるヒッピー音楽祭に押し寄せた。

ロンドンでは、二つのサマー・オブ・ラヴ（一九六七年と一九六八年）があったと、したり顔に語る者もある。若者は、キングス・ロード周辺でヒッピーが売り歩く『インターナショナル・タイムズ』や『オズ』などのアングラ誌を読んでヒップな出来事を追いかけた。インディカ書店兼ギャラリー（マリファナの種類の名をとってつけられた）はその重要な拠点で、UFO《ユーフォー》クラブでは、ソフト・マシーンやピンク・フロイドといった新しいバンドが、過剰に演出された光のショーやオイル・プロジェクターが映し出す泡のような映像の中で演奏した。

しかし、すばらしい一九六七年夏のサウンドトラックが、ビートルズの『サージェント・ペパーズ』であったことは、誰もが認めるところだ。それがビートルズ最高のレコードというわけではなかったかもしれないが、一九六七年六月一日にイギリスで、六月二日にアメリカでリリースされると、歴代のアルバムを超える大ヒットになった。ロック評論家ラングドン・ウィナーは、若かった当時、州間ハイウェイ八十号線でアメリカを縦断していたときのことを振り返る。「ガソリンや食料を調達するために止まったどの街──ララミー、オガララ、モーリン、サウス・ベンド──でも、そのメロディが遠くのトランジスタ・ラジオやポータブル・ステレオから流れていた。収拾がつかないほどばらばらだった西海岸の意識《コンシャスネス》が、ほんの一瞬、すくなくとも若者の心の中で一つになった(49)」。ポップ評論家で歴史家でもあるジェイムズ・ミラーも、のちにおなじような考察をしている。「ロサンジェルスからロンドン、パリからマドリッド、ローマからアテネ、どこへ行っても、開いた窓からアルバムの一部が流れてくる。車が通り過ぎると意識に入っては出ていく、遠くのトランジスタ・ラジオから安っぽいトーンではっきり聞こえたかと思うとぼんやりと消えていく、アルバムの曲が至福のホログラムのように空中に漂っていた(50)」。

『サージェント・ペパーズ』のジャケットも魅惑的だった。ピーター・ブレイクのデザインによるポップアートの傑作で、見開きジャケットが使われた。歌詞が印刷され、子どもが喜ぶようなキッチュな切り抜きが入っていた。（さらに、口ひげのおもちゃが入っていた。ビートルズも、このとき口ひげをたくわえていた。）しかし、最も注目を集めたのは、カヴァー写真だった。ビートルズは、ヴィクトリア朝時代の

(48)　Miller, *Flowers in the Dustbin*, 263からの引用。
(49)　Greil Marcus, "Another Version of the Chair," in June Sinner Sawyers, ed., Read the Beatles: *Classic New Writings on the Beatles, Their Legacy, and Why They Still Matter* (New York: Penguin, 2006), 81からの引用。
(50)　Miller, *Flowers in the Dustbin*, 257-258.

軍隊楽団のような襟のないサテンの制服を着て写真に収まった。周りには、六十体以上の実物サイズの文化人や有名人のパネルが並べられた（マリリン・モンロー、フレッド・アステア、ウィリアム・バロウズ、ソニー・リストン、スチュ・サトクリフなど）。じっくり見ていくだけで数時間は楽しめる。そして、写真手前の花壇にはマリファナが植えられていることに気づく。端のほうには、シャーリー・テンプルの人形が小さなニットのセーターを着ていて、「ウェルカム・ローリング・ストーンズ」の文字がある。

『サージェント・ペパーズ』のリリース――『タイムズ』紙のケネス・タイナンは、「西洋文明史における決定的瞬間」と呼んだ――から数週間たって、ビートルズは新しいシングル「オール・ユー・ニード・イズ・ラヴ」をTV番組『アワ・ワールド』で、初めての国際衛星放送でお披露目した。BBCが制作した彼らのパフォーマンスは、五大陸の約三億五〇〇〇万人に届けられた。『サージェント・ペパーズ』に収められたいくつかの曲は、巧妙で作り込まれすぎかもしれないが、「オール・ユー・ニード・イズ・ラヴ」はシンプルで、独特すぎず、反復が多かった――だからこそ、この時代を表現するには完璧だった。ビートルズは、サマー・オブ・ラヴをまばゆいばかりの映像で表現した。花がまかれ、風船やリボン、ポスターで飾られたスタジオで、半円状に椅子をならべて（リンゴは端に離れて）演奏した。しばらくすると、十数人の仲間が――みな素敵なヒッピー・ファッションにめかし込んで――ビートルズを取り囲むようにしてフロアに座り、侍者のように彼らを見上げた。その中にはミック・ジャガーの姿もあった。放送の半ばには、カメラが方向を変え、紫色のシルクのジャケットに身を包んで、手をたたき一緒に歌うミックを二秒間とらえている。

ビートルズのアシスタントだったトニー・ブラムウェルが、スタジオの聴衆を集めた。放送前日の晩にロンドンの高級クラブに行き、いろいろな友人に声をかけただけだ。「ミックは来ると言ったよ、あっさりと。しかし、BBCがストーンズに頼まなかったことをすこし怒っていたかな」と、ブラムウェルは振り返る。「その頃彼らは自分たちのアルバムをやっていた。ミックは、彼の〔ママ〕『サタニック・マジェスティーズ・リクエスト』でそんな宣伝はできないと言っていた」[51]。

いつもナルシシストなジャガーが、そのようなことを言うだろうか。実は、彼は放送の二日後に出廷を控えていた。どちらの音楽グループがイギリスを代表するか、BBCの重役たちの答えが簡単に出ることもわかっていた。加えて、そのときストーンズがお披露目できる売れそうな新曲はなかった。またもや最悪の状態にあったのだ。

彼らには、最近ヒットしたシングル「レッツ・スペンド・ザ・ナイト・トゥギャザー」があったが、最新アルバム『ビットゥイーン・ザ・ボタンズ』への反応は悪かった。さらに誰もがドラッグについて口論することに気をもんでいた。メンバーの一人でも有罪判決を出されると、ストーンズとしてイギリス国外でツアーをすることが難しくなるのだ。

この間にブライアン・ジョーンズの状態は、ますますひどくなっていた。彼のストーンズへの大切な音楽的貢献もあって、メンバーは、ジョーンズのだるい神経症的な振る舞いを我慢してきた。しかしいまや、ジョーンズをどうしたものかと考え始めていた。インスピレーションが湧いたときには、ブライアンの腕はまだたしかだった。しかし、彼が重荷で、厄介者で、心配の種になることが増えていた。三月のモロッコでの休暇で、キース・リチャーズは、ブライアンの魅力的なファッションモデルの彼女、アニータ・パーレンバーグを奪った。キースとアニータは、そこでブライアンを捨てたのだ。夜、ブラ

(51)　Tony Bramwell, *Magical Mystery Tours: My Life with the Beatles* (New York: St. Martin's Griffin, 1996), 195.

イアンが用を足しに行ったときに、ひそかに部屋を飛び出し、エル・サーディ・ホテルに置いてきぼりにした。ブライアンは裏切りに打ちのめされた。しかし、立つ瀬もなかった。彼がアニータにひどい扱いをしていること、身体的な虐待をしてもいたことを誰もが知っていたのだ。

アンドリュー・オールダムにも、やっかいなドラッグ癖がついてしまった（ほぼ覚醒系《アッパー》と沈静系《ダウン》だった）。ロンドン警察の麻薬班が、ポップ・スターのドノヴァン、そしてストーンズのあとをつけはじめると、彼は国外へ出るのが賢明だと考えた。このようにストーンズの最も不安定な数カ月間だったが、バンドの中心メンバーは混乱する海をさまよっていた——喧嘩したり、お互いにおとしめたり、刑務所に入らないように頑張ったり——、オールダムはカリフォルニアのモントレーやベルエアを渡り歩き、疲れ果てていた。

おそらく、それは大きな損失ではなかった。オールダムが再びロンドンに現れ、エンジン全開で仕事に戻ろうとしたとき、ミックとキースはひどく苛立っていた。いずれにせよ彼との関係を絶とうと思っていたのだ。ストーンズはオールダムとのマネージメント契約を簡単には破棄できないことを知ったが、そのときにオールダムが彼らのスタジオ料をすべて払う責任があることに気づいた。ストーンズはオールダムを搾り上げはじめた。膨大な時間のスタジオ予約を入れ、行かないのだ。あるいは、一時間遅刻したり、二つのスタジオを同時に借りたりする。現れたとしても、時間を無駄に過ごし、友達を招いてパーティを開いた。「オリンピックは、他がすべて閉まったあとのナイトクラブと化した」と、音響技術者のジョージ・チャンツは嘆いた(52)。オールダムが居合わせたときには、わざと彼を怒らせるために、レコーディング・セッションをまるまる無駄にしたこともあった。お互い目配せしながら、だらだらと長いブールス・ジャムを即興でやって、オールダムが爆発するのを待った。しかし、オールダムはあまりに鈍く、自分がからかわれていることにすら気づかなかった。

ある晩オリンピック・スタジオにレノンとマッカートニーがやってきて、ストーンズはようやく生産的なセッションを行った。「彼らがやってくる前のスタジオは、追悼のために牧師がやってくるのを墓の横で待つ親戚の群れとおなじだった」とオールダムは言う。[53] ストーンズは、時代精神をとらえた自分たちの夏の賛歌として「ウィ・ラヴ・ユー」というヒッピー賛美の曲をレコーディングしようとしていた――しかし、うまくいかなかった。ところが、制作中の曲を聴いたジョンとポールは、自分たちの甲高いバック・ボイスを中心に、曲全体をあっという間に編曲してしまった。

レコード会社の重役、トニー・カルダーもその晩このスタジオにいた。「レノンが『マイクをセットして』と言うと、二人はスタジオに入ってファルセットで歌ったんだ」と振り返る。「涙があふれたよ。魔法だよ、絶対的な魔法だった。それがレコードを救ったんだ――いや、レコードを作ったんだ。驚いたよ」。[54]

何年も後に、オールダムは回顧録でその晩を振り返っているが、文章は興奮で脈打っている。

二人のビートルは、「ウィ・ラヴ・ユー」のトラックを聴いたが、その二年半前、曲がなかったストーンズのために「アイ・ウォナ・ビー・ユア・マン」を手ほどきしたときほど時間をかけなかった。二人はヘッドフォンをつけ、盛りの付いた二匹の犬のように互いに鼻を鳴らした。……ジョンとポー

(52) Oldham, *2Stoned*, 354 からの引用。
(53) Oldham, *2Stoned*, 344.
(54) Oldham, 2Stoned, 354 からの引用。

ルはまさにランウェイを羽の付いた飛行機に変えてしまった。彼らの声は兄弟のような笑いとともに絡み合い、笑い、（曲の）ばらばらな部分とリズムに方向性を与えた。誰もが、恐縮するストーンズも、見通しが明らかになって、気を引き締めた。私たちはその場を支配する彼らから、このレコーディングがいったい何なのか学んだ。ありていに言うと、とんでもない奇跡《ファッキン・ミラクル》を目の当たりにし、耳にしたのだ。(55)

じっさい、うまくいった。「ウィ・ラヴ・ユー」は八月にようやくリリースされ、裁判中にストーンズを支持してくれた多くのファンへの「ありがとう」の気持ちとして広く解釈された。イギリスのトップテン・ヒットに入ったこの曲は、セッション・プレイヤーのニッキー・ホプキンスの燃えるようなリードピアノと、ブライアン・ジョーンズによる古いメロトロンのリズミカルな爆破音を取り込んでいた。曲にはリアルな音源も含まれていた。歌が始まる前、リスナーの耳にはコンクリートを引きずる思い鎖の音と、独房のドアがバンと閉められる音がはいってくる。これが何を表しているのか、誰もがすぐに理解できた。レノンとマッカートニーの高いハーモニーは、ミックスの中に埋もれているが、注意深く聴くと特徴的なレノンの鼻にかかった母音――We Luuuv Youuu――がBメロ《ミドル・エイト》のあと、そして曲の終わりにかけて聴き取れる。(56)

一九六七年のインタビューでは、ミックは歌に対してなかば申し訳なさそうに言った。「ちょっとだけ楽しかった」と、彼は言う。「この『愛《ラヴ》と花《フラワー》』のシーンには参加していないけど、夏のあいだみんなを一つにした何か――手に入れた何かだった(57)」。

ミックのこの発言は疑わしい。ミックは、愛《ラヴ》と花《フラワー》のシーンには加わっていなかった？　ジョンとポールへの感謝のしるしとして、ミックは巨大な花束をそれぞれウェイブリッジとセント・ジョンズ・ウッドの自宅に送っている。ミックの伝記ライターは、その頃までに、ミックとマリアンヌの二人は、星占いや易経といった、ちょっとしたカウンターカルチャー的探究に興味を持ち、ミックが読む本も、マジックやオカルト、超常現象の研究や、「妖精、ゴブリン、小人」の類いが多くなった(58)。そして一時は、アメリカ先住民のテントをマッドドックス街にあったローリング・ストーンズのオフィスに持ち込み、その中で座り込んでは静かに瞑想した。「ウィ・ラヴ・ユー」が出てから一週間後、二人は流行のヒッピー王国へと旅した。ビートルズと一緒に、ノースウェールズで開かれたマハリシ・マヘーシュ・ヨーギーによる十日間の精神的啓蒙セミナーに参加したのだ。とくにジョンとジョージは、マハリシのきらきらとした宇宙観に夢中になっていた。しかし彼らの滞在は途中で打ち切られた。ビートルズの信頼するマネージャー、ブライアン・エプスタインが、睡眠薬の過剰摂取のためにロンドンの自宅で死亡したという知らせが届いたのだ(59)。

(55)　Oldham, *2Stoned*, 344.
(56)　ビートルズとストーンズはそれぞれ違うレーベルと契約していたので、お互いのレコードで歌うことは想定外だった。ストーンズは、レノンとマッカートニーが「ウィ・ラヴ・ユー」に登場したことで販売が伸びることはわかっていたので、その噂が広まることを祈った。一九六七年八月、『ＮＭＥ』の記者がジョンとポールがバックコーラスで歌っているのではないかと、単刀直入にジャガーに質問すると、彼は表面上は否定しながらも、うまいこと噂を肯定した。「そんな質問はしないでください。俺たちは違うレーベルと契約しているから、そんなことはできません。キースと俺が歌ってるんです、ほら、聴いてみて……」（このときジャガーはレコードの高音ハーモニーを歌い、失敗して見せた）。
(57)　Paytress, *Off the Record*, 140.
(58)　Norman, *The Stones*, 284.
(59)　一九六八年二月の半ばから、ビートルズとその妻やアシスタントは、皆でインドのリシーケシにある、マハリシの簡素な↖

一九六七年十二月、ストーンズはなんとかクリスマスに間に合わせて、『ゼア・サタニック・マジェスティーズ・リクエスト』をリリースした。言うまでもなく、アルバムはビートルズの模造品だと、いたるところでこき下ろされた。ずっと後になって、このやる気のない歌と奇妙な音の異常な寄せ集めを擁護する者が現れ、ストーンズのその実験的な心意気は称えられるべきだと言った。しかし、一九六八年当時は、『サタニック・マジェスティーズ』については否定的な意見で一致していた。パロディ、偽物、ものまね、しくじり、珍妙、「サイケデリックなたわ言《マンボー・ジャンボー》のしょうもない寄せ集め」、失敗作など。[60]

キース・アルサムは『NME』誌上で「奇妙な電子的ホロコースト」と呼んだ。『ローリング・ストーン』誌の発行者ヤン・ウェナーは、「意味ある二級偽装品の試作品《プロトタイプ》」と呼んだ。[61] ストーンズ自身も、そのレコードを認めなくなった。キース・リチャーズはのちに、ひどい夜の翌日の二日酔いのように記憶喪失を決め込んだ。「俺はあのセッションの何も覚えていないんだ。完全なる空白だ」[62]。

『サタニック・マジェスティーズ』のレコーディング・セッションの最中に、オールダムが辞めた。彼は、「君たちは違う方向に向かっている」と辛辣に言い放った。[63] どんなにストーンズが頑張っても、彼らは本物のヒッピーっぽくはなく、さらにサイケデリックな時代はその絶頂をすでに過ぎていたことをオールダムは理解していた。それでも、ストーンズは『サタニック・マジェスティーズ』のレコードジャケットがとてもグルーヴィーに見えるくらいのことはやっていた。『サージェント・ペパーズ』とまったくおなじで、ジャケットのデザインはピーター・ブレイクが担当し、写真はマイケル・クーパーが撮った。メイド・イン・ジャパンの特別なカメラを使って三次元効果を出した。異なる角度からみるとカヴァーの絵が変化するのだ。そして花壇の中にそっと隠されたのは、四人のビートルズのイメージだった。ただ神秘的なトールキンのような風景の中でポーズをとるストーンズ——あぐらをかき、ジャガーは紫のローブを着て三日月で派手に飾った魔法使いの帽子をかぶっていた——は、滑稽だった。ロック評論家のジム・デロガティスは、『サタニック・マジェスティーズ』は「LSDについて広まっている楽観主義を風刺し、サイケデリック体験にも暗い側面がありうることを示唆した最初のサイケデリック・ロック・アルバム」だと評価した(64)。しかしもちろん、風刺とは社会的な批判を含意する。もしストーンズがアシッドに酔っているならば、それは彼らがLSDを嘲っているからではなく、食らっているからだった。ストーンズは流行に乗り遅れまいとしていた。しかし、ビートルズを含む他のバン

↙ヒンズー寺院に長期滞在した。彼らは、ドラッグなしで静かな瞑想をして過ごした。しかし、リンゴは胃が食べ物を受け付けず、ポールはマハリシがビートルズを「人類の救世主」などと、べたべたと度を超えて褒め称えるのを嫌がった。結局二人は、すべての日程が終わる前に丁寧に断って帰ってしまった。一方、ジョンとジョージは、超絶主義的瞑想のおかげで、深遠な（人生が変わる）結果を得たと主張した。そのため、四月十二日に彼らがとつぜん隠遁生活をやめ、精神的な恩師との関係を腹立たしげに断ち切ったのは、周囲を驚かせた。彼らが何に異議を唱えたのか、今日まで正確にはわかっていないが、おそらく、マハリシの性的な偽善が問題だったのだろう。禁欲主義を宣言しておきながら、彼は若い弟子の女性に言い寄ったり、恥ずべき関係に持ち込んだりしたと言う。ミック・ジャガーは、これに参加していないが、違う説明をしている。最近出版された日記の中で、クリストファー・イシャーウッドは、一九六九年にオーストラリアで撮影された映画『ネッド・ケリー』のセットで、ミックに会ったときのことを振り返っている。「（ミックは、）面白おかしそうに、ビートルズがマハリシと別れた本当の原因は、彼がビートルズの一人に言い寄ったからだと言った。『彼らはたんなる北部の田舎者だよ、そういったことにはムキになる』。いまでも、この話を信じるべきかわからないけど」。

（60）Steve Appleford, *The Rolling Stones: Rip This Joint: The Story Behind Every Song* (New York: Da Capo, 2001), 55.

（61）Keith Altham, "Rolling Stones: Year of the Stones' New Heart," *NME Annual* (1969).

（62）*According to the Rolling Stones*, 114.

（63）Jim DeRogatis and Greg Kot, *The Beatles vs. the Rolling Stones: Sound Opinions on the Great Rock 'n' Roll Rivalry* (Minneapolis: Voyageur Press, 2010), 19.

（64）Jim DeRogatis, *Turn On Your Mind: Four Decades of Great Psychedelic Rock* (Milwaukee: Hal Leonard, 2003), 57.

ドは、すでにＬＳＤの痛ましい側面をほのめかしていた(65)。理想主義やフラワー・パワーの虚飾に合わせてはいないという意味では、デロガティスは正しかった（キース曰く、「俺は、マハリシのいまいましいおみ足にキスしたことなんかない」(66)）。おそらくそれは、彼らの次の運命には好都合だった。と言うのも、『サタニック・マジェスティーズ』が出たすぐ後に、政治の雰囲気はまたも変化し始めたのだ。一九六八年、ベトナム戦争が激化した。その年の終わりには五十万人以上のアメリカ人兵士がベトナムに駐留した。パリやシカゴでは、人びとの反乱は催涙ガスや警官の棍棒とぶつかった。プラハでは学生が戦車に対峙した。メキシコでは銃だった。アメリカでは、ＦＢＩや地元の警察が公民権活動家や若者に対して、違法な嫌がらせや監視をし、ときに物理的な暴力を加えた。シカゴでは、警察が冷酷にも二人のブラック・パンサーを殺害した。マーティン・ルーサー・キング・ジュニアの暗殺後、アメリカの一〇〇以上の街で大規模な都市暴動――放火、略奪、銃撃――が起こった。一九六八年六月五日、ロバート・Ｆ・ケネディ上院議員がカリフォルニアで撃たれたとき――アンバサダー・ホテルでＲＦＫの脳にサーハン・サーハンの放った銃弾が突き刺さったその瞬間――、ローリング・ストーンズはロンドンのオリンピック・スタジオで「シンパシー・フォー・ザ・デヴィル」を録音していた。ありそうもないことが次々に起こっていた。

・・・

「ヘイ・ジュード」／「レヴォリューション」は、「ビートルズの新作レコードが出る度におこるヒステリックな関心にもまして」、「別格だ」と『タイム』誌は報じた(67)。アメリカで一九六八年八月二十六日にリリースされると、瞬く間に音楽市場で最も売れた四十五回転レコードの一つになった。多くが「ヘイ・ジュード」のつい口ずさんでしまうコーラスと型破りな四分間のフェイドアウトに惹かれた。しかし、その夏アメリカのラディカルたちの関心を奪ったのは、B面のレノンによるけたたましい「レヴォリューション」だった。「理由があって作った」と、レノンはのちに語る。「革命《レヴォリューション》について、話したかったし、言いたいことがあった(68)」。

「レヴォリューション」は、激しく歪んだギターの音とレノンの金切り声ではじまるが、すぐにブルージーなテンポに落ち着く。そしてすぐに、レノンのニューレフトへの音楽による手紙は、連帯《ソリダリティ》ではなく、離反《ディスアフェクション》を表明していることがわかる。レノンは多くのラディカルとその目的を共有しながらも（「僕らはみんな世界を変えたいんだ」）、その戦術を否定した（「破壊を口にするなら／僕は外してくれ」）。レノンは歌のいたるところでニューレフトの凝ったレトリックを疑い（「大丈夫ってわかってるのか」）、左翼の大義のためにお金をせがまれるのはうんざりだと言う（「寄付してくれって言うけど／僕らができることはやっている」）。そして歌詞の最後の部分では、非政治的な対抗文化《カウンターカルチャー》を認め、運動の極端な急進派《ウルトラ・ラディカル》たちに対して、失せろと言い放つ(69)。

---

(65) 「ア・デイ・イン・ザ・ライフ」のオーケストラによるクライマックスや、ラヴの一九六七年のすばらしいアルバム『フォーエヴァー・チェンジズ』や一九六六年のシングル「ナイト・オブ・フィア」などがそうだろう。

(66) Jessica Pallington West, ed. *What Would Keith Richards Do? Daily Affirmations from a Rock and Roll Survivor* (New York: Bloomsbury, 2009), 155.

(67) "Apples for the Beatles," *Time* (September 6, 1968), 59.

(68) *The Beatles Anthology*, 298.

憲法《コンスティテューション》を変えるって言うけど、いいかい
僕らは君の頭の中を変えたいんだ。
制度《インスティテューション》だって言うけど、いいかい
むしろ心を自由にした方がよさそうだ。
でも、毛主席《チェアマン・マオ》の絵を掲げていくようなら
誰とも、どうやったっても、うまくはいかないさ！

あるアングラ新聞のジャーナリストは、六〇年代終わりに生きていてこの歌が引き起こした論争を知らないのは「修道士」くらいだろうと書いた(70)。『ローリング・ストーン』誌の創刊を手伝った影響力のある音楽評論家ラルフ・グリーソンは言う。「ビートルズは何か言っているが、彼らの言ったことが、大勢に受け入れられるものではない」。「政治的な人ほど、ビートルズの新曲『レヴォリューション』には共感できないだろう(71)」。しかしグリーソンは、曲のメッセージは認めた。突き詰めると、対抗文化的政治は、「リアルな」政治よりも変革をもたらすだろう。効果のないあらたな「社会改良のためのプログラム」を提示するよりも、ビートルズはずっと大切な役割を担っていた。つまり、彼らは若者に意識全体を変革することを教えていたと言うのだ。グリーソンは書いた、「ビートルズはたんにジーザスより人気者なのではない、ＳＤＳ（ニューレフトの中心的学生組織）よりずっと影響力を持つのだ(72)」。

グリーソンのエッセイは、アメリカの数百のアングラ新聞に配給していたラディカルな通信社、リベレーション・ニューズ・サーヴィス（ＬＮＳ）によって配信され、盛んに議論された。しかし、レノンの「レヴォリューション」について、より活発な議論の中心となったのは、イギリスの小規模ラディカル紙『ブラック・ドワーフ』だった。タリク・アリが編集し、一九六八年十月十三日に出された第一号に、あまり気がつかれないような小さな記事が載っていた。筆者は、ローリング・ストーンズは「新しい文化革命《カルチュアル・レヴォリューション》の種」となる一方で、ビートルズは「自身の資本家としての投資を守ること」にむしろ関心があるのだと論じた(73)。

その二週間後の『ブラック・ドワーフ』に掲載された記事は、さらに注目を集めた。「ジョン・レノンへの公開書簡」と題されたその記事は、ジョン・ホイランドという正体不明の社会主義者が書いたものだった。この記事が出されたのが、ジョンとヨーコの二人がドラッグ所持でガサ入れを受けた直後だったのは偶然ではなかった。のちにホイランドが指摘したように、ピルチャー巡査部長の麻薬捜査団がレノンとオノのアパートを急襲して、二二九グレインの大麻を発見したとき、「(レノンの)フィロソフィーの不完全さが、より明らかに」なった(74)。

---

(69) レノンとビートルズは、三つのヴァージョンの「レヴォリューション」をレコーディングした。ここで言うレコードは、多くが最初に聴いたものだが、実際には『ホワイト・アルバム』と呼ばれるアルバムの中に入った「レヴォリューション1」の後にレコーディングされた。「レヴォリューション1」では、レノンは「僕は外してくれ――入れてくれ」と歌っている。革命暴力についてははっきりと考えが定まっていなかったのだ。(レコードの歌詞カードではその点はわかりにくい。「僕は外してくれ」とある。)そして、『ホワイト・アルバム』には、九分に及ぶアヴァンギャルドな楽曲「レヴォリューション9」が収録されているが、ビートルズの曲の中では最低なものと言われる。

(70) “Uncle Gengis F.,” “The Rock Song as Radical Element,” (Peoria, Illinois) *The Left Out*, n.d. [circa 1969], 14.

(71) Ralph Gleason, “The Beatles’ Revolution,” *Liberation News Service*, No. 111 (October 19, 1968), 10.

(72) Ralph Gleason, “The Beatles Are More Potent Than SDS,” *LNS* No. 111 (October 19, 1968), 10.

(73) Roland Muldoon, *The Black Dwarf* (October 13, 1967).

(74) John Hoyland, “Power to the People,” *The Guardian* (March 14, 1968).

ホイランドは、ラディカルが何よりやってはならないことは、頭の中を変えることだと主張した。そうではなく、いまは、直接的、攻撃的な政治こそが求められるべきときだった。「世界を変えるためには、世界の何がおかしいのか理解しなくてはならない。そして、破壊するのだ、冷徹に」。ホイランドはまた、アップル・コーに表されたビートルズのヒップ資本主義《キャピタリズム》への投機を痛烈に皮肉った。「アップルがマークスやスペンサーのように巨大になって、ある日その雇用者が自分たちだけで経営することを決定したらどうするんだろう」と、ホイランドは尋ねる。「君たちはビジネスマンで、ビジネスマンは自己の利益を守らなきゃいけないから——警察を呼ぶのか？」そして最後にホイランドはレノンに横柄に語りかける。「最近の君の曲はぱっとしないね」、かたや「ストーンズの音楽は、どんどん力強さを増している」。ストーンズは、「自分たちの裁判体験を通して世の中に貢献している。……彼らは、自分たちの人生を台無しにするシステムを受け入れることを拒否する」のだ。[75]

レノンは公開書簡にはげしく気分を害されたようで、アリに電話して文句を言った。アリはレノンに反論を書くよう促し、それが一月に掲載された。レノンの文章は、あまり理路整然としたものではなかった。「君が、左翼が、中道が、右翼が、あるいは何かのお仲間集団が、どう考えようと知ったことではない」、とレノンは始め、（ピーター・ドゲットが言うには）そもそもなぜ、わざわざ手紙への返事をするのかを説明した。次にレノンは、一方で自身のラディカルなイメージを保ちながら、他方で「レヴォリューション」での立場を擁護した。「僕はエスタブリッシュメントに対峙しているだけではない。しかし、君もそのようだ」。レノンは言う、「（世界の）悪い部分を教えよう——人びと《ピープル》だ——これを破壊したいのか、冷酷に。君ら／僕らが、君ら／僕らの頭の中をまともにするまでは、チャンスなんてない」。そして、レノンは、アップル社は金儲けのベンチャーと言うより、ビートルズの創造的実験のための媒体であると語り、そもそもあまり気にかけてもいないと付け加えた。だが、レノンの語りは率直ではなかった。「わかるかい、僕は君に敵対していないし、そもそもしていなかった」と、革命的な国家転覆を掲げるホイランドが「レヴォリューション」の典型的なターゲットであるにもかかわらず言うのだ。ホイランドのようなラディカルたちが異議を唱えると、レノンは、あの曲はそのままの意味とは異なる、と言って彼らに合わせようとしたのだ。それでもレノンは怒りが収まらなかった。「ビートルズやストーンズのことをとやかく言うより、もっと大きなことを考えるがいいさ……」[76]。

ホイランドからの返信は、本人が書いたように見えるが、実際は『ブラック・ドワーフ』の編集委員が共同で書いたものだった。その記事は、「レヴォリューション」は裏切りに値すると訴えた。

「ストロベリー・フィールズ・フォーエヴァー」や「ア・デイ・イン・ザ・ライフ」などから得た感覚は、私がいまのような社会主義者のはしくれになるきっかけだった。けれども、あなたは突然「レヴォリューション」で私たちの顔を蹴り上げた。だから私は書くのです——あなたの攻撃に対して返答するために、あなたの立場を批判するために……革命的社会主義運動に関連して——あなたの言うことは何百万人もの人が聞くでしょう。私たちが返信をしたところで、わずかに二、三〇〇〇人というところです[77]。

(75) John Hoyland, "A Very Open Letter to John Lennon," (Seattle) *Helix* (July 17, 1969), 15.
(76) John Lennon, "A Very Open Letter to John Hoyland," (Seattle) *Helix* (July 17, 1969), 15.
(77) John Hoyland, "John Hoyland Replies," (Seattle) *Helix* (July 17, 1969), 15.

数え切れないほどのロックファンがビートルズに怒りを向けた。アングラ新聞は「ビートルズを生きたまま食った」と、あるジャーナリストは語った[78]。『バークレー・バーブ』の記者は、「レヴォリューション」は「誤って反革命を招くもの」として糾弾した。『ヴィレッジ・ヴォイス』の記者、ロバート・クリストガウもやはり、ビートルズは自分たちの道を踏み外して政治的左翼《レフト》を批判してしまったと失望した[79]。『ニューレフト・レビュー』に寄稿した論者は、「嘆かわしいプチブルの恐れの叫び」と評した[80]。『ランパーツ』では、ジョン・ランドーがこの曲を「裏切り」と呼んだ[81]。モスクワを拠点とする新聞、『ソヴィエツカヤ・クルトゥーラ』でさえ、ビートルズの「政治的無関心」をたしなめたのだった[82]。

これに対し、レノンの歌にもっと複雑なメッセージを読み取ろうとする人もわずかながらいた。この曲の音楽的特性は、歌詞の内容を圧倒するものだと言う意見があった。グリール・マーカスは、「レヴォリューションは、フォークギターをはじく音ではなく、偉大なロックンロール・バンドによる衝突的爆発だ」と書いた。「たとえ歌詞に不毛さと抑圧があっても、その動きには自由がある[83]」。また他の左派の論者は、「私たちはビートルズに謝らなければならない」と言った。「『レヴォリューション』の歌詞がいかにくだらなくても、そのメッセージ」――つまり、革命が望ましいのかあるいは必要なのか、そしていかにして効果的をもたらすのかという問い――は、少なくとも有益な会話をもたらす[84]。また他の評論家は、この曲が「いかなるアートや文学よりも、若者が暴力と革命についてより考え議論する」きっかけとなると認めた[85]。さらにあるファンはこれでくじけることはなかった。「ビートルズの政治《ポリティクス》はひどい、しかし彼らは我々の側にいる[86]」。

わずか四日後の一九六八年八月三十日にリリースされたストーンズのアルバム『ベガーズ・バンケット』からのニューシングル「ストリート・ファイティング・マン」は、「レヴォリューション」と真逆の反応をもたらした（この発売日は、ビートルズとストーンズが、互いのレコードが直接的に競合しないようにするとした約束に違反していたことになる）。オリジナルのレコードジャケットは（すぐに回収されたが）、ロサンジェルスの警官が、たたきのめされて路上に横たわる若い活動家の背にブーツの足を乗せている写真だった。[87] シカゴのラジオ局のほとんどは、この曲が民主党全国大会での大混乱に加わった戦闘的な活動家の怒りに火をつけかねないと、放送を拒んだ。ジャガーは、この曲の歌詞を、おそらく一九六八年三月十七日の、約二万五〇〇〇人が参加したロンドンのトラファルガー広場での集会に参加した後に書

---

(78) No author, "Beatles Revolution: Two Views,"（San Diego）*Teaspoon Door*（November 22, 1968）, 8.
(79) Wiener, *Come Together*, 60 を参照。
(80) Richard Merton, "Comment on Chester's 'For a Rock Aesthetic,'" *New Left Review* 59（Jan–Feb, 1970）.
(81) Wiener, *Come Together*, 60 からの引用。
(82) Peter Doggett, *There's A Riot Going On*（Edinburgh: Canongate, 2008）, 197 からの引用。
(83) Greil Marcus, "A Singer and a Rock and Roll Band," in Greil Marcus, ed., *Rock and Roll Will Stand*（Boston: Beacon Press, 1969）, 96.
(84) James E. Curry, "Dallas"（Madison, WI）*Connections*（February 5–20, 1969）, 3.
(85) Herman Rumper, "The Beatles Below the Surface," *San Diego Free Press*（Feb 28–March 14, 1969）, 7.
(86) Joshua Newton, letter to the editor,（Detroit）*Fifth Estate*（December 11–22）, 1969.
(87) ジャケットは、一九六八年のシカゴでの民主党全国大会で、デモ隊に暴力を振るうシカゴ警察を写したものだとの噂が立ったが、実際には一九六六年終わりにロサンジェルスで起きた、サンセット大通りの外出禁止令に対する暴動で撮影されたものだった。今日、このオリジナルジャケットのレコードは、最もレアなレコードとして、七万五〇〇〇ドルで売りに出すコレクターもいる。

いたと思われる。いくつかの演説の後、デモ参加者はグロブナー・スクエアのアメリカ大使館前で騎馬警察隊と衝突した。警官は警棒を持って人びとに突撃した。若者たちは木の枝やフェンスの柱を振り回して応戦し、がれきを投げた。病院に運び込まれた五十人のうち半分は警官だった。証言によると、ジャガーはこの行動のまっただ中にいた。「石を投げて楽しんでいた」と振り返る者もあれば、「隠れ、逃げ回っていた」と言う人もいる(88)。このとき撮影されたマイケル・クーパーの写真には、デモ参加者の中にジャガーの姿が写っている。真剣なまなざしで様子をうかがっているが、積極的に行動に加わっているようには見えない。

しかし、あまりに多くのファンに見つかって抗議行動をあきらめたことを、ジャガーは悔やんだ。繰り返される歌詞に、彼の無力感とフラストレーションが想起される（「でもこの気の毒な俺に何ができる？／ロックンロール・バンドで歌う以外に／退屈なロンドンの町には／路上で闘う男《ストリート・ファイティング・マン》の場所はないのさ」）。この反復部分は、曲の中のより挑発的な歌詞の部分を和らげるためだとも言われる。

「ストリート・ファイティング・マン」がリリースされてほどなく、ニューヨークで最も戦闘的《ミリタント》な新聞『ラット』は、その歌詞を側面記事に掲載した。その少し後で、『ブラック・ドワーフ』には、ミック・ジャガーが渡した手書きの歌詞が載った。「行進し足を踏みならす音がいたるところで聞こえる／夏が来て、路上で闘うにはもってこいの時期だ(89)」。この歌を、行動の呼びかけととらえる者もいた。SDSのメンバー、ジョーナ・ラスキンは、一九六八年十二月、警察によって二人のブラック・パンサーが殺害されたことに抗議するため、ニューヨークの五番街をデモ行進した。そばにいた誰かがこの曲を口笛で吹き始めたとき、ラスキンは「自分でもコールした、『暴力革命［ママ］にはもってこいの時期だ』。次から次に石を投げると、厚いウィンドウ・ガラスはすべて割れた」と書いている(90)。ストーンズの一九六九年ＵＳツアーでは、ミックは胸にオメガのシンボルをあしらったシャツを着て現れた。それは、アメリカの徴兵制反対の反戦グループ、レジスタンスのシンボルだった。その年のマディソン・スクエアでは、マッド・ドッグズと呼ばれるニューヨークのラディカル集団が、バルコニー席の一番上から縦九フィート横十二フィートの大きさの南ベトナム解放民族戦線（ＮＦＬ）の旗を掲げた。一九六九年十一月のシカゴでの公演では、ジャガーは「ストリート・ファインティング・マン」をその町に住む人びと、そして「彼らの昨年の偉業」に捧げた(91)。シアトルのツアーでは、ウェザーマンのメンバーがゲートに押し寄せビラを配った。オークランドでは、アナーキストのグループが機関紙を配った。

こんにちは、そして、ようこそローリング・ストーンズ。権力を持つ狂人との絶望的戦いにおける同志よ。世界中の革命青年が君たちの音楽を聴いて、さらなる決死の行動に駆り立てられる。我々はアジアや南アメリカに侵攻する帝国主義にゲリラ集団《バンド》として立ち向かう。いたるところのロック・コ

(88)　Jonathon Green, ed. *Days in the Life: Voices from the English Underground, 1967-1971* (London: Heinemann, 1988), 245.
(89)　おかしなことだが、タリク・アリはジャガーが提供したオリジナルの手書きの歌詞をゴミ箱に投げ捨てた。その歌詞カードを保管したり、宝物のように扱うことは、個人を英雄視しないという『ブラック・ドワーフ』のポリシーとは矛盾するからだ。集合的な連帯をつくり、集団的行動の基盤を作ることのほうが重要だった。
(90)　Jonah Raskin, *Out of the Whale: Growing Up in the American Left* (New York: Link Books, 1974), 119. ラスキンが歌った歌詞は、じっさいは「ストリート・ファイティング・マン」にはない。「宮殿革命にはもってこいの時期だ」となる。ラスキンは、短い期間存在したＳＤＳ内の組織紙『ファイアー・ネクスト・タイム』に寄稿していたが、そこでもこの曲を賞賛し、やはりおなじように歌詞を誤って引用している。
(91)　(Chicago) *Seed* (November 16, 1969) の「側面記事」からの引用。

ンサートで暴動を起こす。ロサンジェルスでは火を放ち、略奪する。警察は我々のスナイパーが戻ってくることを知っている。

やつらは我々を落伍者《ドロップアウツ》とか、非行青年《デリンクエンツ》とか、徴兵逃れ《ドラフト・ドジャース》とか、チンピラ《パンクス》とか、ヤク中《ホップヘッズ》とか呼んで、ひどい仕打ちを浴びせかける。ベトナムでは爆弾を浴びせ、アメリカでは僚友同士に戦わせようとするが、奴らは我々が小さなトランジスタ・ラジオで君たちの曲を聴きくのを耳にし、もはや無政府主義《アナーキスト》革命の血と炎を避けられないことを知るのだ。

我々は君の音楽をロックンロール楽隊《マーチング・バンド》で奏でる。牢獄を破って囚人を解き放ち、公立学校を破って学生を解放し、軍事基地を破って貧者を武装させる。刑務所長や将軍の横っ腹に「BURN BABY BURN!（焼け、赤ん坊を、焼きつくせ！）」と入れ墨を彫って、我々が放った火の焼け跡から新しい社会を創るのだ。

同志よ、君たちはこの国が政府の専制から解放されたときに戻ってくる。そして、労働者が運営する工場で、空っぽになった市役所ホールで、警察署のがれきの中で、首をつられた一群の牧師の下で、無数のアナーキストのコミュニティで翻る無数の赤い旗の下で、そのすばらしい音楽を奏でるのだ。（アンドレ・）ブレトンは言う。ローリング・ストーンズは、有るべき姿だ。リンドン・ジョンソン――カリフォルニア青年団はあなたの破壊に身を捧げる。ローリング・ストーンズ――カリフォルニア青年団は君たちのメッセージを受け止めた。革命よ永遠なれ!!![92]

ジャガーは、一九六七年の麻薬所持逮捕後は、刑務所に送られないかびくびくしていた。テレビ番組『ワールド・イン・アクション』では、「新しい道徳的規範とか、そんなものをつくりたいとは思わない。

この世代の誰だってそうだ」と話している。[93] しかし一九六九年には、それまでの考えを変え、大衆の蜂起を支持した。シカゴのラジオ局からボイコットされた「ストリート・ファイティング・マン」について聞かれたジャガーは言った。「楽曲で革命が起こせることを知らせなくてはならない。きっと可能だと思う[94]」。

・　・　・

「トランジスタ・ラジオに耳を傾けるアメリカは、ビートルズとローリング・ストーンズのあいだのイデオロギー的論争のようなものをなぞってきた」と、あるロンドンのライターは書いた。[95] いずれのバンドも、はかりしれない文化的影響力を持っていた。しかし、よく見てみると、二つのグループのイデオロギー的な差異は無視できない。彼らのアルバムは、いわゆる「レコード版マニフェスト」ではなかった。むしろ、インクのしみのロールシャッハ・テストに近く、若者はそこに自分たちの解釈を投影した。ジャガーはロンドン・スクール・オブ・エコノミクスに短期間在籍していたときに、すでに資本主義に対する左翼的批評を形成していたと言うが、彼をよく知る者は、「一〇〇万、二〇〇万と彼の口座に金が流れ込んでくると、ジャガーはむしろ資本主義が好きになった[96]」。ドラッグで逮捕されたことが

（92）Stanley Booth, *The True Adventures of the Rolling Stones* (Chicago: Chicago Review Press, 2000), 142-143 より。
（93）*World in Action* television program (July 31, 1967).
（94）Dave Doggett, (Oxford, MS) *Kudzu* (Feb. 5, 1969), 10.
（95）LNS-London, "Beatles, Stones, on Movement," (Hawaii) *The Roach* (February 1-15, 1969).

きっかけで「ラディカルになった」という説も、やはりあやしい。結局のところ、ジャガーがデモに参加したのは、彼の人生のうちのほんの少しだけだった。友人のバリー・マイルズは、ジャガーがグロブナー・スクエアに現れたのは、少なくともそれが社会的イベントだと思ったからだと言う。「（ジャガーは）たしかにベトナム戦争を激しく嫌悪した。しかし、それよりもするべきことがあった。その週にチェルシーの誰もがやったこと、つまり、そのデモに参加することだ」(97)。

一九六八年、ストーンズはジャン＝リュック・ゴダールの映画『シンパシー・フォー・ザ・デヴィル』（別名『ワン・プラス・ワン』）に出演した。撮影開始前に、ゴダールはその製作意図を支離滅裂に語った。おそらく、六〇年代終わりの興奮した雰囲気の中にあっても、まともな頭を持った人には不快だっただろう。「私が何よりも破壊したいのは、文化の概念だ」と、彼は得意げに語った。「文化は帝国主義のアリバイなんだ。国防大臣がいて、文化大臣がいる。つまり文化は戦争だ」(98)。しかし、最終的にゴダールが制作したのは、結局はまったくの失敗作だった。ストーンズがスタジオで仕事するドキュメンタリー・スタイルのショットに、ブラック・パンサーがサウス・ロンドンのゴミ溜めで汚い言葉を吐きながら白人の女を殺しているクリップがちりばめらた。あるシーンでは、「イヴ・デモクラシー（民主主義前夜）」と名付けられた女性が、目指すあてもなく森をさまよい、何を尋ねられても、「イエス」か「ノー」しか言わない。また他のシーンでは、少女がポルノショップに入ってナチス式敬礼をする。またある場面では、カメラには映らないナレーターが、明らかにビートルズの曲にあてつけて、自分は「毛おじさん《アンクル・マオ》の黄色い潜水艦《イエロー・サブマリン》」を待っているのだと言う(99)。いったい全体、それが何を意味するものなのか、誰一人としてまったくわからなかったが、それはそれで、たしかにラディカルにみえた。

ところがストーンズは、一九六九年のツアーで、ブラック・パンサーが彼らのステージ上から寄付を募ることを許さなかった。後から考えると、ストーンズのラディカリズムがただの気まぐれにすぎなかったとも言いきれない。結局のところ、ストーンズは六〇年代半ばから流行を追いつづけ、サマー・オブ・ラヴの頃にはサイケデリックで、七〇年代半ばになるとレゲエにはまり、その後には短いディスコ時代《フェイズ》に入るのだ。

一方で、一九六〇年代終わりから一九七〇年代初めのレノンの政治的思考は、混乱しきっていた。「レヴォリューション」を世に出して間もなく、ジョンはヨーコ・オノと——一九六九年三月にアムステルダムで行ったベッド・インを皮切りに——反戦とフラワー・パワーを訴える、気まぐれで前衛的な平和活動をはじめた。世界中の政治的指導者に「平和のドングリ」を送って、平和のためのロビー活動を行った。そして白いキャンバス地の服をまとい、世界中の大都市で巨大な看板広告の使用料を払って「戦争は終わる——もしあなたが望むなら（War Is Over — If You Want It.）」と掲げた。

その翌年、ビートルズが解散した後、レノンはヤン・ウェナーに、「ストーンズは革命家で、ビート

(96) Sanchez, *Up and Down*, 121.
(97) Doggett, *There's a Riot Going On*, 168 からの引用。
(98) Miller, *Flowers in the Dustbin*, 272.
(99) ゴダールがビートルズもしくはストーンズを映画に撮りたいと思っていたのはたしかだった。しかし、当初どちらのバンドが自分の目的にかなっているのか、わからなかった。のちに、ゴダールが『インターナショナル・タイム』紙上で、ビートルズには政治的な姿勢が欠けているという遠回しな批判をすると、レノンがくってかかった。「あれは、僕らを映画に撮れなかった男の負け惜しみだ。親愛なるゴダールさん、僕らがあなたの映画に出たくなかったからと言って、あなたより僕たちが何もしていないということにはなりません」。しかし、演劇エージェントのミム・スカラは、彼がビートルズではなくてストーンズを選ぶようゴダールを説得したことを電話でレノンに伝えたと言う。彼は、「冷静に受け止めた」とスカラは言う。「この件は、ビートルズが頭を悩ませるべき問題ではないと知って、安心したようだった」。

ルズはそうではないというイメージ」に憤っていたことを告げている。しかし、彼は何を意図しているのか説明しなかった。このインタビューの中で、以前の「愛は我々すべてを救う」という信念を否定し、(言葉どおりかあるいは比喩としてか)毛主席《チェアマン・マオ》のバッジを身につけていると公言した。「彼はいい仕事をしていると思うようになった」と、レノンは言った。[100]「暴力革命」の可能性について聞かれると、激しく言い放った。「僕がもし黒人だったら、そのためにすべてを捧げる[101]」。一九七一年八月には、「イギリス帝国主義に対するIRAの勝利を」というプラカードを掲げた政治集会にも現れている(IRA、アイルランド共和軍は、言うまでもなくテロリスト・グループだった)。そして、自身の反戦主義とIRA支持がどう相容れるのか尋ねられると、レノンは、「それは微妙なラインだ」と答えるのだった。[102]同年、彼は再び『ブラック・ドワーフ』のタリク・アリに電話をした。このときは、説教っぽい新曲「パワー・トゥー・ザ・ピープル」を(文字どおり電話越しに)演奏するためだった。この曲は「レヴォリューション」を否定した(「僕らは革命が必要だと言っている/すぐにとりかかった方がいい」)。その後、レノンはまた方向性を変えた。晩年のインタビューの中で、レノンは言う、「(「レヴォリューション」の)歌詞はいまも大切だ。いまでも僕の政治への感覚を表している。……バリケードに花がなければ、僕はそれには上らない[103]」。

ビートルズやストーンズが、当時の切迫した問題に混乱したり、考えること自体にあまり乗り気でなかったことはともかく、どちらも若い音楽ファンにかなりの影響を与え、その曲、歌詞、態度、振る舞いはその後も活発な議論を生んだ。「レヴォリューション」をきっかけにビートルズに背を向けた人びとも、その影響力は疑わなかった。しかしかえって不満を生むことにもなった。なぜ彼らはもっとやらなかったのだと。「テレビ局を持つことだってできたはずだ」と、悪名高いデトロイトのラディカル、ジョン・シンクレアは言う。「彼らはやりたいことは何でもできた。文化的な総攻撃プログラムを実行することができる立場にあった。実現したらその影響力たるやすさまじかっただろう」。ところが、彼らはそのエネルギーをロンドンのダウンタウンに開いた小売店、アップル・ブティックなんかに浪費したのだ。[104]ある若いライターも、「彼らは、存在する誰よりも『革命』世代に影響力を持っていたといっても差し障りないだろう」と言う。もし彼らが「世界を変えたいと思ったら、世界がそれを感じたはずだ」。[105]

それどころか、ビートルズの政治性はどんどんと薄れていった。「長いこと、ビートルズは私たちの世代の預言者《オラクル》だった」と、ヒューストンのアングラ新聞『スペース・シティ！』の記者は諦めきれない様子で言う。「世界がどのような状態にあっても、彼らは音楽でそれを表現できるようだった。私たちがこの社会を分析的に見始めたとき、彼らは私たちが何を見ているのか教えてくれた」。[106]

しかし、これは見当違いだった。六〇年代半ばのビートルズの歌詞には、社会への批判などほとんど

（100）この時点で、レノンはマオ（毛沢東）が世界史に残る大量殺戮者であることは知らなかった。しかし、マオがなんであれ平和を愛す人間だと信じていたわけでもあるまい。マオが、「革命は晩餐会ではない」と言ったのは有名だ。「革命は武装反乱であり、一つの階級が他の階級を転覆させる暴力行為である」。興味深いことに、マオの言葉はホイランドの考え方とあまり変わらない。「世界を変えるには、世界の何が悪なのか理解しなくてはならない。そして破壊せよ。冷徹に」。

（101）Wenner, *Lennon Remembers*, 134.

（102）Ian MacDonald, "John Lennon: The John Lennon Anthology," *Uncut*（December 1998）.

（103）*The Beatles Anthology*, 299.

（104）John Sinclair,（Ann Arbor）*Argus*（Jan 25–Feb 7, 1969）, 10.

（105）Mayer, "Rock and Revolution"（New York）*WIN*（June 1, 1969）, 12.

（106）Francis Moss, "Disengagement and Retreat: Beatles' Abbey Road,"（Houston）*Space City!*（Nov. 7–20, 1969）, 19.

見られない。一九六八年までには、ラディカルな若者たちと反りが合わなくなっていたとも言えるだろう。「レヴォリューション」は、「おそらく正直なメッセージ」だったと、ロック評論家リチャード・ゴールドスタインは言う。「彼らはおそらく、革命と言ったときに、我々《we》が何を意味するのかわからないのだ」(107)。一九六五年にビートルズがエリザベス女王から大英帝国第五等勲爵士を授かったとき、ミルウォーキーの『カレイドスコープ』紙は彼らを「承認された制度尊重派《インスティテューショニスト》」と呼び、「彼らは、彼らの時代のウォルト・ディズニーになるだろう」とつけ加えた。

反対に、ラディカルはストーンズを、ビートルズより戦闘的でより真正《オーセンティック》な存在とみなした。そして、その認識がジャガーを勇気づけた。

一九六九年に開かれたローリング・ストーンズの記者会見で、ベトナム戦争に反対して「ジョン・レノンが勲章を返還したことをどう思いますか」という質問が出た。

「やっとさ！」、ジャガーはロンドンなまりをあらわに叫んだ、「もらったらすぐに返すべきだったんだ」(108)。

「英雄崇拝についてはよくわからないが」、ミシシッピ州ジャクソンの『カーズー』の編集者デイブ・ドゲットは、「ビートルズにはそんな匂いがし始めている」と鼻を動かした(109)。ジョン・ランドーは、「ビートルズがファンタジーに向かったのとは対照的に」、ストーンズは「現実主義《リアリズム》に向かった」と書いた(110)。またあるライターは、ビートルズの歌はしばしば間接的で、その意味を詮索しなくてはならないが、「ストーンズの歌を聴けば、彼らが何をしようとしているのか直感的にわかる」と述べた(111)。デトロイトの『フィフス・エステイト』の記者は、見当もつかずに、「ストーンズは自らの持つバックグラウンドから、『地の塩』に向かって、そのために歌う」が、「ビートルズは、自分たちの美しい閉鎖的なペパーランドに生きている」と書いた[112]。

しかし、ストーンズの最盛期は短かった。まもなくすると、とくに一九六九年のＵＳツアーで、ラディカルたちはストーンズのエリート主義と冷淡さを咎め始めた。巨大なアリーナでコンサートを開き、ファンに法外なチケット代を支払わせたのだ[113]。これは新しい出来事だった。と言うのも、それまではどんなに世界で人気のバンドも、一〇〇〇人か二〇〇〇人規模のホールで演奏するのが普通だった。それはアリーナでコンサートを開くためのインフラと技術が整っていなかったからだ[114]。ストーンズは、ファ

(107) Mayer, "Rock and Revolution," 12.
(108) Rolling Stones Press Conference, 1969: You Tube. http://www.youtube.com/watch?v=OLC39AfB0Yw.
(109) Dave Doggett, (Oxford, MS) *Kudzu* (Feb. 5, 1969), 10.
(110) Jon Landau, "Doing It in the Road," (Atlanta) *Great Speckled Bird* (Feb. 24, 1969), 14-15.
(111) Jon Landau, "If I Thought It Would Do Any Good, I'd Write My Congressman," *Extra!* (December 10-24, 1968) 12.
(112) Mike Kerman, "Class Clash—the Beatles vs. the Rolling Stones," (Detroit) *Fifth Estate* (Feb. 6-19, 1969), 13. この若いライターは、当時ビートルズがギリシャの孤島を買い、そこに四軒の最先端住宅を建て、これらを地下のトンネルで中央の鉄のはざま飾りのガラスドームにつなぐ計画を立てていたと知ったら、激怒したことだろう。
(113) プロモーターによると、ストーンズが事前に莫大な金を払うことを要求したため、チケットは高額になった。ほとんどのチケットは、四ドル五十セントから六ドル五十セントで、現在の金額にすると、二十ドルから三十三ドルくらいになる。ストーンズの二〇〇五年のＵＳツアーは、一三四ドルで、いくつかのショーではプライム・シートが三七七ドルだった。このことを問われたジャガーは、チケットの値段は自分たちはどうしようもないし、そんな質問には興味がないと言った。「経済的な部分にはほとんどかかわっていないんだ」。二〇一二年のアメリカ・ツアーでは、チケットは八十五ドルから二〇〇〇ドルだった。記者に次のように語っている。「チケット代が高すぎて買えないっていうのは、なんだか悪いね。もっと安いチケットもあるし、その席も十分にいいよ。誰にでも手が届くチケットがある」。
(114) 一九六六年のビートルズの巨大な屋外公演は例外だった。たいてい彼らの音楽はスタジアムの備え付けのＰＡシステムを通して流された。誰も彼らの音楽を聴き取れなかったくらいに、音の問題は大きかった。

ンを夜遅くまで待たせて公演を始めることが多かった。そして、最良の席はファンには与えられなかった。音楽界の大物のためにリザーヴされていたのだ。ストーンズと格好や目的をある程度共有していると信じていた若者たちは、すぐにフラストレーションを感じるようになった。

フィラデルフィアでの公演後、『フリー・プレス』紙一面に掲載された長文のユーモア溢れる記事において、ストーンズは糾弾された。「向こう見ずなすばしっこい強盗団が、スペクトラム競技場の歴史に残る、近年では最も汚れのない大きな盗品を手に入れた。一万五〇〇〇の目玉が見つめる前で、奇抜な格好のギャングが、この界隈では七万五〇〇〇ドルの価値があると思われる現金や換金可能な証券をあっさりと持ち去ったのだ」。この新聞では、ローリング・ストーンズが結んだ契約の詳細内容（その「大胆不敵さ」は際立っていた）を暴露し、ストーンズ公演にかかわる経済活動が少しも地域の利益になっていないことを批判した。さらに悪かったのは、ストーンズはあたかもプリマドンナのように振る舞い、インタビューを断ったり、乱暴なセキュリティ（「チンピラ集団《グーンズ》」）をつけてファンを遠ざけたりした。フィリップ・ノーマンによると、「ほとんどすべての都市で、プロモーターはストーンズの（入場料収入の）取り分があまりに多いことと、彼らの自己中心的なロック・スター然とした傲慢さを批判した。……二〇〇万ドルの総収入を稼ぐために、ストーンズはシステマティックに、無慈悲に、アメリカ中のティーンエイジャーからぼったくったのだ[115]」。

一九七〇年、シカゴの『ライジング・アップ・アングリー』紙の編集者は、ストーンズへの態度を完全に変えた。前年、同紙は次のように書いていた。「『オール・ユー・ニード・イズ・ラヴ』（や『レヴォリューション』）にみられるビートルズの受け身の抵抗とは異なり、ストーンズは違ったものの見方をする。ストーンズは、糞を蹴散らして自分にかける豚を、花にまみれて死ぬほど愛することはできないとわかっている」。「たかがロック・グループ」だが、ストーンズが語るのは「現実において、それをいかに扱うかであり、仲裁の言葉や、言い逃れではない(116)」。しかし一九六九年のツアーによる急降下を経て、編集者は、ストーンズをもっと精査すべきと考えるようになった。「彼らはもはや革命を歌えないし、握った拳を突き上げることもできない。自分たちが歌う内容を裏付けることをせず、どんどん金儲けに走っている」。

例えば、ストーンズがシカゴに来たとき、（ラディカル活動家）アビー・ホフマンが彼らに会いにバックステージに行った。彼はミック・ジャガーと対話して、お互いの達成を祝ったと言う。そしてホフマンは、ジャガーに共謀事件（の裁判弁護）のために寄付を頼んだ。ジャガーは自分たちも裁判があるんだと言った。気まずい雰囲気になって、ジャガーはホフマンに自分たちのビジネス・マネージャーに頼んでくれと言った。マネージャーは、ノーと言った(117)。

「もしローリング・ストーンズが家族《ファミリー》の一員なら」、反戦活動家トッド・ギトリンは問う、「なぜ彼ら

(115) Norman, *The Stones*, 290.
(116) "Angry on the Stones," (Chicago) *Rising Up Angry* (July 1969), 6.
(117) Stones: "Angry on the Stones," (Chicago) *Rising Up Angry* (July 1969), 6. アビー・ホフマンは、シカゴ・セブン（あるいはエイト）の被告の一人で、一九六八年のシカゴでの民主党全国大会で騒動を企てたとして起訴されていた。彼は何日もストーンズに会おうと試み、エルヴィスを装ってアンバサダー・ウェスト・ホテルに電話までしている（はい《ヤッシャ》、ミックや他の連中がどうしているか様子を見たくてね）。アビー・ホフマンはアメリカでは最も知られた反戦活動家だったが、記者によると、バックステージでは彼を迎えたのは、ミックだけだった。他の誰も、彼が何者か知らず、あるいは知りたいとも思わなかった。

は自分たちの利益を家族事業《ファミリー・エンタープライズ》に注がないのか」[118]。リベレーション・ニューズ・サーヴィス（LNS）でさえ――かつて「LNSはビートルズとのイデオロギー論争でストーンズを支持する」というヘッドラインをつけた、軽率でおかしな記事を配信したことがある――、急にさげすまれた恋人のような怒りを向けた。「手をたたいたり、暴れたり、踊ったり、ファックしたり、マリファナをふかしたりすることは、国家権力を握ることからはほど遠い」。「これまでの革命の大部分はヒップな自己満足に過ぎない。グルーピーや、斡旋業者や、宣伝マンや、切符切りが革命で何をすると言うのだ。ミック・ジャガーは、……低俗な男性優位主義者《メール・ショーヴィニスト》だ」[119]。

「アンダー・マイ・サム」や「イエスタデーズ・ペーパーズ」、「バックストリート・ガール」などがすでにあったので、ストーンズの性差別主義への批判は遅すぎるくらいだった。しかし、多くの政治に没頭した若者にとって、ストーンズとの最終的な決別は、アルタモントでの惨事によってもたらされた。金儲けとの批判にいらだちを募らせたストーンズは、サンフランシスコから四十マイルほど北にあるアルタモント・スピードウェイでの屋外「フリー」コンサートを急遽企画して、アメリカのファンへの感謝の意を表すと誇らしげに宣伝した（じっさいは、ストーンズは間接的に収入を得ることになっていた。その公演の模様は、アルバート・メイズルとデイヴィッド・メイズルの監督によるコンサート・フィルム『ギンミ・シェルター』に収録され、近々販売されることになっていた）。

アルタモントはロック・フェスティバルを行うには汚くさみしげな場所で、コンサートに集まる三十万人のための設備は整っていなかった。ステージの護衛を頼まれたヘルズ・エンジェルズのバイク団は、ドラッグや酒にまみれて大暴れした。数え切れないほどのヒッピーを、重りをつけたビリヤードのスティックで殴り、頭を蹴りつけたのだ。「彼らの暴力がおびえる群衆を団結させた」と、あるジャーナリストは言う。

ストーンズが「アンダー・マイ・サム」を演奏したとき、エンジェルズは、十代のアフリカ系アメリカ人、メレディス・ハンターに狙いを定めた。殴られるのを（あるいは刺されるのを）避けようと、ハンターは素早くピストルを取り出し高く頭上に構えた。その瞬間、エンジェルズは少年を刺し、殴って死に至らしめた。以来、歴史家はアルタモントの惨劇を――メイソン・ギャングによる殺人事件と、ウェザー・アンダーグラウンドのタウンハウス爆破とならんで――若者の運動の終焉のしるしとして描いてきた。トニー・サンチェスは「そのメッセージが世界中に浸透するまでにはまだ時間がかかるだろう」と書いた。しかし、一九六九年十二月六日のアルタモントで、「六〇年代の美しいファンタジーのすべてが、除草剤のシャワーを浴びた花のように、しおれ枯れていったのだ[120]」。

・・・

ロックンロールはつねに――ある意味ブルースを商業的に搾取した――大衆的《ポピュラー》で演劇性《パフォーマティヴ》の高いアートだった。そして、一九六〇年代の「ラディカルさ」を体現する行為として理解された。ビートルズやストーンズが、とくにラディカルだったわけではない。きわめて高い才能にあふれた二つのバンドは、力

(118) Abe Peck, *Uncovering the Sixties: The Life and Times of the Underground Press* (New York: Citadel Press, 1991), 226 からの引用。
(119) LNS,（Ann Arbor）*Argus*（October 3-17, 1969）, 2.
(120) Sanchez, *Up and Down*, 185.

強い自信と、自意識、そして本能的なエネルギーからなる若者文化のイメージをリスナーのあいだに構築した。その結果、彼らは多いなる変化を駆り立てた。しかしどちらも、一貫した政治的観を明確に表現したり、主張する意思を示したりはしなかった。二つのバンドに想定された「イデオロギー的不和」は、『エド・サリヴァン・ショー』で彼らが着た対照的なコスチュームにほぼ型どおり表現されていた。

しかし、ビートルズとストーンズとのあいだで起こった論争や議論をみると、ロック音楽は眉をひそめられる対象で、その商業的論理があまり目立たなかった時代であったたことがわかる。六〇年代のロック・ファンにとっては、ローリング・ストーンズが巨大なステージや屋外のスタジアムで、企業スポンサーを得て、大人然として何百万ドルも稼いでいることは想像できなかった。さらには、ミック・ジャガーが二〇〇三年になってバッキンガム宮殿で女王の命によるナイトの称号を受けるとは、（たとえ陶酔していた時代でも）思いもよらなかった。そしてマイケル・ジャクソンがレノン＝マッカートニーの曲の版権を大量に購入して、ナイキのコマーシャルに「レヴォリューション」の使用を認めるなどということは、けっして歓迎されるものではなかった。ミュージッククライターのフレッド・グッドマンが言うように、「ほんの数十年前は、ロックは対抗文化と強く結びつき、商業的、社会的しきたりに抵抗することを明言していた。『ロックンロール・ビジネス』という概念はこれにはそぐわなかったのだ[121]」。こうした感情は一九六九年にシアトルのアングラ新聞『ヘリックス』に届けられた手紙によく表されている。「なぜローリング・ストーンズにコンサートを頼むと五万ドルもかかるのか？　なぜ『アビイ・ロード』は八ドル九十八セントの値がつけられているのか[122]」。

なぜ、フリー・ライブをやりたいと言っているバンドが、それをできないのか……なぜロックのプロモーターは「フェスティバル」で高いチケット代を課して何千ドルも稼ぐのか。……クソ食らえ《ファック・ゼム》!と言ってやりたい。レコード会社の馬鹿やろう《ファック》。文化を食い物にするやつら、「音楽をもたらす」と言う偽善的なばかものたち《アッスホール》よ、クソ食らえ!「成功した」として我々からだましとることを当たり前と感じているロック・グループよ、クソ食らえ!やつらのゴミを買うな!(プロモーターの)ビル・グラハムとビートルズに、もはや居場所はないと教えてやれ(123)。

ニューレフトとカウンターカルチャーに勢いを与えていたロック購買層の、記憶へと色あせていくにつれ、このような口うるさいレトリックを掲載していたラディカルな新聞も消えていった。その代わりに「オルタナティヴ・プレス」と呼ばれるものが現れ、今日では週刊紙として、街の道端の販売ボックスやカフェやバーに積まれ、たいてい無料で配られている。アングラ新聞とは異なり、これら都市部のウィークリーは——いまは苦境の時期だが——商業的には成功していたことになる。これらが誇示する「オルタナティヴ」という看板は、明らかに社会的信用性を付加するためのもので、つまりアングラ新聞とは異なることを強調し、政治的なラディカリズムとの距離を置くものだ。こうした新聞に提供する広告の見返りとして、レコード会社はつねにお世辞だらけの記事やレコード評、所属アーティストをプ

---

(121) Fred Goodman, *The Mansion on the Hill: Dylan, Young, Geffen, Springsteen and the Head-On Collision of Rock and Commerce* (New York: Vintage, 1998), xi.

(122) 当時、ほとんどのLPレコードは五ドルから六ドルの値段だった。しかしビートルズは、自分たちの印税をアルバムの六十九パーセントまであげるよう交渉していた。

(123) Letter to editor, (Seattle) *Helix* (October 30, 1969), 14.

ロモートするコンサートの一覧を掲載してもらう。そうする中で、市場に詳しい調査員やニッチを狙う広告業者が、古いばかりかますます均質的なロック文化を形作る。グローバルな現象として、かつ何十億ドルもの産業として、ロックンロールはかなりの資本主義的影響力を持つ。しかし、今日、それが世代の共通語だと考える者はいない。

もちろん、若者は彼らのエネルギーと、フラストレーションと、反抗心と、欲望のはけ口として、そして生き様に意味を与える手段として、つねにロックンロールに注目する。ビートルズとストーンズをめぐるアングラ新聞の記事は、ロック音楽のオーディエンスがいかに変化したかを物語っている。しかしおそらく、それほどシニカルになる必要はない。一九六〇年代終わりのニューレフトがどんなにけんか腰にみえたとしても、多くのラディカルやヒッピーたちはロックンロールを自分たちの一つの共通項と考えた。その中心を囲む自分たちが一つになって、共有する文化を拡大する唯一の力とみなしたのだ。こうした文脈では、当時の最も冷淡なロック・ヒーローたち――ビートルズとストーンズ――でさえ、自らその権化《アヴァター》として自らを表現できたのだ。

第六章　ポップ・ジャングルの策略

一九六七年、ビートルズは八月最後の週末をノース・ウェールズで過ごした。マハリシ・マヘーシュ・ヨーギーが主催する「スピリチュアル・リジェネレーション」に参加したのだ。一行は約六十人を数え――妻、アシスタント、友人、ミック・ジャガーとマリアンヌ・フェイスフルもその中にいた――、全員が空いた大学生寮に滞在した。二段ベッドと質素な家具のみの小さな部屋で、朝食付きで一泊一・五十ポンドという当たり前の滞在費を払った。報道関係者はキャンパスから閉め出され、緊急事態に備えてこの一団にアクセスできる電話番号を持っていたのは、ビートルズのマネージメント・チームの一人だけだったので、静かな週末を送ることができるはずだった。ところが、八月二十七日の午後、寮のロビーにあった公衆電話がけたたましく鳴り続けた。

衝撃的な知らせだった。ブライアン・エプスタインが死んだのだ。その時点では、死因は明らかではなかった。しかし、当局は彼のベッドサイドに八つの薬の瓶が散らばっていたことに気づいた。三十二歳だった。

「ビートルズがいかに喪失感と深い悲しみを抱いていたか。本当につらかった」と、マリアンヌは振り返る。「彼らは深い悲しみと苦痛を共有する親密な家族だった[1]」。

マハリシはビートルズの悲しみをつまらない説教で和らげようとした。ブライアンは本当は死んでいないのだと言った。そうではなく、地上の実体的な領域を離れて、また別の存在レベルに向かっているのだと。ジョンとジョージは街へと向かうときに——二人は浮かぬ顔で、目に見えて震えていた——、報道陣に向かって少しだけ口を開けた。ジョンは言った、「瞑想のおかげで、このような悲しみに耐えることができている。まだ足りないけれど」。ジョージが付け加えた、「とにかく死なんてものは、ないんだ[2]」。四人のビートルズのうち、この二人は、東洋思想に最ものめり込んだ二人だった。しかしそれほど確信があるようでもなかった。のちにレノンは、そのときじっさい何を考えていたか明かした。「あのとき、僕らは困ったことになったとわかっていた」のだと言う。「音楽をやる以外、何か他のことができるなどという誤った考えは持っていなかった。怖かったんだ、わかるだろう。『とんでもないことが起きてしまった[3]』」。

・・・

ブライアンは睡眠薬という毒を自らに盛ってしまった。亡くなる前はメディアとの関係を築くことがとても上手くなっていた。フリート・ストリートのやり手記者の中でもとくに親しかったのは、ロンドンの『デイリー・ミラー』紙のドン・ショートだった。ショートは粘着質な記者として知られていたが、二人のあいだには一定の了解があった。「それ以上は踏み込まない」領域——ショートが秘密で知っていること、例えばブライアンが同性愛者であることや、ビートルズがドラッグを利用していることなど

——については、記事にしなかったのだ。まれに、エプスタインがビートルズについてぶちまけたり、褒められたことではない話をしたいときは、ショートと話した。メディアに漏れることはないという確信があった。

ある晩、チャペル・ストリートのタウンハウスで飲みながら話しているとき、ブライアンはショートに、ビートルズの誰がいちばんやりにくいと思うか、当ててみろと言った。

ショートはすぐにジョン・レノンだと推し量った。レノンはメンバーの中で最も短気で毒舌だ。記者会見では台本にないことをしゃべり出したり、困ったことに巻き込まれたりする。

「実は、ブライアンの答えはマッカートニーだった」と、ショートは振り返る。「ポールは自分がナイスガイだというイメージがほしかった。しかし、ビートルズのビジネス運営においては、彼が問題だった」[4]。ポールはビートルズのビジネスに関する質問や懸念をブライアンに執拗に迫り、ことあるごとにビートルズをハッピーにするのは自分の仕事だと主張してはばからなかった。マッカートニーは懇願したりやんわり売り込んだりするのがうまかったので、欲しいものはたいがい何でも手に入れた。しかしときに、横暴で押しつけがましいこともあり——なんでも仕切りたがる部分があった——、ブライアンが萎縮することもあった。「ジョンは最も口うるさいビートルだったが、ポールは最も抜け目がなかった」と、広報担当だったトニー・バーロウも言う[5]。

（1）*MOJO's The Beatles*, 293 からの引用。
（2）http://www.youtube.com/watch?v=UhNcGdLyvw0.
（3）Lennon interview with Jann Wenner, *Lennon Remembers* (audio version).
（4）Coleman, *The Man Who Made the Beatles*, 263 からの引用。

一九六五年、ポップ音楽業界は、アレン・クラインという名の大胆なアメリカ人会計士の話題で騒然となった。クラインは、デッカ社とローリング・ストーンズのレコード契約について再交渉し、一二五万ドルの大金を事前ローヤルティとして獲得したのだ（今日ではこの金額はたいしたこともないように聞こえるが、当時としては前代未聞だった）。しかも彼はそれを堂々とやってのけた。キース・リチャーズによると、クラインはストーンズを集め、こう言った。「俺たちは今日、デッカに乗り込む。くそやろうども《マザーファッカー》とやり合うんだ。やつらと取引してこれまでにないレコード契約を結ぼう。サングラスをかけて、一言も話すな。全員で部屋にのり込んで、部屋の後ろに立ち、老いぼれたちをじっと見ていろ。けっしてしゃべるな、俺が全部やる(6)」。

当時六十四歳のデッカの会長、サー・エドワード・ルイスはその状況に愕然とした。クラインにストーンズはすでに契約関係にあるとあらためて認識を迫ると、クラインはそんなことはどうでもいいと返した（「契約なんてただの紙切れだ」と言ったとされる(7)）。キース・リチャーズによると、クラインが大演説をぶつあいだ、サー・エドワードは文字どおりよだれを垂らして見ていた（「垂れていたんだ。すると誰かがそばに行ってハンカチを差し出した」）。それが終わると、「やつらは崩れ落ち、俺たちはビートルズよりも大きな契約を得て部屋を出た(8)」。

ポールはいらだっていた。ショー・ビジネスにおいてビートルズが最も成功しているグループならば、なぜEMIとのレコード契約はその事実を反映しないのか。もちろん、ビートルズが先頭を走ったとき、エプスタインのキャリア誘導はすばらしいものだったと、ポールは認めていた。エプスタインはすべてを投じて献身し、卓越した先見性を持ってビートルズをマネージした。しかし、エプスタインはクラインのような敏腕メンタリティを持ちあわせておらず、ましてや契約法の知識や音楽産業における会計実務の経験を持たなかった。

もっとも、当時のポップ・グループのマネージャーはほぼ大差なかった。六〇年代半ば、クラインは急成長する音楽産業においてよく知られる存在だった。彼は、ボビー・ダーリン、ロイド・プライス、ボビー・ヴィントンといったクライアントのために、強引に詳細な会計監査を行って、未払いのローヤルティを取り戻すことで評判をあげた。一九六三年にはソウル・シンガーのサム・クックの契約についてRCAと再交渉し、十一万ドル分の未払い報酬を勝ち取っている。ほどなくして、レコード・レーベルはアレン・クラインを恐れるようになった。しかし音楽業界の多くは、彼に敬服した。クラインは荒々しい個性の持ち主だった（ほとんどギャングまがいだった）。がっしりとした体格に脂ぎった髪で、口癖は「マザーファッカー」だった。一方でポップ・ミュージックに深い愛を持ち、彼の行動は疑問の余地なくすばらしかった。彼の贅沢な暮らしぶり――高級ヨットに高層階のオフィス――がさらに彼の評判を高めることになった。

ビートルズがツアーをやめてからは、エプスタインの責任はいちじるしく減じた。いまグループが最も必要としているものは、熟達した目の鋭いファイナンシャル・マネージャーで、ますます複雑になる財政面を監督できる人物だった。誰の目の先にもクラインがいた。彼はストーンズに莫大な事前報酬を

（5） Tony Barrow, *John, Paul, George, Ringo and Me* (New York: Da Capo, 2006), 49.
（6） Richards, *Life*, 179.
（7） Klein, *Playboy* (November 1971) からの引用。そしてクラインは続けた、「両者は信頼して、その関係から利益を得ることを願って、［契約書に］サインした。しかし、状況は変わった。だから、再交渉が必要だ」。
（8） Richards, *Life*, 179.

もたらしただけでなく、そのローヤルティも売り上げた各LPレコードの卸売価格の二十五パーセント（アルバムあたり七十五セント）につり上げたのだった。一九六六年の終わりにエプスタインがＥＭＩとビートルズの契約を交渉したときにはおなじような取引を試みたはずだが、失敗だった。ビートルズはイギリスでの売り上げではアルバムにつき十五パーセント、アメリカではキャピトルのレーベルで十七・五パーセントしか得ることができなかった。

クラインとエプスタインは一九六四年にロンドンで会っている。次のビートルズのツアーをサム・クックにサポートさせる可能性を具体的に話し合うためだった。しかし、二人が会話を始めるとすぐに、クラインは違う話題を口にした。ビジネス提携の可能性だった。エプスタインのアシスタント、ピーター・ブラウンは次のように振り返る。「クラインは、ビートルズがＥＭＩから得る低いローヤルティは『ばかばかしい』ものだと聞いているとして、彼が契約の再交渉をしようと切り出した。ブライアンは、自分の仕事を他人が肩代わりするというその提案にひどく侮辱されたと感じ、クラインに退席を促した」(9)。

もしエプスタインがクラインの意思をくじこうとか、その意図を妨げようと思ったとしたら、この男を侮っていたことになる。まもなくクラインは、彼がビートルズを「手に入れる」のはたんに時間の問題だと人に話すようになった。「（エプスタインは）クラインが自分にとって大きな脅威だといつも思っていたようだ」と、音楽業界に長いダニー・ベテッシュは言う(10)。

そしてポールは、ブライアンをさらに不安に陥れるかのように、クラインの成功をエプスタインにあてつけた。あるとき、混んだエレベーターの中で他のメンバーに囲まれたエプスタインにポールは言った。「そういえば、クラインはストーンズに一二五万も獲得したらしいね。僕らにはないのかい？」(11)

真っ当な質問だったが、ポールはのちにその切り出し方を後悔した[12]。エプスタインは傷つきやすく、つねにビートルズに認められたいと願っていた。おそらく彼の人生の最後の数カ月は、さらにその思いは強かっただろう。五年間のマネージメント契約は十月に切れることになっていた。仲間内には、ビートルズが彼との関係を絶つのではないかという悩みをもらしていた。エプスタインの仲間は、彼がそれほど悩む理由があるとは思っていなかったが――おそらくコミッションが減らされるくらいだろうと――、誰にも確信はなかった。

一九六六年十一月、エプスタインは、ビートルズがすでにクラインと会い始めているという新聞の噂を打ち消す仕事に追われた。そして一九六七年初めには、クラインはロンドンのヒルトンホテルに滞在し、自分がビートルズのマネージメントをすることになると記者にふれ回った。クラインのこの発言が混乱を生み、エプスタインはこれを公式な報道発表で否定した。それでも、ストーンズのこの新しいマネージャーはあきらめなかった。「ストーンズといるあいだも、アレンはビートルズに取り入ろうとしていた」と、シリア・クライン・オールダム（アンドリューの元妻）は言う[13]。イギリスのレコード・プロデューサー、ミッキー・モストは言う、「ビートルズと契約することでアレンの頭の中はいっぱいだった。ストーンズは彼が思っていたよりずっと腹を立てていた[14]」。

（9）Peter Brown, *The Love You Make: An Insider's Story of the Beatles* (New York: NAL Trade, 2002), 227.
（10）Coleman, *The Man Who Made the Beatles*, 265 からの引用。
（11）Brown, *The Love You Make*, 248 からの引用。
（12）ポール、「僕はブライアンに文句を言った。それは、彼を傷つけた。学んだよ、もう二度とおなじことはしないって。彼には辛かったろう。彼は正しくもあった。彼は僕らのために頑張ったのに、僕ははした金のためにぶつぶつ言っていたんだ」。
（13）Oldham, *2Stoned*, 243 からの引用。

ブライアンが亡くなる七週間ほど前、ビートルズは、ナンバー・ワン・ヒットとなる「オール・ユー・ニード・イズ・ラヴ」をリリースしたが、B面は「ベイビー、ユー・アー・ア・リッチ・マン」だった。ジョージ・ハリスンは、この曲は励みになる東洋風のメッセージを歌ったものだと言った。つまり、豊かさというのは内面から出てくるものだから、誰でも「リッチ」になれるのだという考え方だ[15]。しかし、ブライアンは、「ベイビー、ユー・アー・ア・リッチ・マン」が、とくに彼に向けて書かれた攻撃的な歌ととっただろう。レノンがフェードアウトする曲のコーラス部分をいやらしく変えていたことを、ブライアンは気づいていないと（はかなくも）祈るしかない。「ベイビー、ユー・アー・ア・リッチ・マン、トゥー」と歌うべきところを、レノンは「ベイビー、ユー、アー・ア・リッチ・ファッグ《オカマの》・ジュー《ユダヤ人》」と歌ったのだ。

「ベイビー、ユー・アー・ア・リッチ・ファッグ・ジュー」。レノンがこのようにブライアンを攻撃することは初めてではなかったが、何よりもブライアンがビートルズのためにしてきたことを考えると、悪辣だった。現在では想像しにくいが、一九六〇年代のショー・ビジネスのマネージャーは、親が子どもをみるようにクライアントを世話した。それが当たり前だった。じっさい、ビートルズはブライアンに頼り切っていたので、自分の金さえめったに持ち歩かなかった。何かがほしい、あるいは何かが必要だと思ったときは――それが新しいギターの弦であれ、高級車であれ――、マネージャーに頼んだ。ブライアンはグループ全員の財布のひもをコントロールしていた。全員が十分に世話されるよう手配し、可能ならばあれやこれやの高価な出費を許した。金を与えるときは（誰かが他よりも多くもらったなどないよう）「フェア」であり、クライアントの長期的な金銭状況についても健全さを保つことが彼の責任だった。

ストーンズもクラインとおなじような関係だった。ただクラインは誰よりも「いかした父親《クール・ダッド》」――最大の理解者で、寛大で、他のどのマネージャーよりも優しい――を気取って、クライアントに取り入っていただけだった。「金ぴかのキャデラックが欲しいと言ったら、買ってくれただろうな」と、リチャーズは言う。「電話して、チェルシー・エンバンクメントのミックの家のそばに、八万ポンドの家を買ってくれ、そしたら俺たちは行ったり来たりして曲が書けるから、と言ったら、翌日には手に入ったよ」(16)。

しかしストーンズは、自分たちがだまされていたことに気づいていなかった。一九六五年にクラインがストーンズの共同マネージャーになったとき、ストーンズ（とオールダム）はすでにイギリスにナンカー・フェルジ・ミュージックという会社を立ち上げていた。クラインはすぐさま自身の会社、ナンカー・フェルジ・USA――彼が社長で、唯一の株式所有者――を設立したが、もう一つのナンカー・フェルジとは関係を結ばなかった。大々的に公表されたデッカからの一二五万ドルの前払い金をクラインが獲得したとき、その金はストーンズのではなく、彼の金庫に収まったのだ。それどころか、契約書の小さな文字には、クラインはその金を二十年間にわたってストーンズに渡す必要がないことが書かれ

(14)　Oldham, *2Stoned*, 206 からの引用。
(15)　「ベイビー、ユー・アー・ア・リッチ・マン」にジョージはほとんど関わっていない。この曲は一九六七年五月十一日に、オリンピック・スタジオで編曲され、レコーディングされた。この時期にはめずらしい、レノンとマッカートニーによる曲だった。（ジョンは、「ビューティフルな人びとの一人であることは、どんな感じだい」という、問いかけの部分を作っていて、ポールがそれにつながる「ベイビー、君もリッチな人間さ」という返事の部分を持っていた。それで、二人はこの二つをつなげた。）
(16)　Richards, *Life*, 179 からの引用。

ていた（その間に彼はその金をジェネラル・モーターズに投資して、莫大な利益を上げている）。さらにものすごいことに、クラインはストーンズを策略にかけて、すべてのレコーディングの版権を手放させた。信じられないほど大胆な詐欺だった。大成功しているローリング・ストーンズのようなグループが、全部の曲の著作権とマスターテープを手放すなど、想像もできないことだった。しかし、クラインは一九七一年にデッカとの契約が切れるまで、ストーンズが制作したすべてのものの北アメリカでの権利を巻き上げたのだ。じっさい、ストーンズの最も売れたコンピレーション・アルバム『ホット・ロックス、一九六四―一九七一』で大儲けしたのは、ローリング・ストーンズではなく、クラインだった。のちに、クラインが釈明を求められたとき、それはイギリスの所得税からストーンズをまもる保護策だったと言ってのけた。

結局ストーンズはクラインと彼の会社ＡＢＫＣＯ（アレン・アンド・ベティ・クライン・カンパニー）を相手取って数々の訴訟を起こし、最終的な決着までに十七年を要した。[17] しかし、その前に、クラインはストーンズへの金の提供を止めてしまった。ビル・ワイマンの回顧録には、ストーンズがクラインから自分たちの金を回収できずに、いかに困っていらついていたかを示す、一九六八年からの電報のやりとりが載っている。ストーンズのロンドンの帳簿係だったフレッド・タウンブリッジが発信者となっている六月十九日付の長い書状によると、ストーンズの旅行手配会社は、もし支払いがなければ法的手続きを行うと警告し、ストーンズは広報担当者（レス・ペリン）に借金があり、何よりも、口座の預金額を超えた引き落としが積み重なっていた。「何度も電話でのコンタクトを試みました」。タウンブリッジは書いた、「いまや危機的な状況に達しています。金が必要です。……そう、アレン、いますぐに一万二九九五・一〇ポンドいるのです」。[18]

その夏、ストーンズのツアー・マネージャー兼ピアニストであるイアン・スチュワートは、使っていたハモンド・オルガンが火事でだめになり、かわりの新しいオルガンを買わなくてはならなかった。しかし、クラインの事務所から払い戻しを受けることができなかった。八月、ジャガーは、購入しようとしていた家の支払いのために十二万五〇〇〇ポンドを口座に入金するよう、クラインに正式に依頼したが、二カ月たってもその金を受け取ることはできなかった。「ミックのチェックに、つまり彼の財産に何が起こっているのか」、ある報告には「最も急を要す」とある。秋になると、ロンドンからニューヨークへの電信はますます慌てふためいたものになった。十月十五日、ブライアン・ジョーンズは、弁護士費用の六〇〇〇ポンドを「緊急に」要求した。十月二十一日、チャーリー・ワッツは書いた。「いまだ五〇〇〇ドルを受け取っていません。電話をください」。十月二十六日、タウンブリッジは再び書き送った、「[ロンドンの法律事務所の]バーガー・オリバーが、ビルの支払いチェックの預金残高について悲鳴を上げています。いったい何がおこっているのでしょうか。ブライアンの六〇〇〇ポンドはどうなったのでしょうか」。十月二十八日のクラインへの手紙には、「私たちはいまだ待ち続けています、ローリング・ストーンズ社への過去の給与に対する一万三〇〇〇ポンドの納税義務を果たすための金です。すでに支払期限を過ぎています」とある。[19] しかし、最も切実な電信は、直接ミックが送ったものだった。「明日、電話と電気が止まる。家賃だって期日だ。あんたの望みがどうであれ、オフィスを切り盛りしなくちゃならないんだ。この状況を助けたいと思うなら、送ってくれ」[20]。

(17)　Sue Weiner and Lisa Howard, eds., *The Rolling Stones A-Z* (New York: Grove, 1983), 74.
(18)　Wyman, Stone Alone, 496 からの引用。
(19)　すべて re: money from Wyman, *Stone Alone*, 505 からの引用。

一九六五年に、クラインがストーンズに自己紹介したとき、三十歳に近かったビル・ワイマンを除いて、メンバーはみな二十代前半だった。のちにワイマンが回顧録で語っているように、当初からクラインに懐疑的だったのは彼だけだった。「俺は彼を信用できないし、彼もそれを知っている。『私を気に入ってくれないか、ビル？』と彼は折に触れて言った。『アレン、俺はあんたを信用していないから』と返した」(21)。しかしほどなくして、ワイマンは「それまでに手にしたことがない、高額のチェック」によって（少なくとも一時的に）手なずけられてしまった。ワイマンはうれしくてそのチェックを妻に見せたと言う(22)。

他に少しでも警戒心を期待できるメンバーがいるとしたら、それは元経済学生で、いまではその商才を認められるジャガーだった。しかし、ミックが金に抜け目がなくなったのはそれよりあとのことで、クラインが問題を起こした結果だとマリアンヌは感じていた。当初は、ミックにとってアレンは好印象だった。ミックはおそらくアレンの不作法さ――ぶっきらぼうさ、だらしない身なり、そして強いニュージャージー訛り――に若干そりのあわなさを感じていたかもしれない。しかし、それは決裂をもたらすような問題ではなかった。じっさい、ミックはアレン・クラインにとても満足し、ビートルズに紹介したとも言われている。アップルの広報係だったデレク・テイラーは、ジャガーがビートルズに「まあ、アレンと一緒に休暇を楽しみたいとは思わないだろうけど、彼はしっかり面倒を見てくれるよ」と言っていたと振り返る(23)。

マリアンヌ・フェイスフルは、ジャガーがビートルズにクラインについて好意的に語っていたと言う。ただし、それは本心からではなかった。「アレン・クラインを扱うミックの戦略は本当に悪魔的だった」、と彼女は書く。「彼はビートルズにクラインをつかませようとしていた。ミックはジョン・レノンに電話して言った。『誰に自分たちをマネージさせるべきか、知ってるだろ、アーレン、クラインさ』。ビートルズとストーンズが連携する合同プロジェクトなどというユートピア企画に心が動くジョンは、『ああ、それはなんてすばらしいアイディアなんだろう』と返した。やや汚い手だったが、クラインに釣るべきもっと大きな魚を与えて彼の注意を逸らすことができたら、ミックはストーンズと彼の関係を解くことができると考えていた。しかし、両者の関係が絶たれるのは、たんに時間の問題だった(24)」。

はたしてミックは、そうした策略に長けた力《マキャベリアン・パワー》を実行に移すことができたのだろうか。もちろん、彼にはそれが可能だった（結局のところ、実の娘の父親であることを認めず、その子の母親マーシャ・ハントに言い逃れをするために弁護士を連ねたような男だ）。ストーンズがロンドンからニューヨークに送った怒りに満ちた電信の日付を見れば、フェイスフルの話のとおりだとわかる。一九六八年の終わりに、資金要請の電信がいくつか送られていた。クラインがビートルズのメンバーと会うほんの数カ月前だった。またこの時期、ストーンズの経理係は、クラインからの金を要求していただけではない。ストーンズの（やはり間近に迫っていた）納税申告についての情報も欲しかったのだ。それはなぜか。ストーンズはロンドンの法律事務所バーガー・オリバー&CO.を雇い、財政状況を調べさせていたのだ。彼らはクラインへの不信を募らせ、自分たちの財政状況の外部評価が必要だと判断した。おなじ頃、ミックは社交界の友

---

(20) Norman, *Mick Jagger*, 327 からの引用。
(21) Wyman, *Stone Alone*, 329.
(22) Wyman, *Stone Alone*, 330.
(23) *The Beatles Anthology*, 326 からの引用。
(24) Faithfull, *Faithfull*, 168.

人からルパート・ローウェンスタイン公子を紹介された。バイエルンの王族の子孫の銀行家だった。親しくなると、ミックは彼を個人的な財政顧問として雇った。ローウェンスタインによると、ミックは、クラインはストーンズを「支配」しており、「財政的にそうしている」のだとわかっていた[25]。ローウェンスタインは同意した。「彼が欺かれていることはたしかで、私は彼が困難な状況から抜け出すために代理人を務めた」。ローウェンスタインは、可能なかぎりすぐに、ストーンズをクラインの束縛から自由にする手助けをすることにした[26]。

クラインとジョン・レノンが初めて会ったのは、一九六八年二月に公開され、BBCでも放映されることを望んだ『ローリング・ストーンズ・ロックンロール・サーカス』のセットだった。その一年前、ビートルズは『マジカル・ミステリー・ツアー』をリリースしていた。一時間のテレビ特番で、派手にペイントしたチャーター・バスで風変わりなキャラクターの一群とイギリスの田舎を旅して回りながら、自分たちで撮影した映像だった。ビートルズは、視聴者がその映像を巧みで目新しいと感じてほしかったが、じっさいには多くの人が困惑するほど奇妙なものだった。問題の一つは、『マジカル・ミステリー・ツアー』はカラー作品だったが、BBCが白黒に変更してしまったことだった。また、ボクシング・デー（イギリスではクリスマスの翌日）のプライムタイムに放送されたことも問題だった。幸せそうにテレビの周りに集まった腹を満たした家族が観たかったのは、ファブ・フォー目線の軽い娯楽だった。しかしそれは、なんら組み立ても筋書きもなく、即興で撮られた次々と移り変わる幻覚のような映像だった。ある場面では、レノンが――ヘアクリームでオールバックに髪を固め、えんじ色のウェイターのジャケットを着て、鉛筆のように細いいやらしい口ひげをまとって――肥満女性のテーブルに、ショベルを使って大量のスパゲッティをどさっと置くのだ。それはそれは気持ち悪い映像だった。

『ロックンロール・サーカス』の制作を決定したとき、ストーンズは、ついにビートルズを上回るチャンスだと思ったに違いない。差し障りのないクリスマス特番を作ればいいだけだった。オクスフォード出身の監督で、ビートルズとストーンズのプロモーション・クリップを撮ったことのあったマイケル・リンゼイ＝ホッグは、とっぴなことを思いついた。ストーンズがサーカス場でロック・ショーをやるのだ。ミックはすばらしいアイディアだと思った。当初、サーカスの司会者にブリジット・バルドーを据えたかった（彼女にセクシーな衣装を着せて、鞭を持たせる良い口実になると思ったからでもあった）。しかしバルドーの出演は無理だとわかったので、ミックがその役を引き受けた。曲芸師やピエロとならんで、ザ・フー、タジ・マハール、ジェスロ・タル、そして（傑作なのは）正真正銘のロック界初のスーパーグループとして結成されたザ・ダーティ・マックなど、たくさんの音楽グループがストーンズをサポートした。ザ・ダーティ・マックは、レノンが、エリック・クラプトン、キース・リチャーズ（ベースギター）、そしてジミ・ヘンドリックス・エクスペリエンスからドラマーのミッチ・ミッチェルをフィーチャーしたバンドを作って、ふざけてつけた名前だった。（変質者が好むトレンチコートを指すスラングだった。）

ビートルズを結成して以来、レノンが表舞台でビートルズ以外と共演するのはこれが初めてで、彼らは二曲演奏した。それは「ヤー・ブルース」（『ホワイト・アルバム』から）と、伝説的なイスラエルのヴァイオリニスト、イブリー・ギトリスの見せ場となる五分間のブルース・ジャムだった。しかし、曲が

（25）Hotchner, *Blown Away*, 201 からの引用。
（26）Prince Rupert Loewenstein, *A Prince Among Stones: That Business with the Rolling Stones and Other Adventures* (New York: Bloomsbury, 2013), 68.

始まって間もなく、ヨーコ・オノがステージ脇の黒いキャンバス・バッグから身をよじらせて出てきて、（ジョンの促しに応じて）マイクに向かって叫び始めたのだ――アァアアアアアアアアアアアアアアアー！イェエエエエエーダアアアアアアアアアー、アアアアアアアー！　アアアアアアアー！　ギトリスは笑顔を保って弾き続けようと頑張った。しかしクラプトンとリチャーズは、目を背けた。のちに映画制作者は、あたかもヨーコが初めから演奏に加わることが決まっていたかのように、この曲に「ホール・ロッタ・ヨーコ」とタイトルをつけた。信じがたく無礼な行為だった――ジョンとヨーコはビートルズを装うことなど少しも考えていなかった――が、ストーンズ側は誰も口を挟むことはなかった。(27)

悪いことに、撮影は長時間の遅延にも見舞われた。リンゼイ＝ホッグがフランスから輸入したカメラがうまく動かなかったのだ。いくつものパフォーマンスが再撮影されることになった。ストーンズがステージに上がったのは午前四時だった。その頃までには、スタジオの観客の多く――前日の正午頃にスタジオに入っていた――は帰っていた。残った観客もすでに疲れ切っていた。ストーンズも疲れていたが、疲れというよりさび付いていた。それまでの十八カ月間でたった一度しか一緒に演奏していなかったのだ。ショーのクライマックスはうまくいったと、大方が思った。ミックが「シンパシー・フォー・ザ・デヴィル」をそれこそ悪魔のような激しさで歌った。くるくる舞って、膝をついて、シャツを破って胸と二の腕に描いた悪魔のタトゥーを見せつけた。しかしそれ以外では、バンドは無気力にみえた。新しく雇われたばかりだったアシスタントのピーター・スウェイルズは、ソーホーの映画館でフィルムのプレビューを見たときのことを語る。「アレン・クラインがジャガーの横に座って――すぐ横に――、だめ出しをした。クラインは、『これは気にくわない。なぜかって？　ザ・フーがステージから君らを追い出したからだ！』それが彼が言うべきことのすべてだった」[28]（結局、『ロックンロール・サーカス』は一九九六年になって、ホームビデオとして発売されてようやく公開された）。

おかしなことに、クラインとレノンがこのセットで会ったとき、彼らはなんら金銭的な話はしなかった。手短に形式的な挨拶をしただけだった。しかしその数週間後、レノンは『ディスク・アンド・ミュージック・エコー』誌のインタビューを受け、ビートルズが一年前に立ち上げたマルチメディア会社、アップル・コーのまずい状況を明かした。彼らは、なかば税金逃れのためにアップルを設立した。一九六八年一月、ＥＭＩはビートルズに約二万ポンドを未払い印税として支払う予定だったが、当時のイギリスの勤労所得に対する最も高い税率は八十三パーセントだった（配当収入と利子収入については、なんと九十八パーセントだった）。ビートルズの会計士が、ほとんどすべての金を内国歳入庁に支払うか、もし

（27）ジョンとミックは、奇妙なかたちで紹介し合った。ジョンはミックを「マイケル」（ジャガーのもともとの名前）と呼び、ミックはジョンを「ウィンストン」（レノンのミドルネーム）と呼んだ。ミックは、アメリカのトークショーの司会のような鈍いアクセントで話した。「君も知っていると思うけど、君の作品をずっと前からすばらしいと思っていたよ。いっしょにやりたいと思っていたけど、なかなか叶わなかった。オフ・ブロードウェイのあの場所を覚えているかい」。ジョンはまったくつじつまの合わない答えを返した。「ああ、君の男を握りたいと思っていたあの頃だ」。いくらかのやりとりがあって、ジョンは立ち上がり、それまで自分が食べていた自然食ライスをミックに手渡し、にたりと笑いながらカメラの外へ出て行く。ミックはあとから呼びかける、「ヤー、ブルース、ジョン」。この場面はまったくのナンセンスだが、最後にミックが弱々しく一人残されることになる。

フィルムからのアウトテイクでは、この点がさらに顕著だ。カメラが回ると、レノンはゲイのふりをしてミックを驚かせる。ジャガーのジャケットを後ろから引っ張り、なまめかしく手を胸のうえに運ぶ。ここでも、ミックはジョンの前で子羊のようだ。この場面はさらにおかしなことになる。ジョンの五歳の息子ジュリアンが、後方に見え、火のついていない手巻きタバコ、もしくは（なんということか）マリファナに口を当てて、「パパ、小さなタバコを見つけたよ」と無邪気に言うのだ。

（28）Davis, *Old Gods*, 279 からの引用。

くはその金で何かするかだと彼らに言ったとき、彼らは簡単な選択だと思った。まず初めに、ベイカー・ストリート九十四番地にアップル・ブティックを開き、高級ヒッピーグッズを売った。そのほとんどは、ザ・フールというイギリスとオランダのデザイン集団がつくったものだった。しかし、この立派な店舗は経営難の金食い虫だった。じっさいあまりに損失が大きかったので、ビートルズは七カ月後には店を完全に閉じてしまった。売れ残った商品を安売りすることもなく、すべて手放してしまった。

ブティックはつぶれたが、アップル・コーは、映画、エレクトロニクス、出版、そして音楽部門に拡大された。一九六八年六月、ビートルズはセビル・ロー三番地に目を見張るような五階建てのビルを五十万ポンドで買い、地下にはレコーディング・スタジオをつくり、ここを新しい本社とした。

ビートルズが労働党政権による高い所得税から自分たちを守りたいと思わなかったらアップルは存在しなかったわけだが、この起業の動機には、ビジネスはいつも退屈で堅苦しく生真面目なわけではないという熱い思いもあった。ビートルズは、ビジネスは楽しくもなるはずだ、自分たちグループの無限の創造的活力のための価値あるはけ口なのだと主張した。アップルはまた、大いなる気前の良さに動かされていた。ビートルズはそれが、クリエイティブな人びとのための、これとない機会を提供するだろうと宣伝した。アップルと契約すれば、新人アーティストは妥協することなく、小金を乞うことなく、雇い主を喜ばせることを気にすることもなく、自身のビジョンを追求することができる。二十五歳のマッカートニーは言った。「僕らは、これ以上金は必要のないという幸せなポジションにある。ボスが金儲けに加わらないなんて、はじめてのことだろう(29)」。

これを証明するかのように、ポールは『NME』と『ローリング・ストーン』に掲載する全面広告のデザインを手伝った。広告では、彼らの信頼できるアシスタント、アリステア・テイラーをワンマン・

バンドとして写した。大きなベース・ドラムを背中に背負い、手にはギターを持ち、ばかっぽく歌っている姿だった。上には「この男には才能がある……」とのコピーが、下には「そしてこの男はいまやベントレーを所有する……」とあった。添えられた文章には、デモ作品を送る方法が説明された。数日のうちに、アップルにはあらゆる音楽のジャンルのデモテープ、映画の脚本、詩、小説、ファッション・デザイン、そして電子ガジェットのアイディアなどが殺到した。しかし、この方法でデモを送った誰一人として、契約にこぎ着けた者はなかった。

ビートルズは、よく考えもせずにリヴァプールの友人を何人もアップルの従業員に加えた。一方でビジネスのプロを数名雇ったが、彼らはうまく会社を運営することができなかった。役員たちは、ファーストクラスで飛んで、豪華なホテルに滞在し、流行のレストランやナイトクラブでビジネスを行って、天文学的な経費を計上した。一般社員も羽振りが良かった。その一人、リチャード・ディレロ（「ハウス・ヒッピー」としても知られる）は、アップルの興亡についての内部事情を『ザ・ロンゲスト・カクテル・パーティ』に書いている。もっともなタイトルで、彼の責任の一つは、つねに何カートンものタバコ、コーク、高級な酒、クローネンベルクのラガービアを確保しておくことだった。ビートルズの広報として（一九六四年に辞めてから）再雇用されたデレク・テイラーは、自身のオフィスをジャーナリストやツアー・ミュージシャンのためのまさにサロンにしてしまった。出版者のショーン・オマホニーは振り返る。「そこに行くと、部屋全体がマリファナでかすんでたよ。ばかみたいさ、ほとんど息ができないんだ」[30]。アップルは、運に見放された旅行者や、燃えつきたヒッピーの目的地にもなった。ビルのロ

（29）*The Beatles Anthology*, 287.

ビーは、「ヘイト・アシュベリーの性病クリニックの待合室」のようだと言った人もあった(31)。

きわめつけは、おかしな人間や詐欺師が、ひっきりなしにアップル本社に電話してきたことだ。ある社員は、小耳に挟んだ電話をめぐるやりとりを振り返る。

「彼女は何が欲しいって?」

「ミックの家の電話番号とアシッドです」。

「ミックの家の電話番号とアシッドだって? なんてこった。やつらは、ここを何だと思っているんだ。なんでここにかけて来るんだ?(32)」

一九六九年一月、『ディスク・アンド・ミュージック・エコー』誌のインタビューで、ジャーナリストのレイ・コールマンはレノンに、アップルに「満足《ハッピー》している」か尋ねた。レノンは、この機会とばかりに、普段にはない率直さでフラストレーションを爆発させた。

とんでもない。すこし面倒なことになっているから、引き締める必要がある。皆が想像する半分の収益も得ていない。生活することに困りはしないけれど、アップルをこのままにしておくわけにもいかない。僕らが何をしたいか、いろいろなアイディアを持ってはじめたいろんな活動のための包括的グループだった。ビートルズもそうだが、僕らはプラクティカルではないし、全体をうまく運営するビジネスマンが必要だってことにもすぐに気がつかなかった。だから、うまく行かなかった。……最初から絵に描いた餅《パイ・イン・ザ・スカイ》だったんだ。ビジネスマンが綿密に経営しないといけない状態で、アップルは、毎週毎週、金を失っている。僕らは全部間違っていたのさ。ほら、ポールと僕は、ニューヨークへ(「トゥナイト・ショー」に出るために)行って、これをやるとか、あれやこれやを後押しするとか言っていた。ビジネス優先じゃないとだめなんだ、いま気がついたよ。大なたを振るってたくさん人を追い出さないといけない。合理化が必要なんだ。莫大な利益をもたらさなくてもいいけど、このままじゃ、六カ月もたたないうちにみんな破産してしまう。(33)

最後の部分は誇張だ。ビートルズの誰も、破産に陥る差し迫った危機にはなかった。しかしもちろん、そうではないと知る手立てもなく、世界中の新聞がレノンの言葉を通信社から拾って活字にした。レノンは、たくさんの人びとが疑い恐れていたこと、つまりエプスタインが舵取りしないとビートルズは窮地に陥ると、まがりなりにも認めた最初のビートルになった。周りはあてにならなかった。マハリシと戯れ、次には『マジカル・ミステリー・ツアー』で大失態を見せ、そしてこれだ。アップルは無駄な事業で、ばかげた見世物で、大失敗だった。

レノンがビートルズのビジネスについてメディアに吐き出すと、他のメンバーは愕然とした。彼らは（あったとしても）アップル・コーに過度に投資しているわけではなかった。自分本位に、時機をうかがって、クリエイティブに投資していたのだ。あまりに大胆な企画で、鳴り物入りで立ち上げたものだった。もちろんアップルが危機的状況にあり、それもかなり悪い状態であることは知っていた。しかし彼らは、なんとか状況を修復しようとしていた。腹立たしいことに、レノンはそれに水を差したのだ。(34)

（30）Doggett, *You Never Give Me Your Money*, 53 からの引用。
（31）Richard DiLello, *The Longest Cocktail Party* (Chicago: Playboy Press, 1972), 24.
（32）DiLello, *The Longest Cocktail Party*, 146 からの引用。
（33）W. Fraser Sandercombe, ed., *The Beatles: Press Reports* (Ontario: Collector's Guide Publishing, 2003), 254.

記事が配信されて一週間ほどたった頃、アップル本社を訪れていたコールマンは、悪いことに廊下でポール・マッカートニーと出くわした。ポールは突然、「これは小さくて若い会社なんだ、わかるだろ。なんとかやって行こうとしているところさ」と、叫んだ。「それにジョンは、いつも偉そうにペラペラとしゃべる。そんなに悪い状況じゃないよ。いくつか問題はあるけど、すぐに片付くさ」（コールマンの背中は壁に押しつけられていた）。「君だったとはね。信頼できる友人は雑誌社には数人しかいないと思っていたのに」(35)。

じじつ、コールマンは長らくビートルズに対して寛大だった。グループを困らせたり、問題の種になったり、家族を壊すようなうまみのある話を伏せておくこともしばしばだった。しかしこの件は、ニュースにする価値が高かった。レノンはインタビューで、アップルの問題について正確で直接的な評価を下した。どちらも、記録されるべきだと理解した問題だった。さらにコールマンは、レノンが確信を持ってやっていることがわかっていた。レノンはインタビューを受けるのに慣れていて、大きな衝撃をもって受け止められるように、すべての言葉を鋭く正確に発した。「私たちが話をした日、彼はいままでになく明晰だったよ」と、コールマンは言った(36)。

・・・

一九七一年、クラインは『プレイボーイ』誌のインタビューを受け、ビートルズとストーンズとの、プライベートおよびビジネス上の関係について多くを語った。

『プレイボーイ』：なぜビートルズを欲しかったのですか？
クライン：ビートルズがベストだからです。
『プレイボーイ』：なぜあなたがビートルズの仕事をすることになると？
クライン：なぜって、私がベストだからです。私が彼らのマネージャーになると確信した瞬間について話しましょうか。ニューヨークから出る橋を自動車で渡っていたとき、エプスタインが死んだことをラジオで聞いて、「彼らは私のものだ」と独り、口にしたのです。他に誰がいるというのです？
『プレイボーイ』：あなたからジョンに連絡を、それとも彼から？
クライン：私がジョンに電話をしました。一九六九年の初めの頃、彼が新聞に、ビートルズが何かしなければ、アップルは六カ月以内に破産してしまうと語ったのを読んだのです。それがきっかけでした。(37)

一九六七年に創設されたアップル・コーの取締役に就任したピーター・ブラウンによると、クライン

(34)　一九六九年一月十日、ジョージ・ハリスンは、ビートルズを辞めるという明確な意思を持ってトゥイッケナム・スタジオから飛び出した。おそらくレノンと『ディスク・アンド・ミュージック・エコー』のインタビュー記事について議論になっているときに、ハリスンは爆発したのだと想像される。たしかなことはわからないが、本人の回顧録『ラック・アンド・サーカムスタンス』では、映画監督のマイケル・リンゼイ＝ホッグが、こっそり二人の言い合いを録音しようとしたけれど、無意味だったと語っている。
(35)　Coleman, *Lennon*, 461.
(36)　Coleman, *Lennon*, 461, 471.
(37)　Allen Klein, *Playboy* (November 1971), 92.

は頻繁に電話してきた。あるときブラウンは、クラインとクライヴ・エプスタイン（亡くなったブライアンの弟）と面会することになった。しかし、何も成就しなかった。「［クラインは］あまりに口汚く、攻撃的だった。私は数分でミーティングを切り上げ、彼を出口へ案内した。ちょうど一年前にブライアンがやったように」。しかし、レノンのアップルについてのコメントを読んだクラインは、ビートルズに食い入ろうというエネルギーを倍増させた。ブラウンは言う、「私は律儀に電話を返した。しかしクラインは、自分は一人だけ、ジョン・レノンとしか話さないと主張した。それはできないと答えた[38]」。

行き詰まりたくないクラインは、アンドリュー・オールダムのビジネス・パートナーで、デレク・テイラーとも親しかったトニー・カルダーに接近した。デレクのオフィスで昼からウォッカを二杯ほど飲み、カルダーに伝言を託した。クラインはドーチェスター・ホテルに滞在している。ジョンとヨーコをディナーに招きたいと言っている。

デレクは、頼まれたとおりにした。数年後、彼はそのことですこし決まり悪そうだった。「クラインは、偉大な小説の中の魔王的存在として不可欠だった」と言う。「何もかもがうまくいっているように思えるとき、彼はいるのさ。彼をアップルに連れてくる手助けをしたが、ビートルズにはまじめに警告をした[39]」。

クラインは音楽業界の誰からも嫌われたが、彼がポップ・ミュージックのマネージメントで早くに成功した理由は明快だった。何より、彼は人を見極める眼力に長けていた。ほぼ一瞬でその人の魅力や弱点を見抜くことができた。さかのぼること一九六三年、ソウル・シンガーのサム・クックがレコード会社のRCAとトラブルになっていたとき、クラインは言った、「サム、奴らは君を黒人《ニガー》として扱っていると思う。ひどいことだ。そんなことをさせてはいけない[40]」。一九六九年一月に、レノンに会ったとき、クラインはまた違うアプローチをした。ビートルズは四人だ、ポール・マッカートニーは誰のリーダーでもない！　他のメンバーをまるで脇役のように扱うとは、どういうことだ。まさにレノンが聞きたい言葉だった。

また、レノンは、ヨーコは自分とまったくおなじアーティストで、それなのに他のビートルズからも広く世間からも、相応に気遣われていないと思っていた。そこでクラインは、彼女が好きな自然食ライスを出すようにホテルにあらかじめ伝えておいた。そして、ディナーのあいだずっと、彼女に惜しみない気遣いをした。ヨーコのアート展示会のための資金を探し、彼女の前衛映画をイギリス芸術家協会から配給するとも伝えた。それればかりでなく、前金として一〇〇万ドルが入ってくることになるだろうと見積もった（とてもありえない話だった）[41]。

自身の生い立ちが話題になると、クラインは、荒っぽい子ども時代がジョンのそれにそっくりだと執拗に強調した。アレンは母親を知らなかった。とても幼い頃に亡くしたのだ。父親は、ハンガリー系移民で肉屋で働いていたが、四人の子どもを養うことはできなかったため、幼かったアレンを孤児院に入れた。アレンは九歳になるまで（資料によってはもう少し後まで）そこで過ごした。結局アレンは（ジョン

(38)　Brown, *The Love You Make*, 304.
(39)　*MOJO's The Beatles*, 424 からの引用。
(40)　Allen Klein obituary, *The Guardian* (July 5, 2009).
(41)　ピーター・ブラウンの記憶では、レノンはオフィスでその一〇〇万ドルを繰り返し算段していた。「これはあまりに思いがけないことだと考えた。ジョンとヨーコの最新の映画作品は、ソフトフォーカスの二人が微笑み合っている長い［五十一分の］フィルムだった」。その他のオノの作品には「アイ・ブリンク」（着火されたマッチが燃えつきるスローモーション映像）と、「ボトムズ」（いくつもの裸の尻をクローズアップしただけの映像）があった。

とおなじように）おばに面倒見てもらうことになった。クラインは高校を卒業したが、それもたやすいことではなかった。教師にとってアレンは扱いにくく、何度も停学を食らった。のちに、ニュージャージー州イーストオレンジにある、アプサラ・カレッジという小さな大学に通い、昼は働き、夜に授業を受けてなんとか卒業した。

そしていまや、彼はヨットを所有し、ウエストサイドにあるオフィスビルの四十一階の豪華な角部屋で仕事をしている。自身の成功にニンマリとするだけのものを稼いできた。彼は、その計算機のような頭脳と、あきらめない仕事観、そしてまったく物怖じしない心で成功を収めた。彼のデスクには詩篇二十三をもじった飾り額がおいてあった。[42]「たとえ死の陰の谷を歩むとも、私は災いを恐れない。なぜなら私はこの谷いちばんの下衆野郎《マザーファッカー》だから」。

クラインは酒を飲まないので、自分の活力をノイローゼ的に仕事に向けているんだろうと考える人もいた。今日私たちが言うところの、「仕事中毒《ワーカホリック》」だ。実際そうだったもしれないが（断言はできない）、彼は他に熱中するものも持っていた。献身的な家族人間で、テニスの才能にも恵まれていた。そしてポピュラー・ミュージックをこよなく愛した。ジョンとヨーコとのディナーのときには、ソウル、ポップ、ロックンロールの古い歌詞を引っ張ってきて、自身の熱狂的な知識を披露した。もちろん、ビートルズを深く理解していることを強調するのも忘れなかった。「彼は、僕らについて本当に些細なことまでよく知っていたよ。ちょうどストーンズについて知っているように」と、レノンは言った。[43]「彼はいままで会った中で初めて、その目から魂まで、まったく陰りのないビジネスマンだった」[44]。

クラインは仕事を開始するにあたっては一ペニーも請求しないと言ってレノンを安心させた。そして実際の状況を調べて、彼に何ができるか考えていいか尋ねた。翌日の朝、レノンはＥＭＩ会長のサー・

ジョセフ・ロックウッドにメモを送った。「[クラインが]欲しがる情報は何でも与え、彼に全面的に協力してください[45]」。

マッカートニーにとっては警戒すべき知らせだった。ポールは、以前はアレン・クラインに好感を抱いていたが、新たにイーストマン家とのつながりができたことで、クラインに対する考え方も変わっていた。一九六七年五月、ポールはアメリカ人写真家リンダ・イーストマンを紹介された。その頃ポールはまだ、ジェーン・アッシャーと付き合っていたが、二人の関係は問題だらけだった。ポールはリンダの美貌と魅力的な自信に惹かれていった。当初、ポールとリンダはそれほど会わなかった。しかし、約一年くらいたったとき、二人は再び結びつけられる。そして一九六九年三月、二人は授かり婚をした。リンダは上流の出だった。スカーズデール、ニューヨークで育ち、家族で住む家には、ピカソやマチスの絵が飾られていた。彼女の父リーは、ショービズ界で大成功した弁護士で、兄のジョンは父の弁護士事務所を引き継ぐべく仕事を仕込まれていた。父も兄も上品で、礼儀正しく、金のかかる教育を受けていた。

イーストマン家の人びとは、マッカートニーに、クラインとは距離を置くようにアドバイスした。クラインは品がなく好感が持てないばかりでなく、一九六七年の七月に買収したアメリカのカメオ＝パークウェイ・レコーズという、ほぼ機能していないレーベルの株を合わせ売りしたとして、証券取引委員

(42) Norman, *Lennon*, 589 からの引用。
(43) Wenner, *Lennon Remembers*, 145.
(44) *The Beatles Anthology*, 324 からの引用。
(45) *The Beatles Anthology*, 325 からの引用。

会が調査中だというのだ[46]。ポールが、リーとジョン・イーストマンにビートルズの財政状況を正す手助けをしてくれるかと尋ねると、彼らは喜んで手伝うと言った。おそらく、彼らはすばらしい仕事をしたことだろう。しかしポールは、自分の親類になった人物にグループの財政を任せることは他のメンバーが許さないだろうと考えた。

一方クラインは、ジョンとヨーコを口説き落として間もなく、また別の会合を呼びかけた。今度は、すべてのビートルズメンバーと、クライン（レノンの代理人）、そしてジョン・イーストマン（ポールの代理人）が参加した。部屋では、すぐさま二人のビジネスマンが言い争いを始め、クラインのあまりに好戦的な態度にうんざりしたマッカートニーとイーストマンはすぐに部屋を出てしまった。戦術的には、これは重大な誤りだった。二人が去った後、クラインは残りの三人のビートルズに、あらゆる面で収拾がつかない事態に陥っているが、すべてに歯止めをかける方法はわかっていると伝えた。ＥＭＩの会計監査を行ってレコード契約の再交渉をする、さらにお荷物をすべて取り去ることでアップル・コーを再生させるのだと言った。そして、ポールの意見に従うのではなく、彼らすべての利益のために行動することを約束した。三人のビートルズは、深く感心して、いまこの場でクラインと契約を結ぶ準備はできていると答えた。クラインは、その必要はないと言った。のちに、「自分から切実にやりたがっているようには見せたくなかった」のだと語っている[47]。

不安を感じたリー・イーストマンはロンドンに飛び、四人のビートルズ（加えてクラインとその他数名）との会合に臨んだ。その準備として、彼はカメオ＝パークウェイ社の年次委任勧誘状（虚偽性が見られたからだろう）と、クラインをネガティブに描く新聞記事クリップの束を持参した。しかしクラインも独自に調査して、奇妙なことを見つけ出した。リー・イーストマンは、ロシアからアメリカに渡ったユダヤ系移民の子孫だが、出生時とは異なる姓を名乗っていたのだ。もともとは、レオポルド・ヴェイル・エプスタインという名だった。成功を目指す多くの若者とおなじように、彼はよりアングロ系に聞こえる名字に変えたのだ。会合に出席していたピーター・ブラウンによると、ジョンとアレンはどちらもイーストマンを「エプスタイン」と呼んで嘲った。さらに、クラインはイーストマンに話す機会を与えなかった。彼は、「[イーストマンが]言うことすべてに対して、自分の口から出せる最も低俗な四文字言葉《フォー・レター・ワーズ》を連呼して、邪魔をした」(48)。ついには、イーストマンはあまりの怒りにぶち切れて、その他の出席者の前で自身の信頼を損ねることしかできなかった(49)。

レノンの記憶は異なる。威張り散らしていたのは、イーストマンのほうだったと言う。「数分もしないうちに、リー・イーストマンがてんかん発作のようなものを起こして、アレンに向かって『この世で最低のくずだ』とか、あらゆる悪口で怒鳴り散らした」。ポールもそれに加わって、アレンの身なりについて悪口を言ったり、さらには彼の身分を攻撃した。レノンはいつも礼儀正しかったわけではないが、

---

(46)　クラインがカメオ＝パークウェイを買収してまもなく、彼の会社が他のいくつかの会社を併合するだろうという噂がたった。その一つは、メルコ・エンタープライズ（他社の製品――この場合、四十五回転盤やLP――を売る巨大な配給会社）だった。もう一つはチャッペル・ミュージック・コーポレーションだった。カメオ＝パークウェイの株価は、一・七五ドルから七十二ドルへと、天文学的な跳ね上がりを見せた。

(47)　Allen Klein, "Interview," *Playboy* (November 1971), 94.

(48)　Brown, *The Love You Make*, 308.

(49)　のちにクラインは、こういうことが起こるべく、実務的に準備したのだと言っている。「ものすごくみっともなかった。私は気にしない――そう、へっちぇらだ――が、メンバーにはそれなりだった。皆が、何が起こっているか目撃し、イーストマンがどんな人間か知ったのだ」。

お高くとまったり人を見下したりする態度は嫌いだった。今度ばかりはポールの態度の悪さにあきれてしまった(50)。

この時点までに、ビートルズがばらばらになることを止めることができる人物は、彼ら自身が望んでも、世界に一人か二人しかいなかった。一人は、ジョンが起きている時間のほとんどを一緒に過ごしたヨーコ・オノだった（たいていマリファナでもうろうとしていた）。マハリシにのぼせ上がったことに決まりの悪さを感じていたレノンは、私的な「助言者」としてヨーコに頼っていることを率直に認めた(51)。のちに、ポールがジョンになぜそれほどクラインに惹かれたのか説明を求めたとき、ジョンは肩をすくめて、「彼は唯一ヨーコが好きな人物だった」と答えた(52)。しかし、彼女は音楽ビジネスに抜け目がないどころではなかった。ヨーコはビートルズが一緒にいることを望んでいたのかもわからない。クラインをめぐる分裂がビートルズ崩壊の前兆だったとするなら、彼女はそれを喜んだことだろう（それが彼女とジョンの奇妙な共存関係だった）。

そしてもう一人は、ミック・ジャガーだった。彼はそのときのビートルズの窮状に何らかの責任を感じただろうか。かつて、ミックはクラインをビートルズに推した。しかしもはやクラインに不信感を抱いていたのは、その行動から明らかだった。アレンがビートルズの経営に入り込もうとしていることを知ったとき、それはジャガーにはビートルズのために一肌脱ぐまれな機会だった。彼は――親友のはずの――四人全員に簡単に近づき、こう言うこともできたはずだ。「いいかい、アレンには説得力があるのはよくわかる――俺たちだって信じてたさ！――しかし間違いだったよ。やつは疑わしいところがある。俺たちをまったくめちゃめちゃにしたんだ。いまや彼を追い払おうとしているのさ」、と。

ミックはまさにそうするつもりだったとも言われるが、実際にはしなかった(53)。

そもそもビートルズの誰一人として、ジャガーからそのようなメッセージを受け取ったと認めていない。結局は誰もがクラインと関わったことを後悔したが、ジャガーのアドバイスを聞いておけば良かったと自分を責めるメンバーはいなかった。それどころか、この騒動の二人のキープレイヤーであったジョンとポールは、二人そろってこう言う。つまりミックは彼らにクラインについて警告しなかったと。一九六九年二月のインタビューで、レノンは、「ミック・ジャガーを通じて［クラインを］知り、彼を信頼している——どのビジネスマンとおなじように」と言っている。[54] 翌年、レノンは、「［クラインの］ひどい噂はすべて聞いている。でもそれと、ストーンズが彼と仕事を続けていて、誰も何も言わないということとはうまくかみ合わない。ミックは静かなタイプでもない、だからクラインは大丈夫なんだろうと思った」と、語っている。[55]

---

(50) Wenner, *Lennon Remembers*, 148.
(51) Wenner, *Lennon Remembers*, 145.
(52) *The Beatles Anthology*, 324.
(53) ルパート・ローウェンスタイン公子は、次のように言う。「クラインをジョン・レノンに紹介したのはミックだった。数週間後にミックに会ったが、その後、ミックはレノンに電話して言った。『考え直して、他の人に回したけど、君もおなじようにすべきだ。クラインを紹介したのは良くなかった』。しかし、遅すぎた」。ビートルズのアシスタントだったトニー・ブラムウェルが言うには、彼とレノンは、ミックのけばけばしいチェルシーの家で開かれたパーティに行ったことがあり、そこでミックは彼らに「［クラインとは］距離を保った方がいい、あいつはめちゃくちゃだ」と言っていた。また、ストーンズのアシスタント、ピーター・スウェイルズは、ミックにマッカートニー宛の手書きの手紙を託されたことがある。「あたたかい、彼との結束をうたう手紙だったと思う」。スウェイルズは言う、「つまり、『［クラインに］近寄るな、あいつはハイエナだ、ペテン師だ』」。
(54) Miles, *The Beatles Diary*, 334.（The paper was almost certainly Disc and Music Echo.）
(55) Wenner, *Lennon Remembers*, 141-142.

マッカートニー公認の伝記では、ミックをアップル本社に招いて、率直な意見を求めたことになっている。「僕らビートルズは、皆大きな役員室に集まって、ミックに、クラインはどうかと聞いた。ミックは、『あの手の人間が好きなら、彼は問題ない』と言ったが、『彼は盗人だ』とは言わなかった。すでにその頃、クラインは『ホット・ロックス』の著作権を奪っていたにもかかわらず[56]」。

ミックがビートルズと話をする予定だと聞いたとき、クラインがその会合に出席すると主張したという話もある。明らかに自分のクライアントに対して睨みをきかすためだった。マッカートニーは、そこにクラインがいたとは言っていないが、もしいたとしたら狡猾な動きだった。ミックは誰よりも、クラインがいかにビートルズを獲得することに執心していたかを知っていた。したがって、それは彼の最大のクーデター、抵抗そのものだった。そしてクラインがローリング・ストーンズの利害に対して絶大なコントロールを及ぼしている限り、ミックは彼と敵対してもしかたがないと納得したことだろう。

マッカートニーは、ジョン、ジョージ、そしてリンゴが自分を三対一ではねつけ、クラインを雇うことに決めたとき、「ビートルズの歴史の中ではじめて、自分たちのあいだに和解しがたい食い違いが生まれた」とのちに宣誓供述書で述べている[57]。当時、音楽出版者のディック・ジェイムズと、彼らのビジネス・パートナー、チャールズ・シルバーは、ビートルズの音楽出版会社ノーザン・ソングスの三十五パーセント近くの株式を所有していた。ジェイムズと亡くなったブライアン・エプスタインの仕事関係は一九六三年にさかのぼり、そのおかげでジェイムズは途方もなく裕福になった。しかし、一九六〇年代終わりには、ジェイムズはノーザン・ソングスの将来的価値が気がかりになっていた。彼はビートルズがのめり込んだドラッグ・カルチャーと、レノンのエキセントリックさに距離を置いた。果たしてレノン＝マッカートニーという作曲のパートナーシップは続くのか。さらに、ビートルズが明らかに彼を軽蔑していたこともあり、ビートルズが嫌いになっていた。ジョンとポールは、ディック・ジェイムズを最悪の資本主義のブタの類いだと思っていた。彼はビートルズのために何かしたわけでもなく、それでもビートルズの成功のおかげでものすごい金持ちになったのだと。

しかし、クラインがビートルズに関与することになり、ジェイムズはついにノーザン・ソングスのすべての株を、ＡＴＶ（アソシエイティッド・テレビジョン）を所有するメディア界の大物ルー・グレードに売った。「ジェイムズはクラインの訴訟や契約破棄のやり方を知っていた」と、ピーター・ブラウンは言う。「明らかに、沈みかかった船を捨てるときだった(58)」。

一九六九年三月二十八日、取引は唐突かつ内密に行われ、ジョンとポールは窮地に陥った。ジェイムズは、彼らに、彼らの曲を所有するその会社のシェアを買うチャンスすら与えなかった。グレードは、さらにノーザン・ソングスの三十五パーセントを得たことで、主導権を握るに十分なだけの、さらなる十五・一パーセントのシェア獲得を目指した。一方で、マッカートニーとレノンもノーザン・ソングスを所有したいと考えた。レノンとマッカートニーとその支持者を一方に、ルー・グレードをもう一方に力の均衡が生まれ、そこには株式仲買人やヘッジ・ファンドの投資マネージャーらのコンソーシアムができあがった。

このさなか、イギリスでのクラインの評価に激震が走った。一九六九年四月十三日、『サンデー・タ

(56) Miles, Many Years from Now, 545.
(57) Doggett, Peter, *You Never Give Me Your Money: The Beatles After the Breakup* (New York: HarperCollins, 2010), 70 からの引用。
(58) Brown, *The Love You Make*, 316.

イムズ』紙はクラインについての調査記事「ポップ・ジャングル最強の策士」を掲載した。クラインが成功したのは、「彼のはったり、一度決めたら譲らない意志、俊敏な財政運用が驚くほどうまく機能し、それが名声欲と勇ましいばかりに嘘をつく彼の能力とで相乗効果をもたらしている」からだと書いた(59)。そして、少なくとも四十件の訴訟に絡み、米国証券取引委員会が彼をいろいろ詮索していること、ローリング・ストーンズの北アメリカでの印税はすべてクライン所有の会社ナンカー・フェルジ・USAに直接支払われていることを明らかにした。

この記事によって残るノーザン・ソングスの株式所有者は警戒した。クラインは、もしビートルズが会社の管理権を得たとしても、自分はその役員に加わることもないし、どんな形でも経営に介入することはないと、公式に発言せざるをえなかった。しかし、約六カ月にわたる複雑な交渉や駆け引きののち、ビートルズの販売会社を支配できるだけの株式を勝ち取ったのはグレードだった。ビートルズにとってはこれだけでも憂鬱だったが、このさなかに、ポールが自身の名義で秘密裏にノーザン・ソングスの株式を買い集めていたことが発覚した。レノンの六十四万四〇〇〇株に対し、彼は七十五万一〇〇〇株を獲得していたのだ。これは、二人のシェアはおなじにしておこうという口約束を甚だしく違反する行為だった。レノンはこの裏切りに気づいたとき、ポールへの敵愾心をさらに増した。

クラインがビートルズの分裂を招いたと言ってしまうのは、もちろん誤りだろう。他の要因もあった。一九六八年十一月——誰もがクラインに会う前——にビートルズが『ホワイト・アルバム』として知られる(正式には『ザ・ビートルズ』)二枚組LPをリリースしたとき、明らかに彼らはアーティストとしてそれぞれ異なる方向へ向かっていた。『ホワイト・アルバム』は大きな成功だった。しかし、グループのまとまりのある作品というよりも、ソロ・プロジェクトの寄せ集めのようだったとも評される。

『ホワイト・アルバム』は、ジョージがソング・ライターとして成熟したことを示していた。それでも、ジョンとポールは、ジョージがグループの中でより重要な役割を担うことを妨害した。ポールが「オブラディ・オブラダ」や「マックスウェルズ・シルバー・ハンマー」といったあか抜けない曲のために、グループを支配して骨の折れるレコーディングをやる一方で、曲を却下されたジョージは憤った。さらにジョージは、ポールは他のメンバーからのクリエイティブなアドバイスをもはや求めてはいないと感じた。『レット・イット・ビー』に残る場面が、ハリスンのムードを映している。ジョージとマッカートニーはお互い向かい合って座り、「トゥー・オブ・アス」のアレンジメントをしている。ポールがある提案をすると、ジョージは切れた。歯を堅くかみしめたまま、「君が望むものは何でも演るさ」と言ったのだ。「あるいは、僕がやらないほうがいいと思うなら、全部弾くのをやめるさ。なんであれ、ご満足いただけることであればなんだって、やってやるよ！」[60]

ポールの間の悪いひょうきんさは、メンバーを苛立たせた。やはりドキュメンタリー・フィルム『レット・イット・ビー』にそれがよく表れている。マッカートニーはしきりに団結心やチームスピリットを盛り上げようとしているが、誰もそんなムードにはないのは明らかだ。ポールのおしゃべりは、とくにレノンには耳障りだった。しかし、ジョンは自分の意見を言う筋合いもないことをわかっていた。なぜなら、彼はビートルズへのいかなる責任もほとんど免除されていたからだ。自宅でヘロインを吸っていないとき、彼は不安定な様子でスタジオを歩き回っては、人びとに汚らしい格好を見せ、誰であれ横

(59) Brown, *The Love You Make*, 309.
(60) *Let It Be*, director Michael Lindsay-Hogg (Apple Films, United Artists, 1970).

切る人をののしった。かと思えば、他人とまったく関わらなかった。ビートルズは何か重要な（「再びライヴをすべきか」というような）コンセンサスをつくろうとしていたかもしれない。しかし、ジョンは自分には関係ないとばかりに、宙を眺め、あるいはノートにいたずら書きをした。

ジョンとヨーコはいつも寄り添っていた。それまでビートルズは妻や恋人をレコーディング・スタジオに入れたことはなかった。しかしヨーコはほぼすべてのセッションに居合わせた。他のメンバーは、ヨーコに不快な思いをさせ、邪魔なのだと気づかせようと手を尽くしたが、まったく無駄だった。ヨーコの図々しさには際限がなかったと彼らは言う。彼女はつねにジョンの耳元にいわくありげにささやき、あるいは横柄にアンプのうえに座っていた――あたかも自分がビートルズのレコーディング・セッションを監督しているかのようだった（マッカートニーは言う、「彼らの関係を邪魔しないように『僕のアンプから降りてくれないか』ってどうやって言おうかいつも困っていた」[61]）。最悪だったのは、彼女があたかもビートルズの一員かのように、彼らの音楽にコメントしたり提案したりしたことだった（その厚かましさは驚異的だった）。さらには、ヨーコはビートルズの友人やサポートの人びとと仲良くしようとはせず、あたかも自分の使い走りかのように、あれこれと指図した。

ヨーコはまた、レノンにくすぶっていた前衛主義と政治的アクティヴィズムへの関心に火をつけた（これが問題になった）。一九六八年十一月、二人は『アンフィニッシュト・ミュージック№1――トゥー・ヴァージンズ』を発売した。自発的に録音した実験的レコードで、ほとんど誰も聴かなかったが、話題にはなった。カヴァーには、ジョンとヨーコがヌードで、身体の前半分をすべて、体毛までさらした（ジョンの割礼を受けていないペニスもすべてあらわな）写真が使われた。どちらもすこぶる健康に見えなかった。二人はなんらかのアーティスティックなメッセージを送っているつもりだったろう。おそらく、無垢《イノセンス》さ、正直《オネスティ》さ、脆弱《ヴァルネラビリティ》さのようなものを。しかしそれは、ジョンとヨーコが期待したほどのパラダイム転換をもたらすものではなかった。およそ三十年経って、ジョージは言った。「当時このレコードに思ったことといま思うことはおなじだ。それほど見栄えのよくない二つの身体、たるんだ裸だよ」[62]。

皆、ジョンとヨーコに耐えるだけで疲弊したに違いない。リンゼイ＝ホッグは、『レット・イット・ビー』を撮影していた一九六九年一月──レノンがアレン・クラインを連れてきた頃──の逸話を紹介している。ビートルズは長くて退屈なミーティングに耐えていた。もう終わると思ったとき、ジョンが他のメンバーに聞かせたい録音を持ち出した。彼とヨーコがつくったもののようだった。

彼は立ち上がってカセットを機械に入れ、その横に立って私たちに聞かせた。

ソフトにつぶやくような声で、最初は彼らが何をしたいのかわからなかった。一人の男性と一人の女性だったがほとんど聞き取れなかった。マイクロフォンが遠いのだ。明瞭さの欠如がポイントなのかと思った。あるいは、何が起こっているのか理解するよう求められているのだろうか。その声をある文脈に落とし込むことができない芸術作品なのだろうか、そもそも文脈は重要なのだろうか。おそらく、これはジョンとヨーコが何かを試しているのだろうと思った。しかし、数分たったところではっきりとした。ジョンとヨーコは愛し合っていたのだ。お互いを親しく呼び合い、クスクスと笑い、

(61)　Doggett, *You Never Give Me Your Money*, 44-45 からの引用。
(62)　*The Beatles Anthology*, 302. これはジョージの寸言の一つ「アヴァンギャルドとは、理解不能という意味のフランス語だ」に合致する。

激しい息づかいをし、現実のようでも風刺のようでもあり、そしてときおり、より直接的な音が絶頂へと達する。すべてが遠く離れたマイクロフォンに拾われた。しかし、何か無垢なものも含まれていた。あたかも彼らは甘美でシリアスなゲームをしているかのような。

ジョンは停止ボタンを押して、再びテーブルの方を見つめた。丸い眼鏡のうえに眉毛をゆがめて、自分の小さなカセットテープがどんな反応を引き出すか、興味津々といった面持ちだった。

いかにハンブルクの小さな部屋を共用したことがあったとはいえ、それぞれの愛やセックス・ライフについて知っていたとは言え、このテープは他の三人を完全に固まらせた。おそらく、残っていた北部人の寡黙さの領域に踏み込むものだった。

明らかな沈黙の後に、ポールは言った。「うん、興味深いね」[63]。

レノンがみなに感想を聞いたとき、彼のあざとさがそこにあったことは容易に想像できる。間違いなく、彼は何かを偽っていた。レノンはメンバーのフィードバックや批判や意見などには興味がなかったのだ。そんな関心はなく、これは、すでにビートルズであることに興味を失ったことを皆に伝える、レノンなりの方法だった。

・・・

一九七〇年にビートルズが解散したときに、彼らはローリング・ストーンズと何かするのではという憶測も否定された。いまからしてみれば、いかにも熱っぽいアイディアだが、たしかにそういった可能性もあった。「いろんなかたちで、ストーンズとビートルズを一緒にさせたいという『動き』が、つねにあった」とワイマンは振り返る[64]。エプスタインが死んで二カ月ほど経ったとき、マッカートニーとジャガーは二つのグループのビジネスを合わせるというアイディアをふれて回った。ミックはさらに、弁護士をつかって「マザー・アース」という名称を、共同所有するレコーディング・スタジオの名前の候補として登録させた。ポールは彼らの本社の屋上にヘリポートをつくったらどうだろうなどと考えをめぐらせていたと言う。ビートルズの広報室は声明を出し、「ビートルズとストーンズの事業タイアップの可能性にはとても関心を持っている。メンバーが検討しているのは、誰かの才能を開花させ、そのレコードを制作して販売する共同タレントセンターを開くという独自のビジネス・プロジェクトだ」と伝えた[65]。

つまり、彼らはアップルのレコード・レーベルのようなものを一緒につくろうと話していた。彼らの発案だけなので、ビートルズとストーンズ全員がこれに付き合っていたかは知るよしもない。しかし、クラインは当然ながら合併の可能性を恐れていた。そして一九六七年十月十七日、クラインはストーンズのPR担当レス・ペリンに、この案を止めさせるよう命じた。ペリンは声明を出し、マッカートニーとジャガーは、「純粋に試験的なたぐいの予備的な会話」をしたにすぎない。そして「この件については何も決定しておらず、いかなる仮定も時期尚早だ」とした[66]。しかし、数年後、ストーンズは自分たち

(63) Lindsay-Hogg, *Luck and Circumstance: A Coming of Age in Hollywood, New York and Points Beyond* (New York: Knopf, 2011), 134.
(64) Wyman, *Stone Alone*, 465からの引用。
(65) Wyman, *Stone Alone*, 464からの引用。

のレーベル、ローリング・ストーンズ・レコーズを立ち上げ、マーシャル・チェスが指揮を執ってアメリカではアトランティック・レコーズが配給した。結局ストーンズは多数のアーティストと契約することはなかったが、当初は、ばかげた壮大さ、混沌、そして取り巻きという頭痛の種を取り除いたアップルのようなレーベルにしたかったようだ。

一九七〇年十二月三十一日、マッカートニーは他の三人のビートルズに対し、パートナーシップを解消する訴訟を起こした。誰よりも、ローリング・ストーズはこのニュースに落胆した。もちろん、ビートルズの規格外にすばらしい音楽が聴けなくなることがその理由だった。一九七一年、キース・リチャーズは、『ローリング・ストーン』誌のインタビューでビートルズへの感謝と、彼らの解散に対する失望感を表した。「彼らがアメリカに行ったとき、俺たちにも大きな機会が生まれた」と、キースは言う。「彼らがいなかったら俺たちはアメリカには行けなかっただろう。彼らのやることは最高だった。あんな風にばらばらになるのではなく、もしそのまま一緒にいて、さらに音楽を追及していたら……。残念だ」(67)。

ミックとキースも、ストーンズがいままさに世界で最も重要なバンドを追い抜こうかというタイミングでビートルズが解散したことにがっかりしただろう。一九六〇年代の約六年間に、どちらのグループもほぼおなじペースでレコードを出してきたが、全体としてビートルズの作品のほうが評価が高かった。しかし、一九六八年にストーンズが『ベガーズ・バンケット』をリリースしたとき、もはやビートルズの焼き直しではないことは明らかだった。彼らは自分たちが最も得意とする表現手段であったブルース・ロックにエネルギーを集中した。さらに一九六九年、ストーンズは『レット・イット・ブリード』でさらなる進歩を見せた。ある評論家は、『レット・イット・ブリード』はビートルズの『アビイ・

ロード』を超えたと言った。そして一九七一年、ストーンズは——（ブライアン・ジョーンズに代えて）神童ミック・テイラーをギターにフィーチャーし——アンディ・ウォーホルのカヴァーをあしらったアルバム『スティッキー・フィンガーズ』を出した。翌年、彼らは母なるイングランドから南フランスに移住し、それまで以上に退廃的で危険に満ちた生活を送るようになった。それでも、なんとか『エクザイル・オン・メイン・ストリート』をレコーディングした。おそらくこれは、彼らのすばらしいキャリアの中でも最もよくできたアルバムだった。もしビートルズが解散しなかったとして、彼らが一九七〇年代初頭に作品を出しても、それがストーンズの偉業に匹敵するものになったかは疑わしい。もちろん、それは誰にもわからないことではあるが。

二つのグループの友好関係が薄れていったのもこの時期だった。一九六九年、ジャガーは、「ビートルズがこれまでやってきたことは、たいして好きではない」と言い放った。『ホワイト・アルバム』は、「平凡だ」とも言った。ジャガーは、ビートルズがいつまでも言い争い、内輪での力争いをすることで、報道の餌食になっていることにうんざりしていた。そして自分のグループは、そんな安っぽい見世物に成り下がるまいと誓った。あるリポーターがミックにストーンズ解散の可能性を尋ねると、「ない。もしあるとしても、俺たちはそんなに口汚くはならない」と答えている。「……俺たちはいまもグループとして機能している、ツアーをやっている、ハッピーなグループさ」[68]。『ローリング・ストーン』誌のヤン・ウェナーとの、あまりに不機嫌なことで有名になったインタビ

(66) Wyman, *Stone Alone*, 465 からの引用。
(67) Greenfield, Robert, "Keith Richards Interview," *Rolling Stone* (August, 1971).
(68) Norman, *Mick Jagger*, 415 からの引用。

ユーで、ジョンはやり返した。「ミックとストーンズにはつねに敬意を払っている。でもミックはビートルズについて、ずいぶんとげとげしいことを言っている。僕はそれに傷ついたよ。僕がビートルズをこき下ろすのはいいけど、ミックがやるのはやめてほしい」。

しかし、レノンのミックに対する不満はそれだけでは終わらなかった。「僕らがいままでやってきた仕事、そしてストーンズがその二カ月後にやったことをすべてリストアップしたいくらいだ。アルバムを出すたびに、僕らが何かやるたびに、ミックはまったくおなじことをしたんだ。まねしてるんだよ。君たちアングラの人間の誰かに指摘してほしいんだけど、ほら、『サタニック・マジェスティ』は『ペパー』だし、「ウィ・ラヴ・ユー」――あの最もいまいましい戯言――は、「オール・ユー・ニード・イズ・ラヴ」だ」。

「ストーンズは革命家で、ビートルズは違うというイメージにも腹が立つ」のだと、レノンはつづける。「音楽面でも、パワーの面でも、二つはおなじ部類ではない。絶対に。そしてミックはつねにその事実に抗おうとしてきた。僕は何も言ってない。つねに彼らに感心していたよ。彼らのファンキーな音楽が好きだし、スタイルも好きだ。ロックンロールが好きで、彼らが我々のものまねをやめた後に向かった方向性も好きだ」。

それでもレノンは言い足らなかった。「明らかに［ミックは］自分たちに比べてビートルズの存在があまりに大きなことにうろたえていたのさ。そして乗り越えることはできない。いま年をとって［当時二十七歳だった］、僕らを攻撃し始めたのさ。そしていまでもたたき続けている。頭にくるよ。なぜかって、彼のあのいまいましい二枚目のレコード［「アイ・ウォナ・ビー・ユア・マン」］は、僕らが書いてやったんだ。(69)

あまり知られていない七〇年代中頃に撮影されたインタビューで、ヘロインで青白くなったキース・リチャーズは、ストーンズのギタリストとしてレノンの怒りにどう応えるか尋ねられた。リチャーズはためらわなかった。

「ジョンは、えっとジョンは、少し苦しいと思う。ずっとそうだが、新しいヒットは出ないし、だめだろう。もしくは、ほら、彼らが一緒だったら、何かできるかもしれない。僕らよりずっとうまくね。でも、俺たちは彼らよりうまくできることがある。ジョン・レノンはおそらくすでに彼の黄金期を過ぎてしまった。すぐに手を打たないかぎり、ジョン・レノンが何か言ったりやったりすることに注目する人はそういないだろう。なにせ音楽的には、六、七年前のビートルズでやった作品に匹敵するようなものは出してないからね。一つとして」。

「マッカートニーでさえ」。インタビュアーは物憂げに言った。

「マッカートニーでさえ」。キースは同意した。(70)

(69)　Wenner, *Lennon Remembers*, 67.

(70)　YouTube video, "Keith on the Beatles."

エピローグ

すくなくともビートルズが解散したのは、駄目になり始めたからではなかった。もし、ソロ活動を始めたそれぞれのメンバーのベスト・ソングをレコーディングするまでせめて一緒だったならば、最後の「ビートルズ・アルバム」はどんなものになっていただろうと、ファンはあれこれ議論した。[1]もちろん、どの曲が最後の曲になるか意見は一致しないし、こうした問い自体がどうしようもなく多くの疑問を生む。誰がアルバムをプロデュースするのか――ジョージ・マーティン、フィル・スペクター、あるいは他の誰か？　ジョンとポールはどの程度お互いの曲を作り込むのか？　二人はジョージに、彼の開花しつつある才能を表現するスペースをもっと与えるのか。歴史家は、こういった事実にそぐわない問いを避ける。とはいえ、もしビートルズがもう少しのあいだ一緒にいたら、もう一つ傑作を生み出していただろうことは、想像に難くない。

---

(1)　マッカートニーの『マッカートニー』と『ラム』、レノンの『ジョン・レノン／プラスティック・オノ・バンド』と『イマジン』、そしてハリスンの大胆な三枚組LP『オール・シングス・マスト・パス』、これらすべてが十五カ月のあいだに出されたアルバムを考えると興味深い（リンゴの最初の二枚のレコード『センチメンタル・ジャーニー』と『ボクー・オブ・ブルース』は、いずれも一九七〇年に発売されたが、この中には入らないことが多い。どちらもカヴァーソングを集めたアルバムだったからだ。それでももしビートルズがその後もアルバムをレコーンディングしていたとしたら、少なくとも一曲はリンゴをフィーチャーする曲を残しただろう）。

解散してから長らく、ビートルズの元メンバーは、再結成はあるのかという執拗な問い合わせや噂に付き合わなければならなかった。彼らの再結成は、じらしながらも近々あるのではと憶測する人もいた。(2)しかしそれは願望に過ぎなかった。最後に四人がおなじ部屋に揃ったのは、一九六九年の仕事の打ち合わせのときだった。そして、年月が過ぎるごとに、ビートルズが再結成する可能性は下がっていった。一九八〇年の終わりに、ジョン・レノンは『プレイボーイ』誌のインタビューを受けた。その中で彼は、すっかり大人になった男たちがロックンロール・バンドをやりたがるなんて、と笑った。彼にとってはそれは痛ましい光景だったようだ。さらに、ビートルズの再結成を叫びつづけるファンを笑い飛ばした。

レノン：そもそも、誰だって手に入れたことがないものを欲しがる。個人としてであれ、ビートルズの一員としてであれ、僕に興味を持ってると言う人も、僕が［ビートルズではなくて］ヨーコと一緒にいるのが理解できないなら、僕のこれまでの発言の意味がわかってはいないだろう。それがわからないなら、何もわからない。ただの自己満足さ、誰だっていいのさ。ミック・ジャガーでも誰でも。ミック・ジャガーにいけばいい、そうだろう。僕には必要ない。

『プレイボーイ』：彼は喜ぶでしょうね。

レノン：僕は絶対に要らないよ。［ポール・マッカートニーのグループ］ウィングスを追っかければいいのさ。僕のことは忘れてくれ。そんなことがしたいなら、ポールかミックにいってくれ。僕はそんなことのためにいるんじゃない。それがわからないなら……かなりはっきり言ってるんだけど、一九六ページに載っているおっぱいやお尻くらいにね。とにかく他のやつにいってくれ。僕をかまうんじゃないよ。ローリング・ウィングスにいっちまえ。

『プレイボーイ』：あなたは……

レノン：いや、ちょっと待って。もう少し話そう。ときどき、この話にとりつかれてしまうんだ。（彼は立ち上がり、冷蔵庫によじ登る）……ほら、ストーンズの結成一一二周年を祝っているところだろ。八〇年代にはこう言われているだろうよ。ワーーイ！　少なくともビルとチャーリーは家族もまだある。リーダーが、誰かに後ろからナイフで刺されるとでも思って怯えているのか？　ちっぽけなやつらはなんでいまだに一緒なんだ？　一人じゃやっていけないのか？　それが疑問さ。それが疑問なんだ。やつらはビートルズとかストーンズとかみんなを過去の遺物のようにみる。……やつらは、リップスティックでけつの穴をくねらせる男と、卑猥にみせるため目に黒い化粧をした

（2）一九七三年、元ビートルズは揃ってリンゴ・スターのアルバム『リンゴ』に登場した。ただし、それぞれ別の曲を演奏した。一九七四年には、レノンとマッカートニーがロサンジェルスのレコーティング・スタジオで、ひどくぞんざいな、コカインまみれのジャムセッションに参加した（のちに『ア・トゥート・アンド・スノア・イン・74』という海賊版がリリースされた）。一九七六年、プロモーターのシド・バーンスタインが、ビートルズの再結成を促す広告をアメリカの新聞に載せた。世界中に配信する一回だけのコンサートで、二億三〇〇〇万ドルの収益を見込んだ。そして、一九七六年には、『サタデー・ナイト・ライヴ』でプロデューサーのローン・マイケルズが、もしビートルズが番組に出演するなら、三〇〇〇ドルを支払うと、冗談めかしてオファーした。ある晩、ジョージ・ハリスンが音楽ゲストで出たとき、ポールはたまたまダコタ・ビルのジョンを訪ねていた。二人はギターを担いでタクシーに乗り、二マイルしか離れていない30ロックフェラー・プラザに行こうとしたようだ。一九七九年、エリック・クラプトンの結婚式で、ポール、ジョージ、リンゴが一緒に「サージェント・ペパーズ・ロンリー・ハーツ・クラブ・バンド」を演奏した（クラプトンがジョンの代わりをした）。一九八〇年、ジョンとヨーコがLP『ダブル・ファンタジー』を制作している頃、ポールはジョンにコンタクトを取ろうとした。しかし、ピーター・ドゲットによると、「このやりとりは第三者（おそらくヨーコ）によって阻止された」。一九八〇年、ジョンは宣誓供述書の中で、ビートルズは再結成コンサートを企画していると述べた。しかし、おそらくこれは偽証だった。ブロードウェイの音楽レビュー誌『ビートルマニア』のプロデューサーに対する裁判を盛り上げようとしただけだろう。

四人の男が写った写真を見せるのさ。そんなのが未来の冗句になるだろうさ。……十六歳、十七歳、十八歳の頃に男友達やアイドルを持つのはかまわないさ、だろう？　似たもの同士やギャング仲間や、それはいいのさ。でも、そのまま続けて四十歳になってもおなじことをしていたら、頭の中は十六のままってことさ。(3)

レノンの発言は辛辣だ。しかし、当時はまだ、ロックンロールを演奏する中年男性という前例がまったくなかった。一九七三年を舞台にした美しく刺激的な映画『オールモスト・フェイマス』で、キャメロン・クロウはこの点をついている。（ジミー・ファロンが演じる）仕事熱心な音楽マネージャー、デニス・ホープが、スティルウォーターという架空のバンドに機会を無駄にしてはいけないと説得する。鉄は熱いうちに打てと。なぜか？　なぜならロックンロールは若者の表現形式だからだ。「もしミック・ジャガーが五十歳になってもロック・スターとして存在してると考えたら、それは悲しい、悲しい間違いだ」と彼は言う。しかし、いまや、ローリング・ストーンズはビートルズよりも、なんと四十年以上も長く活動を続けている。

ストーンズのやることすべてが上手くいった時期も、短期間だがあった。一九六八年から一九七二年にかけての五年間で、彼らは歴史上最も愛され続ける四枚のタフなロックンロール・レコード、『ベガーズ・バンケット』、『レット・イット・ブリード』、『スティッキー・フィンガーズ』、そして二枚組のLP盤『エクザイル・オン・メイン・ストリート』をたたき出した。ある評論家は、それが「すべてのロックンロールの評価基準となるアルバム」だと断言した。(4)他の評論家も、「ほとんど完璧なアルバム群」と呼んだ。(5)これはストーンズの「帝王期」で、彼らは伝説的なコンサートでこの時期を仕上げた。

一九七二年の北アメリカ・ツアー（「ストーンズ・ツアーリング・パーティ」の頭文字を取ってSTPツアーとも呼ばれる）は、いまでは、みだらなカーニバルとして記憶されている。しかし、これがその時代の締めくくりでもあった。もしこの後、ローリング・ストーンズが、アルバムを出すこともステージに上がることもせず、あっさり解散してしまったら、ビートルズのように、神秘的な崇拝の対象になっていただろう。

ストーンズは、解散するどころか頑張り続けた（ゆったりしたペースにはなったが）。しかし、活動が長くなるにつれ、評論家たちは彼らの作品の質が明らかに落ちていることに気づくのだった。六〇年代にストーンズがとても不快で無礼で悪趣味だと非難したのはエスタブリッシュメントたちだった。のちには、みる目のあるロック・ファンもおなじようなことを言い始めた。一九七三年の『ゴーツ・ヘッド・スープ』以降のストーンズの十二枚のスタジオ・アルバムに少なくとも二曲はいい歌があったとか（たしかにあった）、なんらかの審美的な判断をするつもりはない。たんに彼らの作品がどのように受け止められたかを述べよう。長い七〇年代のあいだ、ミックは上流社会を飛び回ることに没頭して、音楽をつくる興味を失った。キースはヘロイン中毒になって、ほとんど役立たずだった。たった一つ、ストーンズの落ち目の物語をややこしくするものと言えば、一九七八年の『サム・ガールズ』という洒落た性的

（3） *Playboy* (January 1981).

（4） Andrew Mueller, "It's Only Rock 'N' Roll," *The Ultimate Music Guide to the Rolling Stones* (from the Makers of Uncut), n.d., p. 70.

（5） Crispin Sartwell, "Beatles Versus Stones: The Last Word," in Luke Dick and George A. Reisch, eds., *The Rolling Stones and Philosophy: It's Just a Thought Away* (Chicago and Lasalle, IL: Open Court, 2012), 162.

に男性的なアルバムがあった(6)。これは彼らの復活を示すものとして受け入れられた。しかしそれ以外は、ストーンズは凡庸にしおれていった。

ストーンズへの批判が頂点に達したのは、一九八九年の夏、『スティール・ホイール』ツアーを開始したときだった。音楽的な売りがあまりなかった埋め合わせからか、世界が見たこともないようなとっぴで仰々しいロック・コンサートを行った。ステージはさながらディストピア的な巨大建築だった。非対称にからまった足場、張り出し舞台、そしてバルコニーに、点滅するライト、煙霧機、火炎放射器が取り付けられた。ストーンズが「ホンキー・トンク・ウィメン」を歌うと、ステージ脇で巨大な風船人形が膨らんだ。「シンパシー・フォー・ザ・デヴィル」を歌うとき、ミックは一〇〇フィートの高さの張り出しに立ち、煙に覆われ、その下にある構造物は炎に包まれたように演出された。そしてすべてのショーが華々しい花火で締めくくられた。

ストーンズの熱狂的なファンで、インターネット普及前のファン雑誌『ベガーズ・バンケット』を出版していたビル・ジャーマンは、ストーンズのツアーを可能な限り観てきたが、彼らのアプローチに「興味深いアイロニー」があることに気がついた。「新しい音楽に対する愛情を語るほど、そして『レトロなロッカー』というレッテルを嫌うほど、ミックはバンドの新曲をレパートリーに加えることを躊躇するのだ」。

ミックは、例えば「ブラウン・シュガー」、「タンブリング・ダイス」、あるいは「ユー・キャント・オールウェイズ・ゲット・ホワット・ユー・ウォント」であれ、すべての曲を、正確にオリジナルのアルバムどおりに演奏したいと考える。新しくて商業的に成功した多くの例を観察して、ミックは音楽業界でいま何が起こっているのかを理解する。そして可能な限り広いオーディエンスに届く方法を学ぶ。つまり、（曲のアレンジを変えるという実験をするのではなく）人びとが記憶するかたちでヒット曲を演奏するのだ。ほとんどのベビーブーマーは、「ギンミ・シェルター」を、二十年前に寮の部屋で聴いたとおりに聴きたい。だから、そのとおりに提供する。これはアートとしてではなくビジネスとしての決定だ。しかしそれでうまくいくのだ。(7)

一方で、ストーンズのロックンロールのスポンサー企業は、派手さの極みに達した。一九八一年、彼らは香水のジョーバンと契約した。『スティール・ホイール』ツアーのときのメインスポンサーは、ビール製造の巨大企業アンハイザー・ブッシュで、少なくとも六〇〇万ドル（他の情報源ではそれ以上）を支払った。いまやストーンズの高価なコンサートグッズは、メイシーズやＪＣペニーといったデパー

（6） ジョン・ストロースボーは言う、「一九七八年、ストーンズのファンを十五年続けてきた我々は、『サム・ガールズ』を最後の思い出の品、陰りが出たバンドからの挨拶だとみなした。この時代は、昔を振り返らざるをえないストーンズの銀の時代で、最後の応援歌だった」。『ローリング・ストーン』誌の評論家は言う、「『サム・ガールズ』によってストーンズは復活した」。『ＮＭＥ』誌の記者は、「このアルバムで、ジャガーは突如として自分の仕事に再び興味を持ったようだ」と書いた。しかし、皆がこのレコードを気に入ったわけではなかった。タイトルトラックの歌詞（「黒人の女は一晩中ファックしたがる／そんなにはできない」）に対して、公民権活動家のジェシー・ジャクソン師は、不買運動を呼びかけた。ストーンズはこれに対し、歌は「ステレオタイプな態度へのパロディ」にすぎないと応えた。

（7） Bill German, *Under Their Thumb: How a Nice Boy from Brooklyn Got Mixed Up with the Rolling Stones* (New York: Villard, 2009), 219–220. ジャーマンはつづける、「もちろんキースは、昔ながらの方法が好きだ。全部を空中に放って、どこに落ちるかみるのだ。危険を冒して、そのもろさを楽しむのだ。キースは、ショーを予想がつくヒット曲でまとめたくはなかった。［しかし］ミックは、バンドも観客もまだ十分にその準備ができていないと感じていた」。

トで購入可能となった。『スティール・ホイール』のボクサーパンツ、財布、記念コインなどだ。ミックとキースのグリンマー・ツインズは、『フォーブス』誌の表紙も飾った。「彼らはそんな大金をいったいどうするつもりだろう」と、『フォーブス』誌は問いかける。(8)

彼らの年齢も問題になりつつあった。ストーンズが年をとることを悪く言ったりということではない。むしろ彼らは奇妙なほど年相応の威厳がなかった。八〇年代半ば、ソロ活動を開始したミックは、プリンスやマイケル・ジャクソン、そしてデュラン・デュランといった若手アーティストの音楽や表現方法をあからさまにものまねした。一九八九年には、五十二歳になったビル・ワイマンが十八歳のマンディ・スミスと結婚した。そしてもちろん、人びとはストーンズのノスタルジアを売り物にした『スティール・ホイール』ツアーを鼻で笑った。

しかし、これもまた、四半世紀も前のことである。ベビーブーマーに人気を保っている他のアーティストは、良かれ悪しかれ進化してきた(ボブ・ディランとブルース・スプリングスティーンは、どちらも良い例だ)。しかし、ストーンズは、ながらく、音楽的には大胆ではなかった。七〇年代終わりから八〇年代はじめにかけては、流行のディスコサウンドを実験的に取り入れたりもしていたが(しかし、当時のヒット曲「ミス・ユー」や「エモーショナル・レスキュー」は、いまや失敗作のようにもみえる)。また、ストーンズはブルース音楽という彼らのルーツに立ち返ることもしなかった。ブルースは――ロックとは違って――年をとった男性が(もし十分な才能を持っていれば)、威厳を持って演奏できる音楽だ。それどころかストーンズは、自身のものまねと大きく膨らませた誇大広告にまみれたのだ。

もはや、ストーンズはわざわざ新曲を作ろうとはしない――彼らは二〇〇五年以来、完全な新曲は二曲しか収録していない。しかし、二〇一二年、彼らは自分たちの五十周年を祝って大きな取引を行った。

すべての記念グッズをより多く売るために、グラフィック・デザイン・アーティストのシェパード・フェアリーを雇い、あの悪名高い唇と舌のロゴを刷新したのだ。そして、大型本（『ザ・ローリング・ストーンズ・フィフティ』）を出版し、ブレット・モーガン監督による自伝映画『クロスファイア・ハリケーン』を制作し、古いヒットシングルを集めたキャリア回顧録的な『GRRR！』を新たにリリースした。数え方にもよるが、おそらくローリング・ストーンズの二十五枚目のコンピレーション・アルバムということになる。(9)

そしてもちろん、二〇一二年終わりからは、ストーンズは「50＆カウンティング」ツアーをパリとロンドンを皮切りに開始し、ほどなくして合衆国にもやってきた。一九七五年には、「四十五歳になって『サティスファクション』を歌うくらいなら、死んだ方がましだ」と言っていたジャガーは、キースとともに七十歳間近だった。(10) 当然のように、彼らは「サティスファクション」を各地で演奏した（アンコー

(8) Peter Newcomb, "Satisfaction Guaranteed," *Forbes* (October 1989) 参照。それまでストーンズのアメリカ・ツアーを手配してきた伝説的なロック・プロモーターのビル・グラハムではなく、ストーンズは、あまり経験のないカナダ人プロモーターマイケル・コールと組んだ。コールは、彼らに最低でも七〇〇〇万ドルを支払うことを約束した。ストーンズのファイナンシャル・アドバイザー、ルパート・ローウェンスタイン公子によると、グラハムはその決定を知ると、ミックが乗るおなじ飛行機の席を予約して、ミックを引き留めようとした。「『むちゃくちゃだ』、彼は叫んだ。『マイケル・コールはどうやってコンサートをやるか知らない。……俺の何が気にくわないんだ』。ミックは答えた。『とても単純だよ、ビル。金が十分じゃないのさ』」。

(9) これらに加えて、ウェブサイトでは、男性むけ、女性むけ、子供むけ、そしてペット用の服飾品を売り込んだ。本やカレンダー、ポスター、ラミネート加工した記念チケット、コーヒーマグ、ペンダント、トートバッグ、記念カード、ノート、さらには五十周年K2ローリング・ストーンズ・ダウンヒル・スキーまで販売した（スキーがアイロニーだったかはわからない）。そして日本の醸造会社は、特別にブレンドしたローリング・ストーンズ・ウィスキーを一本六三〇〇ドルで限定販売した。

ルソングだった）。演奏リストに一九八一年以降の曲が一つも含まれていない夜もあった。

ほとんどの音楽評論家は、ストーンズに手堅い評価を与えた。一般的な評としては、老いぼれようともストーンズはまだエキサイティングなパフォーマンスをすることができるというものだった。彼らは、熱心なファンに古いヒット曲を演奏し、多くが楽しい時間をすごした。しかし、「50＆カウンティング」ツアーは単なる浅ましい金もうけでしかないと思うファンもいた。チケットの平均価格は、三四六ドルだった[11]。概して、お金のある大人しかコンサートに来ることはできなかった。ストーンズは十八回のショーで総額一億ドルを稼いだ。

いずれにせよ、音楽は記憶をよみがえらせる強力な鍵だ。なにものにもまして、ノスタルジアを呼び起こす。この点は、力強くすばらしいことだ。多くのビートルズ・ファンは、もう新しいスタジオ・アルバムを聞いたり、グループの演奏を観る機会がないことに深く消沈していることだろう。この気分をうまく表す「サウダージ」という言葉がポルトガル語にある。経験したことのないものへの憧憬や、存在しないものへの強い欲求を表す語である。

逆説的だが、ビートルズは、再結成を拒否することでそのレガシーを高めてきた。六〇年代、七〇年代の伝説化された多くのポップ歌手はロック・グループと異なり、ビートルズはほぼその絶頂期に解散した。彼らはつまらないレコードを出して自分たちの魅力を薄めることもなく、金持ちになったベビーブーマーに三、四十年のヒット曲を売り込むツアー・ミュージシャンになることもなかった。

もちろん、アップルはビートルズの解散後しばらく経ってからも、ビートルズの貴重な音源を世に出しつづけた。一九九四年の『ライヴ・アット・BBC』や九五年の『ザ・ビートルズ・アンソロジー』（当初はテレビのドキュメンタリー・シリーズで、六枚のCDからなる未発表の音源とオーラル・ヒストリーだった）がある。この野心的なプロジェクトの一環として、ポール、ジョージ、リンゴの三人は二曲の「新しい」ビートルズの楽曲を発表した。「リアル・ラヴ」と「フリー・アズ・ア・バード」で、ヨーコ・オノが安全に保管していたデモ録音にあったレノンの歌声を中心に構成された。元ビートルたちはみな、ソロでも成功した。近年、ポール・マッカートニーは、自身の壮大な、ノスタルジアに溢れたコンサートを行っている。しかし彼らは、ビートルズとしては、活動しなかった。ある意味（ストーンズとは違って）、ビートルズは決して年をとらない。

そのチャンスすらなかった。

ホローポイント弾は、標的に命中すると弾頭が広がって、身体の組織に最大のダメージを与えるように設計された弾丸だ。一九八〇年十二月八日、ニューヨーク市で、二発の弾がレノンの背中の左側を貫き、さらに二発が左肩にのめり込んだ。これらは「驚くほどうまい場所に命中していた」と、ローズヴェルト病院の緊急処置室でレノンを看たステファン・リン医師は言った。「心臓から出るすべての主要な血管がつぶれ、手だての施しようがなかった(12)」。

(10) Jim Jerome, "The Jaggers," *People* (June 9, 1975) からの引用。この感情――ミックが中年になってもストーンズの歌を歌うなどとは考えなかった――は、しばしばジャガー本人に帰せられる。一九七八年、『ローリング・ストーン』誌のインタビュアーは、ミックに尋ねた。「あなたはかつて、四十二歳になったら『サティスファクション』を歌いたくないと言っていましたが」。ミックは答えた。「いや、それは俺じゃない」。彼の言葉を集めたウェブサイトでは、ミックは「似たようなことを何回か言っていて、辞める年齢についても違ったことを言っている」。

(11) プライム・チケットは、二〇〇〇ドルもした。かたや八十五ドルのチケットもあった。

(12) Keith Elliot Greenberg, *December 8, 1980: The Day John Lennon Died* (Milwaukee: Backbeat Books, 2010), 172からの引用。レノンは、別の医師デイヴィッド・ハレランに治療を受けたという説もあるが、おそらく二人が処置に当たったのだろう。

感謝の叫び

ほんとうに多くの人びとがこの本の執筆を助けてくれた。未完成の原稿を読んでくれたり、質問に答えたり、史料を指摘してくれたり。そしてビートルズとストーンズについて長時間会話に付き合ってくれた。ウィリアム・マーキス、アラン・コジン、デイヴィッド・マクブライド、デイヴ・リック、ビル・ヒギンス、スティーヴン・スターク、アレックス・カミングス、ジョー・ペリー、ラリー・グラブス、マイケル・カステリーニ、ジェフ・トープナー、ビル・マホニー、グリフ、フアン・カルロス、イングリッド・ショア、レベッカ・オブライエン、マイケル・リンドン、クリスティーン・オールマン、スティーブ・ビール、ゲイリー・シャピロ、ナオミ・ワインシュテイン、リジー・サイモン、ローリー・チャーニゴー、アナスタシア・パパス、ケイト・テイラー・バトル、アンドリュー・ルーグ・オールダム、トッド・プルージン、ブレンダン・オマリー、エディ・スターン、アーロン・ブックナー、ステフ・ヘイラー、ブランドン・ティリー、J・D・ブール。そして、デイブ・ブローランは、親切にも貴重なマイケル・クーパーの写真を安価でリプリントしてくれ、フィ・メットキャフは隅々まで原稿を編集してくれた。

私の仕事上の親友であるジェレミ・バロン、マイク・フォーレイ、ティム・マッカーシーの三人は、いつものように大いに助けてくれた。ホイットニー・ホークもそうだ。古くからの仲間ジェイソン・アップルマン、ノース・プロダクションの異端児たち、そして新しいアトランタの友人たち、ジョン・ベイン、ステファン・カリーとテレサ・バーク、ポール・ヘーゲルとその愛すべき家族にも感謝したい。

この本は、ハーバード大学で教鞭を執っているときに書き始めた。そこではリーとデブ・ガークがクインシー・ハウスにかわいらしいオフィスをくれ、社会人教育科がすばらしいリサーチ・アシスタント、アンドリュー・ドウンズをよこしてくれた。書き終わったときにはジョージア・ステート大学に移っていたが、そこでは歴史学科が、夏期研究支援金と、才能に溢れ勤勉なリサーチ・アシスタント、ザック・ペターソンをあてがってくれた。最終局面では、ジョージア・ステート大学の大学院生ケイティ・キャンベルとレラ・ウルクハートが校正を助けてくれた。本書は、二〇〇七年に『ビリーバー』誌に書いたエッセイがもとになっているが、そのときはハイディ・ジュラヴィッツとアンドリュー・レーランドの二人の編集者がとても力になってくれた。

特別な感謝の叫びは、グスタヴォ・ターナー、ジョフ・トロッド、そしてニック・ミューニアーに贈りたい。彼らはこのプロジェクトにとくに関心を払い、ほぼ全体の原稿にフィードバックをくれた。その寛大さと優しさに深く感謝したい。そしておなじように、原稿を鋭くレビューし、いくつかの恐ろしいエラーを未然に防いでくれた、出版社のピーター・ドゲットにも感謝したい。

三人の編集者とともに仕事ができたことは幸運だった。アンバー・クレーシーは熱い思いで本書の契約を結び、アレッサンドラ・バスタグリは初稿を完成させるのを助けてくれた。そしてジョフィー・フエラーリ＝アドラーがプロジェクトの完成を見届けてくれた。ジョフィーは卓越した編集者だった。フレンドリーで、信頼でき、柔軟で、支えになるばかりでなく、賢かった。ありがとう、ジョフィー！

そして、ジョフィーの有能な編集アシスタント、サラ・ネールや、サイモン＆シャスターの広報アソシエイト、エリン・レバックと仕事をするのは喜びであった。私のすばらしいエージェント、クリス・パリス＝ラムは、一番初めに私にこの本を書くようアイディアをくれ、タイミング良く私をクライアントにした。彼は本当によく働いてくれたし、その友情、支援、アドバイスに心から感謝している。

本書を、私のすばらしい両親ハーロンとジュディ・ミクミライアンに愛を込めて捧げる。

訳者あとがき

本書は、John McMillian, *Beatles vs. Stones*（New York: Simon & Schuster, 2013）の全訳である。著者のジョン・ミクミライアンは、現在、ジョージア州立大学歴史学部で二十世紀アメリカ史を教える。彼は、ミシガン州に生まれ、ミシガン州立大学卒業後、コロンビア大学大学院歴史学科に進学した。訳者はミクミランの二年遅れで同プログラムに入学したが、彼は大学院生でありながら『ラディカル・ヒストリー・レビュー』誌に論文が掲載されるなど突出した存在だった。コロンビア大学でPh.D.を取得した後は、ハーバード大学で数年教えたのち、ジョージア州立大学に移りそこでテニュアを得た。ミクミライアンの専門は、一九六〇年代の政治文化史、若者文化で、そのテーマについての複数の著書がある。なかでも博士論文をもとにした *Smoking Typewriters: The Sixties Underground Press and the Rise of Alternative Media*（Oxford, 2011）は、アメリカの一九六〇年代研究において評価が高く、本書の構想にも深く関わる。

一九六〇年代から七〇年代にかけて、アメリカ合衆国では公民権運動、黒人解放運動、学生のニューレフト運動、ベトナム反戦運動、第二波フェミニズム、同性愛者解放運動、さまざまなエスニック・グループの解放運動、環境運動など、広範な社会運動が折り重なって活発に展開された。運動はイギリスやフランスなどのヨーロッパ諸国や日本、メキシコなどグローバルに共鳴した。ミクミライアンは、

Smoking Typewriters において、アメリカの学生運動の中心的な存在であったニューレフトの運動文化（movement culture）を、彼らが独自に発行して運動の中で流通したアンダーグラウンド・プレス（地下新聞）から考察した。一九六〇年代の政治と文化は、渾然一体となって展開した。本書第五章で描かれるように、ビートルズとストーンズは、イギリスでもアメリカでも六〇年代世代の共通言語になった。ミクミライアンは、これらのメンバーの思惑と人間関係、オーディエンスの若者たちの思い入れ、それに口を挟む親世代やもうけを狙って介入するビジネス界の大物などを含めた複雑な社会的相関図を、当時の歴史的文脈に落とし込んで描き出す。

ミクミライアンの職業的アイデンティティは歴史学者である。ビートルズやストーンズに限らず、ポピュラー音楽についての本は、その業界をよく知る音楽ジャーナリストや、特別な情報を持つ身内などによって書かれることが多い。読者には、もともと好きなグループの曲やメンバーをさらに詳しく知りたいと願うファンが想定される。この分野に学術的な専門家が入るとすれば、文学者が一人称で語る時代の情景分析に読み手の共感や追体験が誘われるものや、社会学者が社会現象としての若者文化を分析するものが主だった。ポピュラー・ミュージック研究という学問分野自体が比較的新しいもので、その手法も様々である。日本で学会が設立されたのは一九九〇年のことだ。とくにアメリカ社会のポピュラー音楽を分析するためには、楽曲やアーティストばかりでなく、世代や、人種、ジェンダー、階級などの複雑な社会関係を踏まえ、国境を越える視点が不可欠となる。(1)

歴史学においても研究分野の細分化が進む中で、政治史よりはずっと文化寄りでも、やはり知識人や社会運動を主な研究対象とする政治文化史の専門家がポピュラー音楽に切り込んで行くのは容易ではない。本書は、アメリカ六〇年代研究を専門とする歴史家が、当時もっとも人気で影響力のあった二つのロック・グループを描くという好例だろう。その歴史学的特徴は、なによりも史料へのアプローチにある。ミクミライアンは、アングラ新聞や、大学図書館には所蔵されない大衆誌を一次史料として発掘し、他の一次史料や二次史料、インタビューと付き合わせるという検証を繰り返している。その過程が註にもよくあらわれており、さらに註に語らせることで本論に厚みがもたらされている。そして、史料に裏付けられた事実の検証によって「神話」を解体し、新たな物語を描き出すという歴史学者としての使命に忠実である。著者は自身の立場性にも自覚的でありながらも、物語の中立性を保つべく自分がビートルズとストーンズのどちらが好きなのか、これまで語らなかった。

とはいえ、「ビートルズかストーンズか」という問いが成り立つ文脈自体が、世代や地域によって大きく異なる。著者は、一九九〇年代半ばに大学生だった「X世代」に属する。当然ながら一九六〇年代に登場したビートルズやストーンズとともに育ったわけではない。しかし一九九〇年代は、ストーンズが世界ツアーを行い、ビートルズが『アンソロジー』を発売するなど、二つのグループの人気とライバル関係が「再燃」した時期でもあった。そのライバル関係は、一九六〇年代以降つねにメディア上で煽られ、二〇二〇年代に入った現在においても多くの人びとにとっての関心事である[2]。それぞれのファ

（1） 例えば、日本ポピュラー音楽学会が設立されたのは一九九〇年である。https://www.jaspm.jp。文学者がビートルズを論じたものとしては、佐藤良明『ラバーソウルの弾み方』（岩波書店、一九八九年）、アメリカ社会におけるポピュラー音楽の分析については、大和田俊之『アメリカ音楽の新しい地図』（筑摩書房、二〇二一年）などの好著がある。

（2） 二〇二〇年には、ビートルズとローリング・ストーンズのどちらが優れているかという記者の質問に対して、ポール・マッカートニーが持論を答え、これにミック・ジャガーが反応した。『ロッキングオン・ドット・コム』二〇二〇年四月七日、https://rockinon.com/news/detail/193738。また、二〇二三年十一月の『ローリング・ストーン』誌は、新作を出すストーンズとビートルズを取り上げ、「待て、今何年だ？」と報じた。Brian Hiatt, "New Beatles, New Stones — Wait, What Year ↙

ンはZ世代にも存在し、むしろ六〇年代を新鮮なものとしてとらえているようでもある。[3] しかし大方の若者は、同世代のアーティストが多く活躍する中で、これら二つのグループのどちらかに自分自身を照射して自分が何者かを語るという行為には至らないだろう。ミクミライアン自身も、特定の時期のどちらかを高く評価しても、そのどちらかに自己同定するわけではない。それでも、「ビートルズかストーンズか」という問い自体が再生産されることで、二つのグループは「神話化」され続けている。

ビートルズとストーンズを受容し「神話化」する地政学的な文脈も、やはり同じではない。日本ではどちらのグループも人気で、それぞれのコアなファンの思い入れの深さは比べられるものではなく、ましてやどちらが重要かなどの評価はしようもない。それでも、マーケットの規模や、日本社会での受容の広さという点においてはビートルズがリードしているようだ。そのことを示す一つの例としてあげられるのが、「教材」としてのビートルズだ。解散から数年後の一九七七年には、翌年度からの新しい中学英語の教科書にビートルズが登場することが報道されている。また一九八二年までに高校の音楽の教科書に「イエスタデイ」が六年以上掲載された例もあるとの記事があった。[4] その後も、「オブラディ・オブラダ」や「ハロー・グッバイ」、「レット・イット・ビー」など小学校から高校まで、合奏や合唱でひろく演奏されてきた。「ハロー・グッバイ」は楽曲もさることながら、英語が平易（一人称と二人称と現在形の動詞だけ）ということで、英語の入門にも使われる。そして、一九九〇年代にはビートルズは高校世界史の教科書に登場した。一九九三年に検定を通過した東京書籍の『世界史B』には、「管理社会への反発はビートルズなどの音楽活動にもあらわれ、自由を求める若者たちの反管理社会、反人種差別の運動とベトナム反戦運動は、一九六九年に最高潮に達した」と記述された。[5] 現在では、ビートルズという言葉自体が歴史用語として大学入試の世界史出題範囲となっている。さらには、ビートルズは「教養」であり「文化遺産」であるとする書籍やホームページもある。

本書では、ビートルズとストーンズの逆転した「紳士」と「悪党」のイメージが検証されたが、日本でもそうしたイメージがより増幅されたかたちで流通しているようだ。小熊英二は、日本の一九六八年の「政治と文化の革命」という神話を解体するにあたり、一九五一年生まれの音楽評論家の渋谷陽一が一九八〇年代にビートルズについて語ったものを引用する。

> 以前、あるデパートがセールス・キャンペーンのテーマとして、〝ビートルズによって育ちました〟というコピーを使っていた。そういえばビートルズ・ジェネレーションといった表現もある。
> 僕はそうした言葉に接するたびに苦々しい想いにかられる。「嘘つきやがって」と言いたくなるのだ。日本にはビートルズを聴きながら育った世代などどこにも存在しない。ビートルズを聴いていたのは極く限られた少数の人間でしかなく、いわゆるヒットチャートにおいても、彼らは常に苦戦をしていた。ビートルズなど、少数の音楽ファンの中の、そのまた限られた人達のアイドルでしかなかったのである。(6)

Is It?" *Rolling Stones*, November 12, 2023, https://www.rollingstone.com/music/music-features/new-beatles-new-rolling-stones-hackney-diamonds-now-and-then-1234876194/; https://news.yahoo.co.jp/expert/articles/e11df6c64a2ae43780b7214e5a9161836aafd839

(3) Madison Malone Kircher, "On TikTok, Gen Z Beatles Fans Share Thoughts on 'Now and Then'," *New York Times*, November 3, 2023, https://www.nytimes.com/2023/11/03/style/beatles-fans-now-and-then-reaction.html

(4) 『朝日新聞』一九七七年五月二十二日。『読売新聞』一九八二年五月三十日。

(5) 『読売新聞』一九九三年五月二十日。

小熊によると、一九六〇年代の日本の若者が当時もっともよく聴いていたのは、ロックではなくてフォークで、高価なレコードを買ってまでビートルズを聴く人は少なかった。ビートルズが活躍した同時代の日本の青少年がイギリスの四人組に「熱狂」したというのは、一九七〇年代以降の「後年に創られた『神話』」ということになる。(7) メディアの記録では一九六六年の来日公演で武道館は「熱狂」に包まれ、一九六七年の世界初の衛星多元中継『アワ・ワールド』でのビートルズの「オール・ユー・ニード・イズ・ラヴ」もNHKで放送された。しかし、来日公演で熱狂したのは武道館のファンであり、むしろビートルズは国技のための施設と考えられていた武道館を会場としたことで右翼学生の脅迫を受けるという厳戒態勢のなか、文字通り飛んで帰っていった。(8) 歴史的イベントとしての衛星中継は、当時の技術が追いつかずイギリスから白黒で放送された。政府の調査では、日本での一九六七年当時のカラーテレビの普及は一〇〇世帯あたり一・六台だった。(9) サマー・オブ・ラヴの年、サイケデリックなコスチュームのビートルズが「ハロー・グッバイ」を歌う姿を見た人はどのくらいいただろうか。もしドラッグによる幻覚を表現したその色の意味が広く理解されていたとしたら、麻薬使用に潔癖な日本でビートルズの曲が義務教育の教科書に採用されることなどあっただろうか。(10)

一方、ローリング・ストーンズは、ミック・ジャガーが麻薬使用のために入国を拒否されて一九七三年の初来日公演予定が中止となった。十七年後の一九九〇年にようやく来日が実現するまでの間、一般紙にそのグループ名が登場することはあまりなかった。来日初公演を寸評した『読売新聞』は、定式化されたビートルズのイメージとの対比をそのままに、いまや中年となったファン層が、あたかもローリング・ストーンズのデビュー以来、彼らとともに年を重ねてきたかのように報じた。

白髪まじりの男性もいる。子供を連れた女性もいる。東京ドームで始まったイギリスのロックバンド「ローリング・ストーンズ」の公演には、意外に中高年の観客が多かった◆舞台の両そでには巨大な鉄骨のセット。その間を走り回って歌うリーダーのミック・ジャガーは四十六歳。メンバー五人の平均年齢も四十七歳に達している◆デビューは一九六三年。ケネディ暗殺の年だ。ビートルズが優等生なら、こちらは不良のムード。当時の新聞には「エレキは騒音か」「狂った若者たち」などとある◆こうしたロックで青春時代を過ごしたのが、団塊の世代だ。戦後のベビーブームの間に生まれた彼らは受験、結婚、昇進といつも競争だった◆一世代前のモーレツ型に比べて、マルチ型人間が多い。会場は最初から総立ちだが、彼らも手を振りながら器用にリズムをとる◆立ったままで二時間、代表曲「サティスファクション」が演奏されるころには、さすがにグッタリ座り込む人も。が、彼らは青春

---

(6) 渋谷陽一『ロックミュージック進化論』（新潮文庫、一九九〇年）、一二一―一二三頁。

(7) 小熊英二『1968』（新曜社、二〇〇九）、上七六―七九頁。

(8) 武道館の熱狂については、たとえば、NHK「ザ・ビートルズ来日――熱狂の103時間」『アナザーストーリーズ』二〇二一年三月九日、https://www.nhk.jp/p/anotherstories/ts/VWRZ1WWNYP/episode/te/W68XZPWLPX/。武道館公演にあたっての右翼の街宣については、イギリスの政府文書にも記録が残っている。"FO 371/187127: Report on the Beatles' Visit to Japan." July 19, 1966. Foreign Office and Whitehall Distribution, National Archives, The United Kingdom.

(9) イギリスからの配信自体が白黒だった。ちなみに一九六七年当時、日本の一〇〇世帯あたりの白黒テレビ保有台数は一〇五台だった。内閣府「主要耐久消費財等の普及率」https://www.esri.cao.go.jp/jp/stat/shouhi/shouhi.html。

(10) ビートルズの映像全般が、楽曲に遅れて一九七〇年代後半以降に日本に入ってきた。映画『マジカル・ミステリー・ツアー』（一九六七年）が日本で公開されたのは一九七七年である。八〇年代以降ホームビデオの普及によってビートルズが歌う姿が観られるようになったが、多くの人にとっては二十一世紀にインターネットでの動画配信が広まって、ミュージックビデオ以外のビートルズを再発見している状況だろう。

のグラフィティを楽しんで満足そうな顔だった。(11)

ローリング・ストーンズは、音楽ファンやバンド・プレーヤーにとってのロックの教科書として取り上げられることがあっても、教育の場で使われたという情報はあまり見当たらない。国立国会図書館のキーワード検索でも、「ビートルズ」では三四二七件（うち図書一五五三件）がヒットするのに対して、「ローリング・ストーンズ」では六九三件（図書二三二件）で、タイトルからうかがえることとしては、メンバーや楽曲、その楽器など、ストーンズそのものを詳しく知りたいコアなファン向けのものが多い。(12)ミクミライアンの言う「ロッキスト」が知っておくべきロック界の「大御所」、「レジェンド」としての位置づけと神格化がファンと売り手の双方によってなされてきたように見える。二〇一九年になって、ユニバーサル・ジャパン合同会社は、二月十四日を「ザ・ローリング・ストーンズの日」として登録した。記念日協会による記念日登録は、登録料（一年一日十五万円）を支払って「実践的なPR活動」として行うものであり、人びとのあいだで集合的に形成されるパブリック・メモリー（公的記憶、集合的記憶）とは異なる。しかし、商業目的での「神話化」も少なからず人びとの記憶形成に影響を与えてきた。(13)

ビートルズとストーンズを消費し続ける二〇二〇年代の文脈は、一九六〇年代をその源流としながらも、それぞれの時代の変化を織りまぜて、全くの別物になっているようだ。いずれのグループについても、いまだ頻繁に関連本や特集記事が出されていて、さらなる記憶の更新が進む。本書が、日本での二つのグループの受容と神話化について、長い「戦後史」という角度から検証するひとつのきっかけになれば幸いである。

本書の翻訳プロジェクトは、二〇一三年の原書出版から間もなくして開始したが、諸々の事情により幾度かの休止をはさみ、今回ようやく完成へとこぎ着けた。この間にも、ビートルズとストーンズをめぐる記憶とマーケットはさまざまに上書きされてきた。日本語版の出版にあたり、原著者のジョン・ミクミライアンがあらたな序文を寄せてくれたことに感謝したい。なお、歴史書としての本書の性格を大切にすべく、註記はすべて翻訳し、そこに付された文献情報やネットのURLも余すところなく掲載した。ただし、URLは二〇一三年の原著出版時のものであり、リンク切れとなっている場合もある。ネット検索することで、引用された動画やインタビューを見つけることはさほど困難ではなく、その過程で新たな情報も入ってくるのでぜひ試していただきたい。また、原著には参考文献一覧が添えられていたが、それらは註にあることから割愛した。最後に、辛抱強く本書の完成まで付き合ってくださったミネルヴァ書房の堀川健太郎氏と冨士一馬氏に心より感謝したい。

二〇二四年夏　横浜にて

梅﨑　透

(11)『読売新聞』、一九九〇年二月十六日（夕刊）。
(12) 二〇二四年三月二十八日時点での数。国立国会図書館、https://www.ndl.go.jp。
(13) 同社は、ビートルズについても、一九六六年に初来日した六月二十九日を「ザ・ビートルズの日」として記念日登録している。一般社団法人日本記念日協会、https://www.kinenbi.gr.jp。

《著者紹介》

ジョン・ミクミライアン（John McMillian）

ジョージア州立大学准教授。コロンビア大学大学院歴史学科修了（Ph.D.）。専門は20世紀アメリカ合衆国史（1960年代の若者文化，現代政治）。著書に，*American Epidemic: Reporting From the Front Lines of the Opioid Crisis*（New Press, 2019），*Smoking Typewriters: The Sixties Underground Press and the Rise of Alternative Media*（Oxford, 2011），共編著に *The New Left Revisited*（Temple University Press, 2003, co-edited with Paul Buhle）などがある。

《訳者紹介》

梅﨑　透（うめざき・とおる）

フェリス女学院大学教授。コロンビア大学大学院歴史学科修了（Ph.D.）。専門はアメリカ史（1960年代論，政治文化史）。編著に『グローバル・ヒストリーとしての「1968年」』（ミネルヴァ書房，2015年，西田慎共編），『よくわかるアメリカの歴史』（ミネルヴァ書房，2021年，坂下史子・宮田伊知郎共編），翻訳に，キャロル・グラック「思想の言葉　歴史教育に万歳二唱」『思想』（特集：高校歴史教育）1188号（2023年４月）などがある。

ビートルズ vs. ストーンズ
――60年代ロックの政治文化史――

2024年10月20日　初版第１刷発行　〈検印省略〉

定価はカバーに
表示しています

訳　者　梅　﨑　透
発行者　杉　田　啓　三
印刷者　中　村　勝　弘

発行所　株式会社　ミネルヴァ書房

607-8494 京都市山科区日ノ岡堤谷町１
電話代表（075）581-5191
振替口座 01020-0-8076

中村印刷・新生製本

ISBN978-4-623-09500-1

Printed in Japan

人名索引

※グループ名も項目に含めた。なお，「ビートルズ」「ローリング・ストーンズ」およびその主要メンバーは頻出のため項目に含めていない。

あ　行

か　行

さ　行

た　行

な　行

は　行

ま　行

や・ら・わ行

事項索引

※地名「ロンドン」は頻出のため項目に含めていない。

あ　行

か　行

さ 行

た　行

な　行

は　行

ま 行

や・ら行

わ　行

欧　文